S. FISCHER

An einem Kreuzberger Hostel beginnt Sheriff seine Nachtschicht und fühlt sich mal wieder wie ein schlecht bezahlter Sozialarbeiter. Im Späti nebenan erlebt Anna den zweiten Überfall in diesem Jahr. An der Tür vom Lobotomy steht Ten und realisiert, dass ihm seine junge Familie durch seine Arbeitszeiten komplett zu entgleiten droht. Außerdem: Eine idealistische Notfallsanitäterin, eine zornige Pfandsammlerin und ein Drogendealer mit Zahnschmerzen, der sich fragt, ob er Freunde hat oder nur noch Stammkunden.

Thorsten Nagelschmidt hat mit »Arbeit« einen großen Gesellschaftsroman über all jene geschrieben, die nachts wach sind und ihren Job erledigen, während Studenten, Touristen und Raver feiern.

© Verena Brüning

Thorsten Nagelschmidt, geboren 1976 in Rheine, ist Autor, Musiker und Künstler. Er ist Sänger, Texter und Gitarrist der Band Muff Potter und veröffentlichte die Bücher »Wo die wilden Maden graben« (2007), »Was kostet die Welt« (2010) und »Drive-By Shots« (2015). Zuletzt ist von ihm der Roman »Der Abfall der Herzen« (2018) erschienen. Thorsten Nagelschmidt lebt in Berlin. www.thorstennagelschmidt.de

Thorsten Nagelschmidt

ARBEIT

Roman

S. FISCHER

Aus Verantwortung für die Umwelt hat sich der S. FISCHER Verlag zu einer nachhaltigen Buchproduktion verpflichtet. Der bewusste Umgang mit unseren Ressourcen, der Schutz unseres Klimas und der Natur gehören zu unseren obersten Unternehmenszielen.

Gemeinsam mit unseren Partnern und Lieferanten setzen wir uns für eine klimaneutrale Buchproduktion ein, die den Erwerb von Klimazertifikaten zur Kompensation des CO_2-Ausstoßes einschließt.

Weitere Informationen finden Sie unter: www.klimaneutralerverlag.de

FSC
www.fsc.org
MIX
Papier aus verantwortungsvollen Quellen
FSC® C083411

Originalausgabe
Erschienen bei S. FISCHER

Umschlagfoto: Verena Brüning
Umschlaggestaltung: Sonja Deffner, Bureau Tropik
Satz: Dörlemann Satz, Lemförde
Druck und Bindung: CPI books GmbH, Leck
Printed in Germany
ISBN 978-3-10-397411-9

I

Hoch wie ein Komet
Hollywood
Ein Bergsee auf einer Postkarte
Please accept your new order
Neue Welt
Zwölf Stunden sind kein Tag
Stimmt so
Was hat er denn?
Wenn's um Geld geht Arschkarte
Die Venusfliegenfalle

II

Sag jetzt nichts
Eine Datsche im Wald
Eins zwei Polizei
Lampenstadt
Die Harmlosen, die Schamlosen
und die Zahnlosen
Runter wie ein Komet
Unter den Treppen
Hallesaale
High life von hinten
Fell & Matsch

I

»No tears for the creatures of the night.«

HOCH WIE EIN KOMET

»Tschuldigung, haben Sie vielleicht Feuer?«

»Gegenfrage, Gretchenfrage: Hast du 'ne Zigarette?«

»Sie können sich eine drehen, wenn Sie wollen.«

Gemächlich erhebt der Kerl sich von seiner Bank: »Da sagt man doch nicht nein.«

Er hat eine Rasur nötig. Fettiges Haar, stahlblaue Augen. Neben der Parkbank steht ein mit Tüten und Taschen beladener Einkaufswagen. Ein Obdachloser. Er nimmt den Tabakbeutel entgegen und zieht ein Blättchen aus der Packung, legt Tabak hinein und dreht sich eine pralle Zigarette. Kein Filter. Seine Fingernägel sind erstaunlich sauber. Heinz-Georg Bederitzky schaut sich um. Drüben unter dem großen, noch kahlen Ahornbaum lassen drei Männer eine Flasche kreisen. Unten am Teich steht eine Frau mit Rollator und füttert die Enten. Es ist Freitagabend, kurz nach sechs, die Sonne ist gerade untergegangen. In zwölf Stunden wird sie wieder aufgehen, um genau 6:12. Heute wird die Nacht genauso lang sein wie der Tag. Man spürt schon einen Hauch von Frühling. Pünktlich wie die Schreiner, denkt Bederitzky. Übermorgen ist offizieller Frühlingsanfang.

Der Mann gibt ihm den Tabakbeutel zurück und anschließend erst Bederitzky, dann sich selbst Feuer. Er betrachtet seine Selbstgedrehte, als wäre es eine besonders exquisite Zigarre. Genüsslich pustet er den Qualm aus. Dann schaut er Bederitzky an.

»Weißt du, an wen du mich erinnerst?«

»Keine Ahnung.«

»An diesen Schauspieler, wie heißt der noch. Deutscher, ganz bekannt. Ist im Moment total gehypt. Kommst du selbst nicht drauf?«

»Ich weiß nicht, was Sie meinen.«

»Der ist ganz bekannt, ich komm nicht auf den Namen. Bin auch gar nicht so der Fernsehfan, aber der sieht genau aus wie du. Das musst du doch schon mal gehört haben, ich bin doch nicht der Erste, der dir das sagt. Der geht gerade hoch wie ein Komet.«

»Das habe ich noch nie gehört. Mich hat noch nie jemand für einen Schauspieler gehalten.«

»Mehrere Kinofilme hat der schon gemacht und einiges mehr. Der ist total Trend gerade, total Trend! Nicht Matthias Brandt, auch nicht Axel Prahl, aber auch schon was älter. Ich komm nicht drauf, egal. Hast du ein Mobiltelefon? Hol mal raus.«

Unwillkürlich greift Bederitzky an die Seitentasche seiner Lederjacke, in der sich sein Handy befindet. Sein Handy und das kleine weiße Plastekästchen mit dem Ring. Es könnte ein Trick sein, denkt er, ein ganz billiger Trick. Er überlegt, einfach wegzugehen. Dann zieht er doch das Handy hervor.

»Ich geb dir jetzt ein paar Kontakte, die kannst du mal googeln. Schreib dir das auf, Notizen oder Browser oder so, das musst du dir aufschreiben.«

Zögerlich entsperrt Bederitzky sein Handy und adressiert eine SMS an sich selbst. »Na dann schießen Sie mal los.«

»Helm. Schauspielagentur Helm. Gehört Christa Helm und dieser anderen, wie heißt die noch, Wassermann. Schreib das auf, mach, da meldest du dich, dich wollen die nämlich, weil du genauso aussiehst wie dieser Typ. Auch schon was älter, bisschen zerlebt, du könntest das Double sein. Ihr könntet auch zusammen 'nen Film drehen, wär doch lustig, Verwechslungskomödie. Schauspielagentur Helm, hast du?«

»Habe ich, ja.«

»Dann habe ich noch eine für dich: Susanne Schalansky. Musst du googeln, findest du sofort, da reicht der Name, die ist richtig dick im Geschäft.«

»Ich bin aber gar kein Schauspieler.«

»Das sind eigentlich Agenturen für Komparsen, aber genau dich wollen die, ganz sicher. Ob du studiert hast oder nicht, Schauspielschule ja nein vielleicht, völlig egal, die wollen dein Gesicht, und dann machen die alles mit dir, alles. Guck nicht so, das ist so! Ich komm nicht auf den Namen, aber der ist bekannt, ganz bekannt, der geht gerade hoch wie ein –, weißt du's nicht, kommst du nicht auf den Namen? Ich auch nicht, aber der sieht aus wie du, das fällt mir gleich wieder ein, und genau dein Gesicht wollen die gerade.«

»Das habe ich mir alles notiert, vielen Dank.«

»Warte, ich geb dir noch einen Kontakt. Fotografin. Jennifer Groß, meine Ex-Frau. Und dann sag ich dir auch, wer ich bin: Ich bin der Wiho. Ich bin auch Fotograf, eigentlich. Und die Jenny, die ist Filmfotografin, eine der besten Fotografinnen der Stadt, meine Ex. Wenn du jetzt Fotos brauchst, gehst du zu Jennifer Groß und sagst …«

»Gruß von Wiho.«

»Nee, das sagst du besser nicht.«

»Das sag ich besser nicht?«

»Das sagst du besser nicht. Du sagst, du kommst von Marina.«

»Marina.«

»Du kennst da so 'ne Marina. Das ist ihre Freundin. Aber sag nicht, dass du von mir kommst. Du kommst von Marina, und dann läuft das, dann geht das alles umsonst. Die hast du mal kennengelernt, Kneipe oder so, egal. Marina, merk dir das, dann gibt's die Fotos für lau. Zeig mal, was du da aufgeschrieben hast.«

»Nein!«, sagt Bederitzky und macht einen Schritt zurück. »Ich meine … danke. Ich hab mir das alles notiert.« Er schiebt sein Handy zurück in die Tasche und zertritt die halb aufgerauchte Kippe unter seinem Schuh. »Ich muss dann auch mal.«

»Du glaubst mir nicht. Du hältst mich für verrückt.«

»Nein, nein, so ist das nicht«, sagt Bederitzky etwas zu laut, »es ist nur so, ich – ich muss jetzt los, zur Arbeit und –«, dann dreht er sich um und stürzt die Treppen hoch zu seinem Trekkingrad, das oben am Weg steht.

»Das wird dir noch einfallen!«, ruft der Kerl ihm hinterher. »Guck einfach in den Spiegel nachher und denk scharf nach, dann fällt dir das ein! Du kennst den, der geht gerade hoch wie ein Komet!«

HOLLYWOOD

Felix atmet durch die Nase aus. »Man müsste das alles rausschmeißen, einmal mit dem Kärcher durch und dann ab zu Ikea.«

Peppi kichert überfordert. »Hab ich auch schon gedacht, aber …«

»Oder direkt versiegeln, die Müllhalde.« Mit verschränkten Armen lehnt Felix sich gegen den Türrahmen. Er hat in seinen 39 Jahren ja nun wirklich eine Menge abgefuckter Buden gesehen, aber die hier toppt alles. Der Griff am Fenster ist abgerissen, die Scheibe mit einem schwarzen Tuch verhängt, die Gardinenstange halb aus der Wand gerissen. Ein ausgeweideter Furnierschrank ohne Türen beherrscht wie ein weit aufgerissenes Maul die Stirnseite des Raums. Wasserflecken unter der Decke, auf dem Glastisch ein Chaos aus benutzten Tellern, leeren Tabakbeuteln, zerknüllten Taschentüchern und Zwei-Liter-Tetrapaks Eistee. Sogar auf der Heizung ist alles voll. Tablettenverpackungen, ein löchriges Paar Chucks, eine fettige Plexiglasbong. Jede Oberfläche im Raum wirkt klebrig, die Luft ist abgestanden und alt, und diese in die Filter von Kippenstummeln gebohrten gelblichen Stäbchen in dem Aschenbecher da, sind das etwa –

Ja. Tatsächlich.

Jetzt sieht Felix auch die Nagelschere neben dem Ascher.

Er kämpft gegen einen heftigen Würgereiz an, drückt die Zehen durch und schaut zu Boden. Das unschuldige Weiß seiner neuen Balenciagas wirkt auf dem fleckigen Teppichboden wie ein Fremdkörper.

Im Bad sieht's nicht besser aus. Neben der Kloschüssel steht ein Eimer Wasser, die Spülung ist defekt, das Waschbecken mehrfach gesprungen. Der zackige Riss auf dem verschmierten Spiegel sieht aus, als würde er nicht lange allein bleiben. Die Duschkabine ist voller Haare und so winzig, darf man keinen Ständer drin kriegen, kommt man sonst nicht mehr raus. Die Küche möchte Felix lieber gar nicht sehen.

So haust also unser Peppi, denkt er, in diesem Einzimmerloch, das in kaum besserem Zustand ist als sein vom Speedkonsum zerrüttetes Gebiss.

»Ohne Witz, Peppi. Das ist, ich meine …«

»Ich weiß, was du meinst. Aber das sieht nur ein bisschen wüst aus, das meiste ist ja noch gut.«

»Was ist denn hier noch gut?«

»Ja, weiß auch nicht, das Bett und so«, sagt Peppi. Die kleinen Pickelchen auf seiner Stirn glänzen im Licht der nackten Glühbirne. »Das Sofa eigentlich auch, das habe ich von Claudi, meiner Ex, die müsstest du doch auch noch kennen, die ist jetzt mit ihrem neuen Typen nach –«

»Dieser Albtraum in Cord? Da kommt doch schon die Füllung raus«, wird er von Felix unterbrochen, der nur zu gut weiß, dass man Peppi nicht einfach reden lassen darf. Einmal in Fahrt gekommen, ist der nicht mehr zu stoppen, da muss man gleich den Riegel vorschieben, wenn man heute noch was schaffen will, denn zum Quatschen ist Felix jetzt nicht hierhergekommen, das kann er auch zuhause haben, davon kriegt er heute ohnehin noch genug, wenn erstmal die ganzen Pappnasen auf der Matte stehen.

»Aber das kann man doch wieder –«

»Das Ding kommt sofort an die Straße, ohne Witz. Wir müssen hier erstmal Platz schaffen.«

»Und wo soll ich dann sitzen?«

»Da kann man doch sowieso nicht sitzen. Dient ja wohl mehr als Wäschetonne.« Mit spitzen Fingern hebt Felix eine der beiden Cheap Mondays auf, die Peppi im Wechsel trägt, und lässt sie auf den Boden fallen. »Was ist denn mit dem Fenster, kann man das überhaupt noch öffnen?«

»Ja ja, das geht, mit 'nem Schraubenzieher, der muss hier irgendwo sein, warte mal, hab den neulich noch gesehen.« Peppi bückt sich, gerät dabei ins Straucheln und fällt fast rückwärts in den Glastisch, hält sich aber noch am Bettgestell fest, worauf die Matratze am Fußende 20 Zentimeter nach unten sackt. »Mist. Na ja, passiert manchmal, ist nur das Scharnier.« Hilflos wedelt er mit den Händen in der Luft herum, bevor er sie schlaff an seinem stelzigen Körper herabhängen lässt. Durch die Wand hört man ein Kleinkind nach seiner Mutter schreien, *Ane, Ane, Ane, …*

Felix schiebt ein paar Klamotten zur Seite und hockt sich auf den Rand des Sofas. Plötzlich versteht er, warum Peppi immer nächtelang bei ihm rumhängt und gar nicht mehr gehen will. Seit fast drei Jahren geht das jetzt so, unterbrochen nur von den sechs Monaten, als Felix Urlaub in Moabit gemacht hat. Da hockt der Vogel dann am Küchentisch, zieht eine Nase nach der anderen und textet alle zu. Fremden stellt er sich immer ganz selbstverständlich als Peppi vor, was jedes Mal für großes Gelächter sorgt. Wer ihm diesen Spitznamen verpasst hat, Felix weiß es nicht, der Profi hieß schon so, als sie sich zum ersten Mal gegenübersaßen. Am Anfang kam er jeden Freitag, dann auch mal samstags, und irgendwann stand er jeden zweiten Tag auf der Matte. Sonntags und montags nicht, weil er weiß, dass man Felix da besser nicht auf den Sack geht. Aber am Dienstag ist er dann wieder da, deckt sich für zwei-drei Tage ein und kommt donnerstags, spätestens freitags wieder vorbei. Oft hat er sein altes IBM-Notebook dabei und zapft Felix' Leitung an, lädt sich Filme runter oder surft sinnlos durch irgendwelche Foren. Ob er eigentlich internetsüchtig sei, hat Felix ihn neulich gefragt, worauf Peppi nur lachte, mit diesem lauten Peppi-Giggeln, wegen dem ihn immer gleich alle mögen. Doch Stunden später, als sie zu zweit waren, kam heraus, dass er zuhause momentan kein Internet hat. »Abgestellt«, meinte er, »war da ein bisschen in Verzug mit den Rechnungen.« Und da hat Felix dann mal nachgefragt: Wo wohnst du eigentlich, *wie* wohnst du eigentlich, und sich gedacht, der Typ braucht Hilfe, dem muss man mal ein bisschen unter die Arme greifen, und schließlich selbst angeboten, sich seine Bude mal anzuschauen. Auch aus eigenem Interesse. Peppi ist einer von Felix' besten Kunden, aber drei bis vier Abende die Woche sein Geschnatter an der Backe, das ist zu viel, da wird man bekloppt. Peppi quatscht sich jedes Mal so fest, dass man ihm eine halbe Stunde vorher sagen muss, dass er abhauen soll. In der alten Wohnung hat Felix sich dann immer ein Bad eingelassen: »Kumpel, die Wanne ist voll, du musst jetzt wirklich gehen.« In Felix' neuer Wohnung gibt es keine Wanne, die er vorschieben könnte. Nach der U-Haft, als Felix seinen Kundenstamm reduzierte, wurde es kurzzeitig etwas besser. Aber schon bald riss es wieder ein, und seitdem fühlt er sich wie Peppis Betreuer, wie sein Sozialarbeiter oder Arzt.

Das mit dem Arzt ist nicht mal übertrieben. Peppi würde wohl selbst nicht bestreiten, dass er sich bei Felix seine Medizin abholt. Hochgradiger ADHS-Typ, immer fahrig und nervös, und wie der mit den Beinen zuckeln kann, geradezu spastisch. Er bekäme sofort Ritalin verschrieben, doch er traut sich nicht, mit seinem Problem zum Arzt zu gehen. Das hat er Felix mal gestanden, und auch, dass er diese Unmengen zieht, um innerlich etwas ruhiger zu werden. Äußerlich kriegt man das kaum mit, aber mit einer Nase alle 30, 40 Minuten fühlt er sich gefasster. Linse klarstellen, nennt er das. Wie der die Bahnen weghaut, ein Staubsauger vor dem Herrn. Dabei ist Peppi an und für sich ein guter Typ, er kann Storys erzählen wie kein Zweiter und hilft auch mal mit, wenn viel Andrang ist, macht bei Felix den Concierge, räumt Flaschen weg, unterhält die Leute oder geht für alle zum Späti. Wenn viel Andrang ist und die Ware knapp wird, holt er für Felix Nachschub aus dem Bunker, und obwohl man das dicke Kind ja nicht auf den Kuchen aufpassen lassen soll, es ist noch nie was weggekommen. Peppi ist handwerklich begabt, hat vor hundert Jahren wohl mal Tischler gelernt und in Felix' neuer Bude das Laminat verlegt, wollte sich dafür in Drogen bezahlen lassen, Felix musste ihm das Geld geradezu aufdrängen. Als er dann neulich von seiner Wohnung erzählte und wie unwohl er sich dort fühlt, da empfand Felix Mitleid, und nun steht er hier, das hat er jetzt davon.

»Ja, Kollege«, Felix streicht sich mit Daumen und Zeigefinger über den Schnurrbart, »wo fangen wir an?«

»Gute Frage, Flix. Was meinst du denn?«

»Wir müssen hier erstmal Ordnung schaffen. Ordnung und Platz. Und die Frage ist, willst du das überhaupt?«

»Will ich was?«

»Hier Ordnung schaffen.«

»Klar Mann, was denkst du denn! Sonst hätte ich doch nicht gefragt. Ist mir eh schon peinlich hier, ich mein, du hast ja auch Besseres zu tun.«

Felix zündet sich eine Gauloises an und fährt sich mit der Zunge über die obere Zahnreihe links. Die Hunderter Tramadol, die er sich heute Nachmittag eingepfiffen hat, müsste schon wieder auf dem Rückmarsch sein, bald wird sich sein Backenzahn zurückmelden. »Die Frage ist, willst du das wirklich? Willst du dich hier wohl fühlen?«

»Na klar, Flix, sicher will ich mich wohl fühlen. Ich mein, dieser Schraubenzieher, das kann doch nicht sein, der war doch gestern noch da, der liegt immer an seinem festen Platz, oder vorgestern, da hab ich doch noch gelüftet, stoßlüften, das ist, das muss man regelmäßig – «

»Scheiß auf den Schraubenzieher!« Felix ascht in den Topf der vertrockneten Yuccapalme neben ihm. Die Pflanze lässt den Kopf hängen, als wäre sie exekutiert worden, vor Jahren schon. »Die Frage ist, willst du das wirklich, oder willst du nur ein bisschen rumräumen und dann neues Chaos anhäufen?«

»Ich sag dir was, Flix: Bei mir wird man nie vom Boden essen können. Bei mir muss nicht alles so penibel entstaubt sein wie bei Muttern, da kann ich nicht atmen, ist einfach nicht mein Wetter, verstehst du? Hab ich dir mal erzählt, wie meine Mutter damals mein ganzes Zimmer auf links gedreht hat? Da war ich noch in der Schule, da hat sie doch glatt und ohne zu fragen meine –«

»Das ist egal jetzt, Peppi. Ohne Witz, hier muss man einmal mit der Axt durch.«

»Ja, da hast du vielleicht recht. Ich mein, das muss ja nicht alles keimfrei sein wie zuhause, aber so hier, das geht ja auch nicht. Ich halt das wirklich nicht mehr aus, Flix, das macht mich alles krank hier. Ich weiß auch gar nicht, warum ich dich so belabert habe, das ist mir jetzt echt unangenehm, ich hätte ja vorher wenigstens mal ein bisschen klar Schiff machen können.«

»Mach dir keinen Kopf, das kriegen wir schon hin. Hast du Geld?«

»Ich hab Geld, weißt du doch.« Peppi lacht. »Kommt immer pünktlich am Ersten vom Amt. Habe ich dich schon mal angeschnorrt, oder was?«

Na ja, jedes einzelne Gramm habe ich dir jetzt nicht berechnet, denkt Felix, und er sagt: »Jetzt gerade, meine ich. Hast du was auf Tasche, kannst du hier ein bisschen was investieren, so zwei- bis dreihundert Euro?«

Das Lachen erstirbt in Peppis Kehle. »Na ja«, sagt er leise, »so zweihundert, das müsste vielleicht gehen. Ich hab ja, also mein Alter hat ja, aber das ist 'ne lange Geschichte, das war –«

»Pass auf, dann machen wir jetzt Folgendes.« Felix wirft einen Blick auf sein iPhone. »Zwanzig vor sieben. Um spätestens zehn muss ich zuhause sein, sonst sitzt heute Nacht halb Kreuzberg auf dem Trockenen. Wir fahren jetzt schnell rüber zur Hasenheide, zum Bauhaus. Da holen wir ein paar Kartons und ein oder zwei Regale. Und Putzzeug. Das gute, das Profizeug. Falls die Kohle nicht reicht, ich leg was dazu, kannst du mir am Ersten wiedergeben. Und dann misten wir hier aus. Aber so richtig. Das Sofa kommt gleich als Erstes an die Straße, oder in den Hof, mir egal, das olle Ding will ich hier nicht mehr sehen, wenn wir zurückkommen. Das muss man einmal richtig machen jetzt, sonst bringt das nichts. Wenn du das nicht willst, dann sag es, dann habe ich tatsächlich Besseres zu tun.«

»Nee, ist super, Flix, ich weiß das zu schätzen, echt, vielen Dank.«

»Gut, dann schmeißen wir den ganzen Krempel erstmal aufs Bett, packen uns das Sofa und dann los, ich ruf uns ein Taxi.«

»Ist gut.«

Felix befördert einen Haufen Zeitschriften vom Sofa auf den Boden. Peppi hibbelt von einem Fuß auf den anderen, bevor er sich einen Ruck gibt und anfängt, mit beiden Armen DVDs, leere Flaschen und Klamotten rüber aufs Bett zu schaufeln.

»Was meinste«, sagt er, als er damit fertig ist und ihm bereits dicke Schweißwürmer über das Gesicht laufen. »Kann ich mir noch kurz einen aufstreuen? Nur ein kleines Näschen, zum Frischmachen.«

Felix schaut ihn an. Dann nickt er, dreht sich um und geht ins Bad. Er schüttet sich einen Liter Wasser ins Gesicht, wäscht sich die Hände und trocknet sich mit den Ärmeln seines Cleptomanicx-Hoodies. Nebenan hört er Peppi mit seiner Bankkarte auf einer CD-Hülle rumhacken. Seit seinem Urlaub in Moabit hat Felix nichts gezogen, und wenn, dann wäre es bestimmt kein beschissenes Speed gewesen. Aber *ein kleines Näschen zum Frischmachen*, das klingt jetzt auch für ihn verlockender, als ihm lieb ist.

*

»Was hast du denn an Teilen da, irgendwas Gutes dabei?«

»Die Blauen, die du letztes Mal hattest.«

Fiete beugt sich über den Küchentisch und lugt in die aufgeklappte Pralinenschachtel, in der Felix alles Pillen- und Tablettenförmige aufbewahrt. »Sonst nichts?«

»Und dann noch die hier, die Eckigen, die sind ganz neu. Wieso? Stimmte was nicht mit den Blauen?«

»Waren ein bisschen lasch. Wir haben die gefressen wie Smarties, bis was kam.«

»Schon mal was von Toleranzentwicklung gehört?«, spottet Nico.

»Die Neuen sollen mehr knallen«, sagt Felix. »Hab da noch keine Erfahrungsberichte, aber die müssen irgendeine Spezial-Ingredienz haben.«

Skeptisch schaut Fiete ihn an. »Das war irgendwie besser, als du dein eigenes Angebot noch kanntest.«

»Sucht euch halt andere Vorkoster«, antwortet Felix schroff.

»Ich mein ja nur …«

»Die Blauen sind 'ne sichere Sache, gut zu dosieren. Die Eckigen sind halt Advanced, das ist Südtribüne für ganz besondere Fans. Ich hab aber auch gutes MDMA da.«

»Ja, das ist besser.« Fiete nickt. »MDMA ist besser. How much?«

»40, wie immer.«

»Gibt's einen Freundschaftspreis, wenn ich drei Gramm nehme?«

»Freundchen, wir sind hier nicht auf dem Basar.«

»Ja, okay, zwei reichen auch erstmal. Und Pep nehme ich auch noch, zwei Gramm, oder nee, drei bitte, drei. Auf zwei Beutelchen, einmal zwei, einmal eins.«

Felix geht zum Eisfach, holt das Einmachglas Speed heraus und setzt sich wieder an den Küchentisch. Er öffnet das Glas, zieht den Holzstab durch die rosafarben schimmernde Paste, verteilt das Häufchen auf zwei Tütchen und legt sie auf die Waage.

»Du auch gleich was, Peppi?«

»Danke, hab noch.«

Er schiebt Fiete die Tütchen rüber. Fiete reicht ihm zwei glatte Fünfziger, frisch aus dem Automaten, und einen zerknitterten Zehner. Felix legt die Scheine auf das schöne Jugendstilbuffet, das er sich vor ein paar Wochen von einem Antiquitätenladen in Schöneberg hat liefern lassen.

»Mein Gott, ist das eine Pampe«, murmelt Fiete, als er die Paste auf Felix' Spiegel schüttelt.

»Ganz frisch, heute erst reingekommen.«

»Das ist auch so nass. Ist das nasser als sonst?«

»Das kommt dir nur so vor, weil es noch kalt ist.«

»Richtig nass ist das.«

» – «

»Und auch so rosa.«

» – «

»Richtig rosa ist das, wieso ist das denn so rosa?«

»WAS WEISS ICH DAS IST CHEMIE IST DOCH SCHEISSEGAL!«, ruft Felix und erschrickt selbst über seinen cholerischen Tonfall. »Better living with chemistry«, fügt er hinzu und probiert sich an einem versöhnlichen Lächeln.

Fiete und die anderen lachen verhalten, sichtlich irritiert von seinen plötzlichen Stimmungswechseln.

Das war einfach zu viel heute. Vormittags zum Bewährungshelfer, dann gleich weiter nach Spandau, Ware holen. Sein Großhändler liefert ja nicht mehr frei Haus, seit sie Felix hopsgenommen haben, ist ihm zu heiß. Also muss Felix jetzt jedes Mal eine Dreiviertelstunde mit der Bahn da raus, immer mittags und immer zu diesem schmierigen Eiscafé, wo er sich heute zusätzlich zum Speed und MDMA noch die eckigen Pillen hat aufschwatzen lassen, Sonderpreis, Markteinführung. Auf dem Rückweg dann der Zahn, zuhause angekommen sofort die Tramadol eingeschmissen und kurz weggedöst, bevor er wieder los musste zu Peppis zugemüllter Wohnung und weiter in die Heimwerkerhölle am Hermannplatz. Wie sie da rumgerannt sind, im Neonlicht durch die Gänge und nirgends ein Verkäufer. Eine halbe Stunde hat es gedauert, bis sie den ganzen Krempel zusammenhatten, dazu Peppis aufdringliche Dankbarkeit und die adipöse Hippietrulla, die Felix zwischen den Tischkreissägen und der Holzzuschnittausgabe um ein Haar ihre PVC-Fußleisten durch die Fresse gezogen hat. An der Kasse dann wieder sein Backenzahn, schlagartig und mit voller Wucht, *Halloichbinauchnochdadudummesau*, und natürlich musste er den ganzen

Einkauf zahlen, weil Peppis EC-Karte nicht ging – *nicht ging*, ist klar, Peppi. Schließlich raus und runter zur Straße, ewig auf eine freie Taxe warten, den Kram im Kofferraum verstauen und auf der kurzen Fahrt die zwischenzeitlich aufgelaufenen SMS abarbeiten, *Bist du heute Abend zuhause?*, *Gibt's was Schönes?*, *Hollywood im Haus?*, neben ihm der bräsige Taxifahrer, *Ick bin hier aba nich dat Umzugsuntanehm*, und auf der Rückbank Peppi, der sich das zuhause bereits vorgehackte Pulver in die Mulde zwischen Daumen und Zeigefinger der rechten Hand streut, die Hand zur Nase führt und den ganzen Haufen in eins wegrüsselt – die fünf Euro Trinkgeld vor seinem Haus kamen Felix vor wie Schweigegeld. Dann alles hoch in die Wohnung, dritter Stock und kein Fahrstuhl, in Peppis Pickelface die totale Paranoia, schließlich sein Dackelblick und der Satz: »War das nicht erstmal genug für heute, Flix, den Rest kann ich doch noch morgen …«

– Was hätte Felix da antworten sollen?

Er ging ja selbst am Stock, die Zahnschmerzen, der Stress, der Ekel vor der verranzten Bude, und er konnte Peppi doch nicht da lassen wie einen Köter, den man vorm Urlaub an der Autobahnraststätte anbindet. Also raus aus dem Rattenloch, kurz am Bunker vorbei und hierher, wo Felix sich gleich eine zweite Tramadol eingeschmissen, etwas zu essen bestellt und Gesicht und Arme gewaschen hat.

Nico und Fiete hacken an ihrem Zeug herum. Peppi sitzt vor Spotify und scrollt durch irgendwelche Playlisten. Felix beginnt, weitere 1-Gramm-Tütchen zu portionieren. Seit der Bestellung ist eine halbe Stunde vergangen, wo bleibt sein Essen?

Er hatte schon immer Stress mit den Zähnen. In Felix' Maul sieht es aus wie Dresden '45, kaum besser als in dem von Peppi. Eine genetische Disposition, 15 Jahre Zahnarztphobie, dazu die jahrelange Ballerei – wenn drei Tiere ins Fass scheißen, ist das Fass schnell voll.

Mit den Milchzähnen fing es an. Da war er in der zweiten

Klasse. Der Zahnarzt in Eschwege war ein alter Pferdemetzger. »Nun stell dich mal nicht so an«, meinte er zu seinem siebenjährigen Patienten, der wie am Spieß schrie. Der Arzt hatte ihn nicht richtig betäubt und bohrte weiter, bis Felix fast die Besinnung verlor, traumatisches Erlebnis. Mit 18 dann die Weisheitszähne raus, wieder schlimme Schmerzen, und danach war er jahrelang nicht beim Arzt. Angst vorm Zahnarzt ist in Deutschland die am weitesten verbreitete Phobie, noch vor Platzangst und Co. Hat Felix mal gelesen, glaubt er sofort. Erst mit Mitte 20 und höllischen Zahnschmerzen ging er wieder hin, zu einem Türken in Kreuzberg, der ihm drei Spritzen gab, von denen Felix überhaupt nichts merkte, »Bohren trotzdem, bohren trotzdem, gleich ist fertig, tut nix weh …« Der Türke hatte eine Nervenentzündung diagnostiziert, ohne Felix überhaupt geröntgt zu haben, und ihm anschließend ein Rezept für Schmerzmittel ausgestellt, Ibuprofen, Kinderkram, komplett sinnlos. Als Felix seiner Mutter am Telefon davon erzählte, meinte die nur, es sei das Ende des Quartals, da hätte der Zahnarzt für das Röntgen selbst aufkommen müssen. Die Schmerzen blieben, nahmen sogar zu. Irgendwann war er kurz davor, den Verstand zu verlieren, Kopf gegen die Wand, mit dem Butterflymesser das Sofapolster aufgeschlitzt und unter Tränen im Taxi zur Notfallklinik am Heidelberger Platz, wo sie ihm gleich die halbe Fresse aufgebohrt haben. Wie sich herausstellte, war es gar keine Nervenentzündung, sondern der Wurzelkanal. Da bekam er das erste Mal Tramadol. Auf dem Heimweg gleich zwei davon eingeschmissen, Hunderter Retard. Ihm wurde schlecht, er hatte Verstopfung, alles war am Jucken. Das halbe Bein hat er sich kaputt gekratzt, ohne es zu merken, doch er war so breit, dass ihm alles egal war, und er mochte das kuschelige Gefühl. Als wäre er zurück in Mamas Bauch gekrochen. Und da hatte König Schore ihn am Sack. Und wenn König Schore dich erstmal am Sack hat, dann lässt er so schnell nicht wieder los.

Der Vater Chemiker, die Mutter Ärztin, Felix ist mit der Überzeugung aufgewachsen: Medikamente helfen, Medikamente sind gut. Er nahm etwas ein, darauf ging es ihm besser, das fand er als kleiner Junge natürlich prima, und das hat sich nie geändert, klassische Konditionierung. Gegen sein Asthma bekam er Zaditen, ein einschläfernd wirkendes Antihistaminikum, außerdem Salbutamol, das auch als Dopingmittel eingesetzt wird und bei ihm heftige Nebenwirkungen verursachte. Als er vor ein paar Jahren mal drei oder vier Tropfen davon nahm, fühlte er sich wie auf Crystal. Damals bekam er zehn Tropfen täglich, fünf morgens, fünf abends. Kein Wunder, dass Klein-Felix aufgekratzt und aggro war. Ständig Ärger, ständig Prügeleien, sie wollten ihn sogar von der Schule schmeißen.

Seinen ersten Entzug hatte er in der vierten Klasse, als das Zaditen abgesetzt wurde. Eine ganze Woche konnte er nicht schlafen und hat nach dem Zeug gebettelt, und so hat sich das festgesetzt, so zieht es sich durch sein Leben: Drogen ja, Zahnärzte nein.

Es klingelt an der Tür, doch es ist nicht der Lieferdienst mit seinem Bun Bo Nam Bo, den Frühlingsrollen und einer Extra-Portion Nuoc Cham, sondern Kerstin. Sie hat eine Freundin dabei, eine unterkühlte Blonde mit kurzem Pony und Knubbelnase, die er noch nie gesehen hat. Und da könnte Felix schon wieder ausrasten: Dass seine Freunde immer irgendwelche Leute mitbringen müssen, ohne sie vorher anzukündigen! Was glauben die, was das hier ist, ein fucking Jugendzentrum?

»SCHUHE AUS!«, brüllt er.

»Genau, bitte die Schuhe ausziehen, könnt ihr da vorne hinstellen«, sagt Peppi zu den Mädels.

Felix schraubt das Einmachglas Speed wieder zu und will sich schon das Koks vornehmen, da brummt sein Handy. Der Lieferdienst, irgendetwas hat mit seiner Bestellung nicht hingehauen, ob er sie noch einmal aufgeben möchte, tut ihnen furchtbar …, bitten vielmals um …, Gutschein 10 Euro.

Felix knallt das iPhone auf den Tisch. »FUCK OFF!«

»Was ist?«, fragt Peppi.

Felix schaut ihn an. »Musst du zufällig zum Späti?«

»Jetzt gerade nicht. Wieso?«

»Sicher?«

»Brauchst du was?«

»'ne Tiefkühlpizza wär geil. Bock rüberzugehen?«

»Kann ich machen, klar.«

»Super, Peppi.« Felix wirft ihm einen zerknüllten Zwanni rüber. »Bring dir auch was mit«, sagt er, und was macht Peppi?

Steht auf, grinst und verbeugt sich: »Stets zu Diensten.«

So ein braves Hündchen, es ist erbärmlich.

»Nach dem Dielenabschleifen habe ich immer so harte Krusten auf den Socken, vom Schleifstaub«, feuert er in bester Reiz-Reaktions-Manier seine übliche Sockenstory ab, während er sich die Schuhe anzieht. »Schleifstaub, das ist ein Staub, der kommt überall durch. Egal wie fest ich die Schnürsenkel ziehe, abends sind die Socken ruiniert, kannst du in der Mitte durchbrechen, ohne Witz, ich zieh jetzt nur noch Billigsocken an beim Arbeiten.«

»Wenn ich ein Paar Socken ein zweites Mal anziehe, achte ich immer drauf, die zuletzt rechts getragene auch wieder an den rechten Fuß zu ziehen und die zuletzt links getragene an den linken Fuß«, steigt Nico auf die Geschichte ein, die auch er schon hundertmal gehört haben muss.

»Ich mach das immer genau umgekehrt«, sagt Fiete.

»Extra?«

»Ja, klar. Wenn man immer die gleiche Socke am gleichen Fuß trägt, gibt's doch viel schneller Löcher an den Stellen, wo der dicke Onkel sitzt.«

»Der dicke Onkel ist bei mir gar nicht das Problem.«

»Echt nicht?«

»Von wem ist der dicke Onkel eigentlich der Onkel?«, fragt Peppi, kriegt aber keine Antwort, nicht mal ein müdes Lächeln.

»Habt ihr schon gehört, das Soho-House brennt«, sagt Kerstin.

»Ach Quatsch«, sagt Nico nach einem Moment der Stille.

»Was ist denn das Soho-House?«, fragt Peppi.

»Das Soho-House, das kennt man doch«, sagt Kerstin. »So'n Nobelhotel an der Torstraße.«

»Ah.«

»Alles abgesperrt da oben in Mitte.«

»Die haben einen Pool auf dem Dach und 'ne Bar«, erzählt Nico. »Ich wollte da mal hoch, nur mal so gucken, aber man muss Mitglied sein oder von einem Mitglied eskortiert werden. Die Snobs bleiben da schön unter sich.«

»Jetzt nicht mehr«, sagt Kerstin. »Jetzt lassen'se sogar die Proleten von der Feuerwehr rein.«

»Gott, ist das nass«, raunt Fiete, der es mittlerweile geschafft hat, seine Speedpaste in kleine Häufchen aufzuteilen, die er nun auf dem Spiegel hin und her schiebt wie ein verdammtes Kunstwerk.

Peppi haut ab zum Späti. Kerstin begrüßt Felix mit einem Kuss auf die Wange. Manchmal flirten sie noch ein bisschen, aber es lief schon länger nichts mehr. Bis vor kurzem hat Kerstin im Krankenhaus gearbeitet und manchmal was zum Naschen mitgebracht, Benzos, Midazolam oder Propofol, das Narkosemittel, mit dem sich Michael Jackson das Licht ausgeblasen hat. Einmal stand sie mit einer Flasche Tilidin auf der Matte, so eine mit Dosierungspumpe, wie ein Seifenspender, quasi Gastroflasche. Das Zeug war abgelaufen und sollte entsorgt werden, Kerstin hatte es zur Seite geschafft und gegen ein paar Gramm Koks getauscht. Die leere Flasche steht immer noch drüben im Schnapsregal, als Andenken, haben die Cops damals nicht gecheckt. Momentan macht Kerstin ein *Sabbatical*, wie sie es nennt. Andere sagen, sie habe ein bisschen die Kontrolle über ihren Konsum verloren und sei gegangen worden, freigestellt, unehrenhaft entlassen. Sie und ihre Freundin setzen sich aufs Sofa unter dem Wandregal. Mit gierigem Blick scannen sie das Angebot auf dem Küchentisch. Wenn Blicke ziehen könnten.

»Bin gleich bei euch«, sagt Felix und portioniert weitere

Tütchen auf der Waage, vom guten Barcelona jetzt, für die Gruppe Schweden, die Nico heute Nachmittag in eine seiner Airbnb-Wohnungen eingecheckt hat. Die Wohnungen gehören einem Bekannten von ihm, irgendeinem Klamottenladentycoon, der nicht weiß, wohin mit der ganzen Kohle. Eine davon hätte Felix gerne übernommen, als er aus Moabit zurückkam, aber keine Chance. Nico ist sowas wie der Verwalter, er wechselt die Wäsche, bezieht die Betten, checkt die Gäste ein und bietet denen, die zum Feiern in die Stadt gekommen sind, nebenher Drogen an. Wer nach Berlin kommt, will ausgehen, und wer ausgeht, will Drogen nehmen. Die Schweden jedenfalls wollen es heute Nacht offensichtlich ziemlich krachen lassen, sie haben eine Großbestellung in Auftrag gegeben, Koks, Speed, Pillen, Keta, Gras, alles dabei.

Für Felix wär das nichts. Der Büttel für andere sein. Er hat immer auf eigene Faust gearbeitet. Er wollte immer Gangster sein, er mochte die ganzen Drogenfilme schon als Jugendlicher, als er in Eschwege Hasch vertickt hat, *Scarface*, *Fear and Loathing in Las Vegas* oder *Trainspotting*. *Scarface* konnte er auswendig mitsprechen, kann er immer noch. Weisst du, du Froschfresse, du hast dir grad selbst in die Eier getreten, wenn du an mir rumfummelst, bist du 'n toter Mann!

Das mit dem Hasch war noch in ganz kleinem Stil. In Holland eine Platte kaufen, bisschen was an Freunde und Bekannte verticken und sich damit den eigenen Konsum finanzieren, kein großes Ding, haben damals einige so gemacht. Während seiner Zivildienstzeit in Kassel wurde es etwas professioneller, richtig los ging es aber erst in Berlin. Offiziell ist er zum Studieren hergekommen, hat das aber nie ernsthaft in Angriff genommen, dafür war von Anfang an zu viel los. In der Schule war immer alles so klar gewesen, da wusste man: Das Ziel ist das Abitur, dafür lernt man, dann hat man was, und von dort aus geht es weiter, Studium, Beruf, man marschiert halt seine Straße lang. Wenn Felix eine Straße hat, die er langmarschieren kann, dann marschiert er die auch lang, und wenn er eine offene Tür sieht, dann geht er da durch. Aber als er aus Kassel weg ist und ganz alleine nach Berlin kam, stand er plötzlich auf diesem riesengroßen Platz, lauter offene Türen und kein Plan, wo es langgeht. Er war orientierungslos, ist rumgeirrt, immer zickzack und im Kreis, vor die Glaswand und zurück. Er ist in die Stadt gekommen, um Drogen zu nehmen. Ab und zu hat er sich was am Bahnhof Zoo geholt, Pep für zehn oder zwanzig, dann auch mal Koks oder Pillen. Er hatte nicht viel Geld, war aber ständig unterwegs. Und hat dann nach und nach immer mehr Leute mit immer besseren Connections kennengelernt.

»Alter, ist das aggressiv!«, ruft Fiete, nachdem er eine halbe Bahn weggerüsselt hat.

»Am Anfang ja, aber geht schnell weg«, wird er von Peppi beruhigt, der aus dem Späti zurück ist und gerade Felix' Funghipizza aus der Verpackung reißt.

»Wie das zwirbelt, was ist da drin, Batteriesäure?«

»Ist halt nicht verschnitten«, sagt Felix.

»Richtig Messer im Hirn, Alter! Ich glaub, ich bin halbseitig gelähmt!«

»Das ist aber nicht so brennend aggressiv«, erklärt Peppi. Er schiebt die Pizza in den Backofen und setzt sich wieder an den Tisch. »Das zwirbelt zwar, geht aber überhaupt nicht auf die Augen. Es gibt ja auch Pep, das sofort auf die Augen geht. Dieses eine, das du mal hattest«, er schaut Felix an, »meine Güte, was war ich froh, als du deinen Vorrat endlich los warst und was anderes besorgt hast, obwohl, das war immer noch besser als –«

»ICH BRAUCH BALANCE!«, schreit Fiete.

»Ich merk auch immer schnell, ob es mich weich landen lassen wird«, sagt Nico.

Und Kerstin: »Landen ist für Flugzeuge.«

»EASY JET!«, brüllt Fiete, beugt sich über den Spiegel, vernichtet den Rest seiner Bahn und reißt den Kopf in den Nacken: »BILLIGFLIEGER!«

Alle lachen, nur Peppi starrt blöde an die Decke, als suchte er dort nach dem Faden, den er wieder mal verloren hat. Eine ganze Zimmerdecke voller loser Fäden.

»Ah, besser«, sagt Fiete mit tränenden Augen. Er hebt den Spiegel an. »Möchte jemand?«

»Ist das Pep?«, will Kerstins Freundin wissen.

Fiete nickt und wischt sich die Augen trocken.

»Nee, dann nicht, danke.«

»Ich hab neulich nach langer Zeit zum ersten Mal wieder Pep gezogen«, sagt Nico. »Leck mich am Ärmel, hat das geknallt. Hab mich richtig erschrocken, diese Hummeln im Arsch.«

»Aber noch in angenehm?«, fragt Kerstins Freundin.

»Schon grenzwertig. Ich musste meinen Leuten mehrfach mitteilen, dass es hart knallt. Aber war schon okay. Ich war vorher übelst breit, und das war nicht angenehm. Nach der Nase ging's dann wieder.«

»Die gute alte Speedbremse«, sagt Kerstin.

»Ich nehm Pep eh nur noch zum Runterkommen«, sagt Nico.

»Da kenn ich noch einen«, sagt Felix und wirft einen Blick in Peppis Richtung.

Alle lachen, auch Peppi selbst, aber es ist kein schönes Lachen, sondern ein verschämtes, ein trauriges, die Art Lachen, die dem Lachen der anderen den Wind aus den Segeln nehmen soll, und Felix denkt: Sorry Peppi, der war mies, aber was musst du auch so ein Opfer sein, es nervt, es nervt wirklich kolossal.

Auf einer Party lernte er seinen ersten Ticker kennen. Der gab ihm seine Nummer, zwei Tage später rief Felix ihn an, »Ich will Pillen, größere Menge«, und der Vogel hat sich tatsächlich mit ihm verabredet. Sie haben sogar noch über den Preis diskutiert, am Telefon! Das sollte jetzt mal einer mit Felix machen, danke tschüs, schönes Leben noch, du Pfeife.

Der Typ gab ihm zehn Pillen für 35 Euro. Dann hat Felix irgendwann mal 100 Pillen genommen und in Clubs verkauft, an den erweiterten Freundeskreis. Sie waren eine Gruppe Jungs, eine kleine Gang, die zusammen vertickt hat. Der eine Speed, der andere Koks, einer Keta, und Felix war halt der mit den Pillen. Man musste nur vor den Klos rumlungern und druff genug aussehen, dann kam die Kundschaft ganz von alleine. Ums Geldmachen ging's da noch gar nicht. Er wollte das Leben ficken. Oder dass das Leben ihn fickt. Aber in Schön, in Gut, in Wild.

Er hat Pillen geschmissen, gekokst, Ketamin gezogen, zum ersten Mal Acid probiert und GHB. In der sozialen Hierarchie der Feierszene stand er bald weit oben, auf einer Stufe mit den DJs oder noch darüber, und dann kamen auch die Frauen. Vorher hat ihn ja keine mit dem Arsch angeguckt. Immer war er nur das lange Elend vom Dorf gewesen, und auf einmal hingen sie an ihm wie die Kletten. Er fühlte sich gut. Er sah auch gut aus. Seine halbe Jugend hatte er sich nach den Mahlzeiten den Finger in den Hals gesteckt. Dank seiner Drogendiät war das nicht mehr nötig. Auf GHB wurde er zum richtigen Ficker. Einmal ist er halbnackt auf einer Tanzfläche zu sich gekommen, verkeilt in einer vampiresken Fremden, drumherum lauter Verschallerte, die die beiden anfeuerten. Ein herrliches Sündenbabel. Vom Es, Ich und Über-Ich blieb nur noch das Es übrig. Fressen tanzen saufen ficken, und dann weiterballern. Er war der süße Feierflix mit dem 1A-Sprengstoff auf Tasche. Genau der süße Feierflix, der er manchmal immer noch gerne wäre. Aber ist halt vorbei, denkt er, während er auf seiner Gummipizza rumkaut und Kerstins Freundin seine beiden Kokssorten erklärt.

»Barcelona ist wie der FC Barcelona, Bio-Koks, 120 das Gramm«, spult er wie auf Autopilot sein Programm ab und hält die Tütchen ins Licht. Das Barcelona sieht aus wie Mehl, richtiges Blow, geiles Zeug, es fasziniert ihn noch immer. Das Hollywood hingegen hat was von Schieferplatte, damit kann man Leute beeindrucken, die nicht so viel Ahnung haben, es kostet nur 100 und schmeckt leicht aromatisiert, genauso wie die meisten Menschen sich Koksgeschmack vorstellen und wünschen, Plastic-Surgery-Koks, Hollywood halt, »das glitzert wie der Sunset-Strip um Mitternacht«, führt er das Verkaufsgespräch in die

Zielgerade, und da hat sich Kerstins Freundin auch schon entschieden, natürlich für das Hollywood, hätte er ihr auch gleich sagen können.

Richtig viel abgeworfen hat es am Anfang nicht. Dafür hat er selbst zu viel weggezogen, ein ganzes Jahr lang, vier oder fünf Tage die Woche. Eines Abends hat er sich vor den Spiegel gestellt und gesagt, Junge, du musst das in den Griff kriegen, sonst kannst du nicht verkaufen. Und von da an nur noch am Wochenende geballert. Dann allerdings auch exzessiv.

Anfangs hat er das Speed noch gestreckt, mit billigem Backpulver. Aus zehn Gramm schlechtem Speed hat er 20 Gramm richtig mieses Speed gemacht, es war wirklich eine Frechheit, man hätte es ihm um die Ohren hauen sollen. Koks hat er nur einmal verschnitten, mit Milchpulver, aber das brachte nichts, er wollte ja zufriedene Kunden. Also hat er das Gepansche sein lassen und einfach einen höheren Preis verlangt. Er wollte kein Billigdealer sein. Er war immer ein Dealer mit Stil. Gute Ware zu vernünftigen Preisen, kein Geramsche, kein Rabatt.

Er hatte zwei Quellen. Ralf lernte er über eine Frau kennen, mit der er mal abgestürzt war. Ralf machte das so nebenher, hätte man nie vermutet, wenn man ihn sah. Zu dem musste er immer hinfahren, gutbürgerliche Wohngegend, Wilmersdorf. Mit der Bahn hin, mit dem Taxi zurück, in der Tasche ein Kilo Speed und 300 Pillen. Der andere, Fadi, hat's immer selbst vorbeigebracht und schließlich die gute Koksconnection hergestellt, Spitzenware, ähnlich dem Hollywood, das Felix jetzt für Kerstins Freundin in ein Tütchen schaufelt. Fadi war sein Captain, zu dem hat er aufgeschaut. Auch wegen dem Schutz, den Fadi ihm anbot. »Wenn irgendwas ist, sag Bescheid, dann komm ich mit zwei Inkassokanaken vorbei und räum auf«, meinte er mal zu Felix. Vor zwei Jahren wurde Fadi tot in seiner Wohnung gefunden, Herzstillstand.

Damals war Felix gerade mit Lisa zusammen. Lisa mochte das mit dem Dealen nicht, obwohl sie selbst eine koksgeile Feiermaus war und natürlich nie zahlen musste. Eines Abends hat er ihr die Frage aller Fragen gestellt: »Was hältst du moralisch davon, was ich tue?« Lisas Antwort: »Du machst Profit aus dem Elend anderer Menschen.«

Das trifft ihn immer noch. Weil er immer ein fairer Dealer war. Er hat nie Leute angefixt. Na ja, vielleicht schon. Klar hat er Leute angefixt. Aber nie, um sie auszubeuten. Sondern weil er das alles geil fand und teilen wollte. Lisas Satz hat ihn damals eher trotzig gemacht. Nachdem sie ihn wegen der Tickerei verlassen hatte, definierte er sich extra darüber: *Ich bin Drogendealer.*

Es lief ohnehin schon viel zu gut. Als Koksdealer gehörte er zur herrschenden Klasse. Er hatte den goldenen Schlüssel, kam überall rein, hing in allen Backstages ab und in so vielen Hotelzimmern. Auch ein paarmal im Soho-House, das laut Kerstin gerade in Flammen steht. Edler Schuppen, tolle Bar oben im siebten Stock, gigantischer Ausblick, geiler Pool, Sauna, Bibliothek, Privatkino. Und alles voller Babes, die ihrem jeweiligen Gesprächspartner über die Schulter schauen, aus Angst, irgendwas oder irgendwen Wichtigeres zu verpassen. Beim ersten Mal hat ihn ein schottischer DJ mitgeschleppt. Felix trug Anzug und Krawatte, weil er dachte, man habe sich in so einem Nobeletablissement schick zu machen, bis ihn eine dieser Modelkellnerinnen in den schicken blauen Hemdchen zur Seite nahm und mit Fakelächeln, breitem britischen Akzent und Verweis auf die *No-Tie-Policy* des Soho-House bat, seine Krawatte abzulegen. Und als Felix sich umsah und ihm auffiel, dass tatsächlich alle gut und teuer, aber *casual* gekleidet waren und die Hälfte der Leute außerdem aussah wie fucking Jungschauspieler, die für fucking Filmrollen vorsprachen, in denen sie etwas langweiligere Versionen von Felix und seinen Kumpels verkörperten, da dachte er, ach so ist das also, ihr wollt hier alle so sein wie ich, nicht umgekehrt. Er stopfte den Schlips in die Innentasche seines Jacketts und legte sich eine dicke bunte Pille auf die Zunge, vor den Augen der Kellnerin, die nur wenige Stunden später mit dem Schlüpfer an den Knien und einem aufgerollten Fuffi in der Nase vor seinem Wohnzimmertisch kniete und von da an zu seinen Stammkundinnen gehörte, bis ihr irgendwann die Sicherung durchknallte und Mama und Papa aus Brighton oder Bristol kamen und ihr aus der Spur geratenes Töchterchen zurück nach Hause holten.

Das waren die magischen Jahre. Wie viele Menschen er damals kennengelernt hat, und wie sie ihn alle angehimmelt haben. Die Leute haben ihn geliebt. Er hat die Leute geliebt. Wer alles bei ihm im Wohnzimmer saß. Schauspielerinnen, DJs, Künstler, irgendwelche Start-up-Hoschis. Es war immer Action. Es gab kein Gestern und kein Morgen, man war immer im Moment.

Beim Ausgehen hatte er oft nur noch was für sich dabei, schön aufgerundet, um auch mal was zu spendieren. Das hat er geliebt. Und das ist es auch, was er am meisten vermisst: Wie großzügig man sein konnte. *Mein Ferrari parkt in meiner Nase*, Zitat Falco. Dem schließt Felix sich an. Einen Kleinwagen hat er bestimmt verkokst. Eher einen BMW. Einen neuen, mit Ledersitzen. Viel verschleudert, und den Rest in seine Sneakersammlung gesteckt, in Klamotten und gutes Essen. Und in seine Bar.

Der südjapanische Rum mit der feinen Honigsüße, der nach Nebel und Wald schmeckende Edelwodka aus Litauen oder der gute Macallan aus dem Nordosten Schottlands, ein herrlich torfiger Single Malt, 21 Jahre lang in drei unterschiedlichen Eichenfässern gereift, die Flasche 500 Schleifen, steht alles noch oben auf dem Regal, Trophäen aus einem anderen Leben, jetzt eigentlich nur noch Deko, weil, wen soll er damit noch beeindrucken, wem soll er den japanischen Rum hier anbieten – der bereits reichlich verbimmelten und jetzt wenig subtil an Fiete rumgrabenden Kerstin vielleicht, oder lieber gleich Peppi? Damit der zwei kalkige Eiswürfel reindrückt, das Ganze mit einer Coke Zero aufgießt und sich über seinen beschissenen Cuba Libre freut?

Irgendwer hat Felix damals als *Schnapssnob* bezeichnet.

Schnapssnob, das hat ihm gefallen.

Er hatte überhaupt kein Verhältnis zu der ganzen Kohle. Er hat das Geld nie gewaschen, es wurde immer bar gelagert. Irgendwer zog bei einer Afterhour mal einen zerknitterten Umschlag mit 800 Euro aus der Sofaritze, der dort wochenlang gesteckt haben musste. Ein anderes Mal suchte Felix nach seinem Impfpass und fand zehn glatte grüne Scheine in der Schublade. Daraufhin fing er an, Geld zur Seite zu packen, und legte seinen ersten Bunker an, im Keller von einem Bekannten.

Es wurde anstrengend. Zu viel Kundschaft. Die Leute brachten andere Leute mit, immer klingelte es an der Tür. Vor Silvester und vor den einschlägigen Festivals war es am schlimmsten. Abwiegen, Tütchen packen, immer dieselben Abläufe, Akkordarbeit, Fließband. Morgens im Bett fühlte er sich, als hätte er die ganze Nacht Tetris gespielt oder Candy Crush, und wegen der Afterhours gab es immer öfter Stress. Sonntag auf Montag, die ganze Bude voller Leute, alle am Ballern, offene Hose, was kostet die Welt. Er fragt sich immer noch, ob es seine damalige Nachbarin war, die ihn bei den Bullen angeschissen hat. Wenn nicht, dann kann es eigentlich nur einer seiner Kunden gewesen sein, und da will Felix lieber gar nicht drüber nachdenken.

Sein eigener Konsum stieg wieder rapide an, fünf Gramm Koks am Wochenende, auch mal sieben, er probierte Crystal und Crack, und als er dann noch die Kokarette für sich entdeckte, ging es steil bergab. Depressionen, Psychose, schwarz gerauchte Zähne. Das Gefühl, mutterseelenallein zu sein, und ständig die Frage: Habe ich eigentlich noch Freunde, oder habe ich nur noch Stammkunden?

Dann ging es mit den Opioiden los. Eines Tages saß eine Frau auf dem Sofa, Freundin von ’nem Freund, ihr Vater war an Krebs gestorben. Sie hatte kein Geld für einen Grabstein und wollte wissen, ob Felix Interesse an den Tabletten habe, die sie im Badezimmer ihres Vaters gefunden hatte, Hydromorphon, fast 80 Kapseln, 2,6 mg, nichtretardiert, heftiges Schmerzmittel, Heroin im Schafspelz. Felix fand einen Abnehmer dafür, fraß aber auch selbst gut was weg. Es war einfach zu schön, und gegen die Zahnschmerzen half es auch. Gegen Tramadol und Tilidin hatte er bereits eine hohe Toleranz entwickelt, aber jetzt gab es ja die Hydros, später auch mal Oxycodon oder Fentanyl. Das Oxycodon brachte ein Rheumapatient mit, das Fentanyl kam von Kerstin, und eines frühen Morgens hat sie ihm eine Ampulle Morphinsulfat gespritzt, schwer ranzukommen, traumhaft. Dazu weiter gekokst, immer mindestens zwei Tage am Stück, im Club noch den letzten Rest aus der Tüte geleckt, *Allerletzte Gnadenfrist – wenn das Tütchen alle ist.* Komplett auf links nach Hause, Keta gezogen, um den Koksjieper abzumildern, Opium geraucht, ein Schlafmittel dazu oder mal eine Tavor. Dann vielleicht noch eine weitere Schlaftablette, weil die erste nicht gereicht hat, Flasche Wodka auf dem Nachtschränkchen und gekifft wie ein alter Beduine. Stundenlanges Rumwälzen, Schwitzen und Stöhnen, verzweifeltes und erfolgloses Masturbieren, nach Stunden der Qual endlich eindösen und beim Aufwachen sofort wieder ein Beruhigungsmittel rein, egal welches, was halt gerade da war.

Er hätte sterben können. Wegen dem Cocktail. Er hat seinen Körper gefickt. Er hat seinen Körper so richtig hart in den Arsch gefickt. Oft brauchte er bis zum Donnerstag, um wieder halbwegs Mensch zu werden, und spätestens freitags ging's dann wieder los. Solange man Leute kennt, die genauso fertig sind oder noch fertiger als man selbst, kann man sich ja immer einreden, es sei gar nicht so schlimm. Und Felix kannte viele fertige Leute.

Sein Business hat darunter nicht gelitten. Der Affe kommt schon, wenn er was zu fressen braucht. Dann durfte der Affe halt mal ein, zwei Tage nicht kommen, na und? Die Macht hat, wer andere warten lassen kann, und ein paar Scheine mehr oder weniger juckten Felix nicht. Es sprach sich rum, dass er zu Wochenanfang nicht erreichbar war und in der Wochenmitte ziemlich eklig werden konnte, da hatte er seinen Gottkomplex. Die Leute haben sich aber auch immer benommen wie die letzten

Schweine. Wenn man jemandem drei-, viermal sagt, »Zieh bitte die Schuhe aus«, und dann latscht derjenige beim nächsten Mal wieder mit seinen Tretern in die Wohnung, da unterstellt man ihm doch Demenz oder Absicht, oder zumindest Fahrlässigkeit! Und dann die immer gleichen Smalltalkgespräche. *Was machst du am Wochenende? Was hast du letztes Wochenende gemacht? Was machst du an Silvester?* – Am besten, man hätte es einmal abgetippt und an die Wand gehängt: *Da, kannste dir durchlesen!* Er hatte Leute da, die stundenlang gelabert haben, drei oder vier gleichzeitig, und wenn dann mal ein Kunde kam, den Felix mochte, wurde er von dem irren Redeschwall der anderen vergrault. Und der Härteste war schon damals Peppi. Peppi, der ihm jetzt gegenübersitzt und die Truppe unterhält, die Mundwinkel schon wieder voller Sprechkäse. Gerade scrollt er durch eins seiner Druffi-Foren und liest die absurdesten Statusmeldungen vor.

»Hilfe, ich bin schwanger und weiß nicht, wer der Vater ist. Bitte mal alle liken, die mit mir im Bett waren«, zitiert er gigglend einen Eintrag, und: »Warum kriegen die in Afrika kein 3Sat?«

»Weil sie nicht mal zwei satt kriegen«, antwortet Kerstins Freundin, »uralt, außerdem rassistisch«, und dann beömmeln sich alle über ein höchstens 18-jähriges Goamädel, das irgendwo in der ostdeutschen Provinz zwischen mit Stickern übersäten Jugendzimmermöbeln sitzt und bravogirlgedichtseitenartigen Poesiequatsch in die Handykamera sächselt, voll auf MDMA und ganz allein, das arme Ding.

Wenn Felix eine Tochter hätte, die nach Berlin kommt und Drogen nehmen will, dann sollte sie an einen wie ihn geraten. Das war immer sein Anspruch, sein Kodex, seine Maxime. Er hat jungen Mädels oft was verweigert, GHB zum Beispiel oder Acid, Drogen für Erwachsene. Aber sich selbst hat er kaputtgemacht. Wenn alle müde waren, wurde er erst richtig wach. 30 Stunden geballert, zwischendurch war ihm übel, Hänger, Depris, Zahnschmerzen. Dann ging's ihm vier Stunden gut oder drei, und dann wieder ein paar Tage lang schlecht. Auf Partys spielte er den Spaß nur noch. Er nahm keine Drogen mehr, um feiern zu gehen, er ging feiern, um Drogen zu nehmen. Großer Unterschied.

Sein Programm am Ende: Koks, MDMA, 2CB als Pulver, Ketamin, zwei oder drei Sorten Pillen, Pilze, Opium und alles an Schmerzmitteln, was er auftreiben konnte. Ein Polytoxikomane vor dem Herrn. Schwindelanfälle, Balanceschwierigkeiten, Amnesie. Er war seelisch verwahrlost, körperlich auch, sozial sowieso. Er hat immer auf die Prinzessin gewartet, die ihn rettet. Aber wahrscheinlich hätte er die Prinzessin eher gekillt.

Und dann kam die Rettung. Seine Verhaftung.

Nico verabschiedet sich. Er muss seine Fracht bei den Airbnb-Schweden abliefern und will anschließend mit seiner neuen Freundin einen Film gucken. Auf einmal steht Marcy in der Küche, der Friseur. Hat sich hier offenbar mit Kerstin zum Haareschneiden verabredet und im Flur Nico getroffen, der ihn reingelassen hat, na herzlich willkommen.

Marcy trägt seine grüne Harrington, rote Docs und ein breites Grinsen im Gesicht. Er hat selbst mal vertickt, war als Kokstaxifahrer unterwegs und hat regelmäßig von Felix Pillen bezogen. Dann wurde er gepackt und war im Bau, aber nicht lange. Hatte wohl Glück mit dem Richter. Das mit dem Kokstaxi hat er drangegeben, dafür nascht er jetzt selbst umso mehr. Also genau der umgekehrte Weg, den Felix gegangen ist. Marcy kommt selten vorbei, aber wenn, dann kauft er immer gute Mengen für sich und seine Buddies. Er ist nur ein Jahr jünger als Felix und hebt das Durchschnittsalter in dieser Küche damit erfreulich an. Bisschen spezieller Charakter, mal macht er auf Sensibelchen, dann wieder auf gewaltaffiner Hool, und er hätte ja mal vorher Bescheid sagen können. Aber wenigstens zieht er ungefragt seine Schuhe aus und hängt seine Jacke an den Haken.

Es ist ein Mittwoch, sieben Uhr abends. Felix steht in der Küche am Herd, als es klingelt. Er glaubt, es sind die Gäste, die er zum Abendessen erwartet, es ist die verabredete Zeit. Er betätigt den Türdrücker und geht zurück zum Herd, wo seine Frikadellen vor sich hinbrutzeln. Er hört Schritte auf den Treppen und das Knarren der Tür. Er putzt sich die Hände an einem Geschirrhandtuch ab, geht in den Flur und schaut direkt in den Lauf einer Knarre.

Zuerst dachte er, er wird überfallen. Es gab damals ja diese Bande, die sich darauf spezialisiert hatte, Dealer in ihrer Wohnung abzuziehen. Dann haben die Bullen sich ausgewiesen. Umdrehen, Hände auf den Rücken, Handschellen, die ganze Prozedur. Und der eine geht in die Küche, »Mmh lecker, Buletten!«, und dreht den Herd ab.

Felix fing stumpf an zu heulen. Er ist 'ne Muschi, muss man sich nichts vormachen. Er ist kein Gangster, er ist Geschäftsmann. Zwei Stunden waren sie da und haben alles auf den Kopf gestellt. Es wurden Sachen entdeckt, von denen er gar nichts mehr wusste. Ecstasypillen, die er eine Zeitlang immer in ein Glas geworfen hat, wenn sie besonders schöne Formen oder Designs hatten – Totenköpfe, Herzen, Smaragdfarbenes und so, ein Kessel Buntes, hatte er völlig vergessen. Rund 20 Gramm Koks wurden beschlagnahmt, 30 Gramm Speed, bisschen Gras, gut 200 Pillen und fast 1000 Euro in bar. Die Pillen steckten in einer Kaffeedose zum Zuschrauben, er hat die Cops selbst drauf hingewiesen: »Ja, hier sind sie doch, die Drogen«, er dachte, die wissen eh Bescheid. Weitere 500 Schleifen waren in einem Umschlag in der Schublade vom Nachtschränkchen, die haben sie übersehen, ebenso den halbvollen Fünfliterkanister GBL unter der Spüle. Und das war's. Alles andere lag im Bunker, mehr als 15 Mille und haufenweise Zeug. Felix war nachmittags noch dort gewesen, hatte Geld weggebracht. Wenn die Cops ihn anständig beschattet hätten, sie hätten ihn so was von ficken können.

Insgeheim, tief in seinem Innern, wollte er wahrscheinlich gepackt werden.

Weil es einfach nicht mehr ging.

Weil er bereits mit einem Bein im Grab stand.

Nachts in der GeSa hat er nur gedacht: Endlich, endlich ist es vorbei.

Wäre die Gasknarre nicht gewesen, sie hätten ihn sofort wieder laufen lassen müssen. Eine Reck, hatte er sich als Teenie mal besorgt, in Eschwege, er wusste gar nicht, ob die noch funktionierte. Die Wumme lag hinter dem Sofa, so dass da keiner rankam. Der Scheißbulle schrieb allerdings in seinem Bericht, sie hätte griffbereit hinter einem Sitzkissen gelegen.

Drogen und 'ne Waffe: fünf Jahre Mindeststrafe.

Weil wegen der hohen Strafandrohung Fluchtgefahr bestand, kam Felix gleich in U-Haft. Zum Glück waren noch während der Durchsuchung seine Dinnergäste eingetroffen, die Felix' Version später bei der Verhandlung bestätigten, so dass sie ihn nicht wegen *Bewaffnetem Drogenhandel* drankriegen konnten, sondern nur wegen § 29a, *Handel mit Betäubungsmitteln in nicht geringer Menge*.

Das Urteil: Ein Jahr und zwei Monate, ausgesetzt auf drei Jahre Bewährung.

Als das Urteil verkündet wurde, hatte er seine sechs Monate U-Haft bereits abgesessen.

»Musste vorhin schweren Herzens meine MMA-Karten verkaufen«, erzählt Marcy, während er seine Friseurutensilien auf dem Tisch ausbreitet.

»MM what?«, fragt Kerstins Freundin.

»Mixed Martial Arts«, sagt Peppi.

»Diese fette Sause in der Amazon-Arena«, sagt Marcy. »Hat mein Stiefvater mir geschenkt, zwei ziemlich gute Plätze weit vorne.«

»Würde ich mir ja glatt auch mal angucken, so 'nen Kampf«, sagt Kerstin.

»MMA ist geil«, sagt Peppi, »das ist richtige Kunst.«

»Gibt aber schon auch gut aufs Maul«, erkärt Marcy, dem dieser Aspekt wichtig zu sein scheint, dem es überhaupt wichtig zu sein scheint, immer und überall seinen Gewaltfetisch raushängen zu lassen, damit ihn bloß niemand für eine dieser Friseurtunten hält.

»Und an wen hast du die Tickets verscheuert?«, will Peppi wissen.

»Irgend so 'n Vogel, Ebay Kleinanzeigen. Wäre wirklich gerne hingegangen, aber ich bin so blank momentan, auf dem Weg zu meinem Bewährungshelfer heute Mittag hatte ich nicht mal genug für ein Scheiß-BVG-Ticket dabei. Die kontrollieren ja gerade wie die Blöden. Für den Rückweg hat mir mein Bewährungshelfer dann Geld mitgegeben.«

Fiete lacht. »Ganz praktisch, so'n Bewährungshelfer, hätte ich auch gerne!«

»Sag so was nicht, das geht schneller, als du denkst«, sagt Peppi und wirft Felix einen Blick zu. Felix fängt den Blick auf und starrt Peppi an, bis der zu Boden schaut.

Anfangs konnte er im Knast nicht scheißen. Felix brauchte schon immer seine Ruhe beim Scheißen, klassischer Heimscheißer. Weil er hoffte, dadurch an Benzos zu kommen, hatte er im Aufnahmegespräch Suizidgedanken geäußert, worauf er in eine *Begegnungszelle* gesteckt wurde und einen roten Punkt an die Tür bekam, *Risikofall.* Zur Nachbarzelle gab's nur eine dünne Tür, und Felix konnte nicht kacken. Ging einfach nicht, tat richtig weh. Die erste Woche brannte zudem die ganze Nacht das Licht, es war wie Folter, file under: Eigentor. Wiegen durfte er sich auch nicht. Man musste die Waage erst beantragen, frühmorgens an der Medikamentenausgabe, wo schon in Reih und Glied die Heroinjunkies standen und auf ihr Methadon warteten, vor ihnen die Becher mit der schlumpfblauen Flüssigkeit, auf den Bechern Mugshots, damit bloß nicht der Falsche kommt und den Stoff abholt, ein Bild für die Götter. Die Junkies mussten immer zeigen, dass sie alles runtergeschluckt hatten, schafften es aber trotzdem irgendwie, das Zeug zu hamstern und weiterzuverticken. Der zuständige Arzt verweigerte Felix das Wiegen, ohne Angabe von Gründen. Wie Felix den gehasst hat. Er wollte sich doch nur wiegen!

In Moabit wurde er von allen *Schnürchen* genannt. Weil er so lang und dünn ist. Die größte Gefahr für ihn war, mit Heroin anzufangen. Hat er nicht gemacht, aber Subutex hat er gezogen, Heroinersatzstoff, typische Knastdroge. Und Spice, aber das hat nicht geknallt. An MDMA, Koks oder Speed wäre er auch rangekommen, das wurde mit 'ner Drohne eingeflogen, aber Felix wollte nicht ballern, da hätte er nachts nicht schlafen können, und mit dem Schlafen hatte er ohnehin Probleme. Mit dem Scheißen und mit dem Schlafen. Die Angst, nicht einschlafen zu können, und wegen der Angst dann nicht einschlafen können. Teufelskreis.

Beim ersten Mal hat er vom Subutex nicht viel gemerkt. Beim zweiten Mal hat's gescheppert, aber ordentlich. Sie waren bei Bowie auf der Zelle, Umschluss. Bowie war ein Junkie vor dem Herrn, ganz alte Schule, der hat sich die Spritzen in die Leiste gesetzt, eine Portion Weißes, eine Portion Braunes und 'ne Ropie, alles auf 'nen Löffel und dann schön in die *Pferdespritze*, in eine normale passte es nicht rein. Aber Bowie war ein Guter, und er mochte Felix. »Schnürchen, willst du ein Bähnchen Subutex?«, fragte er lächelnd. »Alle anderen kloppen sich drum, dir schenke ich es.«

Er hat gesehen, wie Menschen im Knast süchtig wurden. Menschen, die nie was genommen haben. Es wurde die ganze Zeit gedealt, und wenn es Stress gab, ging es fast immer um Drogen. Um Drogen, um Schulden und um Tabak. Tabak gleich Währung. In der Werkstatt haben alle geballert, es wurde Aufgesetzter gebrannt und Desinfektionsmittel gesoffen, Sterillium, aus der Küche geklaut. Betäuben und wegbeamen, egal wie. Wer noch kein Drogenproblem hatte, bekam es spätestens hier.

Marcy hat inzwischen seine Schere ausgepackt und macht sich an Kerstins Haaren zu schaffen.

»Da kann ruhig ordentlich was runter«, sagt sie, »das Winterfell muss ab.«

»Die Haare kochen wir nachher schön aus«, antwortet Marcy, »knallt bestimmt gut.«

Gelächter. Peppi hat in Kerstins Freundin eine noch frische Zuhörerin gefunden und setzt zu einem seiner ausufernden Witze an. »Pass auf, drei Typen stehen vor der Himmelstür, alle drei tot, ist klar, was sollen die sonst vor der Himmeltür – «

Fiete rülpst. »Gott im Himmel, nicht der schon wieder …«

»Ich kenn den noch nicht«, sagt Kerstins Freundin.

»Der Erste klopft also an, Krösus kommt an die Tür und sagt, Was'n los, und die drei so, Wir sind tot, Mann, wir müssen rein hier, zur Party. Und Krösus so: Der Schuppen ist total überfüllt Mensch, da braucht ihr auf jeden Fall 'ne geile Story. Sagt der Erste: Hier, icke, ich bin Anwalt, ich hab die beste Story. Sagt Krösus …«

»Wieso eigentlich Krösus?«, will Marcy wissen. »Müsste das nicht Jesus sein oder Petrus oder was?«

»Petrus ist Wetter«, sagt Kerstin.

»… sagt Krösus, na dann schieß mal los«, lässt Peppi sich nicht unterbrechen. »Ja pass auf, sagt der Erste, ich steh da so auf Arbeit und hab das Gefühl, meine Frau betrügt mich, und da denk ich mir, ich geh heut mal 'ne Stunde früher nach Hause. Ich komm nach Hause, da liegt meine Frau aufm Bett, nackend. Wo ist der Schlingel, denk ich und durchsuch die ganze Bude, die ganze Bude durchsuch ich nach dem, aber ich find ihn nicht, ich find ihn einfach nicht, wo steckt der Schlingel bloß? Da geh ich auf den Balkon, wir wohnen ja im zehnten Stock, und zünd mir 'ne Zigarette an, weißte, aus Frust. Und dann seh ich, dass da einer mit seinen Pfoten am Balkon hängt.«

»Ach Scheiße, den kenn ich doch«, sagt Kerstins Freundin.

»Ich nehm meine Latschen und dresch dem damit auf die Pfoten, er rutscht ab, aber zu meinem Pech landet die Sau auf dem Baum unterm Haus. Also nehm ich den Kühlschrank, den ich aufm Balkon stehen hab, und schmeiß den runter. Bleib dabei aber dummerweise an dem Kabel hängen und stürz hinterher, deswegen bin ich jetzt hier. Sagt Krösus, ist ja 'ne Hammerstory, latsch mal durch, wa!«

Felix kann schon auswendig mitsprechen, sogar die Nuancen. Wie Peppi das *ö* in *Krösus* betont. Wie er nochmal Luft holt vor Krösus' Satz mit der *Hammerstory*.

»Dann ist der Nächste dran. Steht vor Krösus und sagt, ich bin Malermeister, nee, warte mal, ich bin Fensterputzer …«

»Ist doch latte, was der ist!«

»Jetzt lass ihn doch mal erzählen, Mann!«

»Also, er ist Fensterputzer und sagt: Ich steh da so inner dreizehnten Etage, auf einmal reißt meine Drainage ab. Ich fall runter und halt mich gerade noch an so 'nem Balkon fest, da kommt so'n Idiot und kloppt mir mit seinen Latschen auf die Pfoten. Ich krach runter, lande auf 'nem Ast von 'nem Baum, bin froh, dass ich noch am Leben bin, auf einmal kommt ein Kühlschrank geflogen und macht mich platt, deswegen bin ich hier. Sagt Krösus, ist ja 'ne Hammerstory, geh mal durch, wa, viel Spaß. Steht der Dritte vor Krösus und sagt, Krösus, ich weiß gar nicht, wie ich's dir erklären soll – Ich bin da so bei 'nem Schäferstündchen und steck schön einen weg, auf einmal wird die Frau panisch, mein Mann kommt, du musst dich verstecken! Geh ich also auf den Balkon und versteck mich in so 'nen Kühlschrank, der da rumsteht, und auf einmal …«

Der ganze Raum bricht in hysterisches Gelächter aus.

Obwohl alle den Witz schon kennen.

Vielleicht gerade deshalb.

Die Vorfreude auf die Pointe, das Erwartbare.

Wie die alle wiehern, demnächst wollen sie noch neu behuft werden.

Und Felix mittendrin, komplett nüchtern, als Einziger.

Er zündet sich eine Zigarette an, und dann geht schon wieder die Klingel. Nico hat die Ware bei den Schweden abgeliefert und ist spontan mit seiner Freundin zurückgekommen. Dann schneien auch noch Freddy und Chi-Hie rein, sie haben einen Kumpel aus Potsdam im Schlepptau, einen an Pillen und Gras interessierten Vogel mit riesigem Quadratschädel, mit dem sie sich zu dritt auf zwei Stühle quetschen. Felix sollte wirklich anfangen, Eintritt zu verlangen.

Das Kiffen hat er vermisst, und er war heiß auf Opioide. Trotz seiner frühen Affinität zu pharmazeutischen Mittelchen aller Art hatte er ja nie verstanden, wie man nur medikamentenabhängig werden konnte. Elvis Presley, die absolute Tristesse, hat er immer gedacht. Und jetzt? Kriegt er schon einen Halbsteifen, wenn er nur das Wort *verschreibungspflichtig* hört, oder das süße Knistern einer Blisterverpackung.

Einmal hat Bowie ihm eine Valium geschenkt. Nach drei Höllentagen mal kurz runterkommen, Felix war so dankbar. Dann bekam er Promethazin, das machte zwar komische Zuckungen in den Beinen, aber immerhin wurde er müde und konnte zum ersten Mal seit langem durchschlafen. Später stieg er auf Doxepin um. Erst bekam er das Doxepin von Bowie, dann wurde es ihm verschrieben. Bowie und er, sie haben sich gegenseitig geholfen. Felix mit seiner Angst, Bowie mit seinem Entzug, die beiden waren ein gutes Team.

Kurz vor Weihnachten gab's wieder frisches Subutex. Fenster auf, zusammengerollt auf dem Bett, träumend und trotzdem wach, ganz komischer Zustand. Dazu Radio und Fernseher und Weihnachtslieder, sein schönstes Knasterlebnis.

»Dann hätte ich auf jeden Fall gerne noch für 25 von dem Orange Bud. Und das da, ist das diese Kreuzung, von der du erzählt hast? Wie ist die so?«

»Deftig, würde ich sagen. Riech mal dran.«

»Ich saß letztes Jahr an meinem Geburtstag auf Acid in der Badewanne …«

»Alter, was ist das denn?«

»Marcy, hast du eigentlich deinen Rasierer dabei?«

»Riecht nach Heu oder so.«

»Ja logo.«

»... es liefen die Doors, *Break on through to the other side*, und ich dachte nur, ach soooo, ach soooo, verstehe ...«

»Nach Bauernhof irgendwie.«

»Du könntest mir die Seiten machen und den Nacken, das stoppelt sich da schon wieder so.«

»Kann ich machen, kostet aber.«

»Wie viel?«

»Irgendwann bin ich dann mit dem Kopf unter Wasser getaucht, das war so heftig, ich hab nur gedacht: Krass, ich war ja mal ein Baby ...«

»War nur Spaß. Aber so 'ne Nase würde ich nehmen.«

»Ich geh mal zum Späti, braucht einer was?«

»Eigentlich gar kein schlechter Geruch, ich steh ja auf Bauernhof, gib mir davon auch mal für 25.«

»Noch ein-zwei Fläschchen Rotkäppchen vielleicht?«

Ja, wahrscheinlich hat der Knast Felix gerettet. Der Knast und die anschließende stationäre Entwöhnungstherapie. Acht Wochen in einer Einrichtung in der hessischen Provinz, nicht weit von seinen Eltern entfernt, doch das war Zufall, und er hat ihnen nichts davon gesagt. Es gab jeden Tag Gespräche, er ist viel spazieren gegangen und war täglich schwimmen. Er wurde fitter, auch im Kopf. In der letzten Woche seines Aufenthalts fand er bei einem Spaziergang durchs Dorf ein Beutelchen Gras auf dem Bürgersteig. Versteckte Kamera, dachte er, Vorsicht Falle. Er ließ das Beutelchen liegen und ging weiter. Abends in der Gesprächsgruppe war er unfassbar stolz auf sich.

Als er nach Berlin zurückkam, stand er vor der Wahl: Drogen nehmen oder Drogen verkaufen. Beides zusammen ging nicht. Und er kam zu dem Schluss: Weiterhin Drogen zu verkaufen ist gefährlich, weiterhin Drogen zu nehmen ist lebensgefährlich.

»Letztes Wochenende hat einer von den Türstehern im Lobo meine Arme untersucht. Und ich so, ey, habt ihr nichts Besseres zu tun?«

»Echt? Einfach so?«

»Ich hatte krass viel 2CB genommen, dazu Ketamin und MDMA. Wollte einfach mal eine halbe Stunde die Augen zumachen und hab dann mitgekriegt, dass jemand im Sessel neben mir saß und an meinen Armen rumgefummelt hat. Die dachten, ich hätte gedrückt.«

»Okay, wow. Und dann?«

»Hab ihn machen lassen.«

»Jemand einen Musikwunsch?«

»Wo?«

»Lobo. Lobotomy.«

»Ist das noch gut da?«

»Hatte da ein paar gute Abende diesen Winter.«

»Ich hätte dem eine gezimmert.«

»Ach, wieso.«

»Direkt Backensolo.«

»Will jemand was Bestimmtes hören?«

»Ich mein, was grabbelt der den an, hallo?«

»Ich fand's eigentlich ganz angenehm, dass der mich angefasst hat. Ich war mit den Gedanken eh ganz woanders, mich hat das nicht so interessiert in dem Moment.«

»Du, Kerstin? Willst du was Bestimmtes hören?«

»Egal, Peppi, mach irgendwas an, Hauptsache nicht diesen uralten Drum and Bass.«

Mithilfe seines Bewährungshelfers fand er eine neue Wohnung, diese hier, halb so groß wie die alte und ohne seine geliebte Badewanne, und stellte den Antrag auf Hartz IV. Nebenbei hat er am Hot-Dog-Stand auf dem RAW-Gelände gejobbt. Also genau dort, wo er früher das Zeug durch die Gegend geschmissen hat. Vom Gustaf zum Gasthof! Zum ersten Mal seit zehn Jahren musste er sich wieder bei Leuten melden, wenn er wen sehen wollte.

Erst wollte er ganz aufhören. Aber er hatte die alten Nummern noch, die guten Kontakte. Was er sich über die Jahre aufgebaut hatte, war noch da, zum Greifen nahe, und seine Freunde waren zu 90 Prozent ehemalige Kunden.

Es war einfach zu verlockend. Von Hartz IV kann man nicht menschenwürdig leben, schon gar nicht, wenn man einmal vom süßen Leben gekostet hat, la dolce vita, die deutsche Vita.

»Weißt du, ich hab immer versucht, ihr den Rücken freizuhalten, sie auch mal auf positive Gedanken zu bringen und …«

»Durchs Nasebohren werden Pneumokokken übertragen.«

»Pneu-was?«

»Ich meine, das soll jetzt nicht irgendwie eitel klingen oder so, aber was ich da über die Jahre für sie gestemmt habe, das hätte ganz sicher nicht jeder …«

»Pneumokokken sind Bakterien, die in der Nase sitzen und den übelsten Scheiß auslösen können, Blutvergiftung, Hirnhautentzündung, Lungenentzündung …«

»Dann sitz ich da und mach ein bisschen Window-Shopping bei Tinder …«

»Und wie kommst du da jetzt drauf?«

»… das hätten die meisten nicht mitgemacht, verstehst du, was ich mein, die meisten wären schon zehnmal weggewesen …«

»Weil Kerstin gerade gepopelt hat.«

»Ja, genau!«

»Der meinte, er hätte damals Schiss vor mir gehabt, weil ich immer so breit war, wenn er mich gestalkt hat …«

»Heimlich, ich hab's genau gesehen!«

»Will einer was ziehen?«

Es ging schleichend wieder los. Hier mal ein Gramm oder zwei, da ein paar Pillen, Taschengeld. *Aufstocken* nennen sie das beim Jobcenter. Genau das hat Felix gemacht: Aufgestockt. Nur eben am Jobcenter vorbei.

Er selbst ist clean geblieben. Und er vertickt seitdem ausschließlich aus der Wohnung raus, an handverlesene Freunde und Bekannte, Satellitenköpfe in den Resten seines bescheidenen Imperiums, Subunternehmer, die für sich und ihre Freunde einkaufen oder an einen überschaubaren Kreis weiterverbimmeln, so wie Nico mit seinen Airbnb-Gästen.

Felix macht nicht mehr ganz so viel Schotter wie vorher, aber es reicht, und stressfreier ist es allemal.

»Ich hab mir einfach nur die Nase gekratzt, du Hirni!«

»Hast du auch immer Angst, dass da noch was hängt, wie in so 'nem schlechten Film?«

»Ich hatte mal einen Hitlerbart aus …«

»In England sollen bereits über eine Million Säuglingstodesfälle auf Pneumokokken …«

»Und ich so, ja, wenn du nett bist und wenn du so aussiehst wie auf deinen Fotos …«

»Ganz weiß und klumpig war der …«

»Aber ich mag sie halt, verstehst du, was ich mein? Hörst du mir noch zu?«

»Das muss irgendwie aus der Nase wieder rausgerieselt sein und dann …«

»Da fiel es ihm wie Schuppen aus der Nase!«

»Hahaha!«

»Klar hör ich dir noch zu. Du magst sie halt.«

»Genau! Ich mag sie, aus ganzem Herzen, auch wenn sie mich manchmal …«

»Hahahahaha!«

»Frag mich nicht, wie sie das herausgefunden haben, aber das stimmt, das war 'ne seriöse Meldung, Wissenschaft, wird wohl über Finger und Nase übertragen, der Scheiß …«

»Ich mochte sie schon immer, und vor allem, das darf man ja nicht vergessen, also, mir ging's ja selbst auch oft nicht gut …«

Aber irgendwie, denkt er, als er aufschaut und die ganzen Leute betrachtet, die sich in seine Wohnküche zwängen und mit ihren Substanzen herumhantieren und alle durcheinanderreden, sich gegenseitig die Haare machen und lachen und singen und labern und die Zeit ihres Lebens haben, irgendwie läuft es schon wieder aus dem Ruder.

»Je öfter man das sagt, desto geiler wird's: Pneumokokken Pneumokokken Pneumokokken, probier mal!«

»... Aber das kann mir echt keiner vorwerfen, dass ich mich nicht für sie ins Zeug gelegt habe ...«

»Der war schon sweet und auch interessant, aber dieses Immerschreibenmüssen hat den so unattraktiv gemacht ...«

»Pneumokokken Pneumokokken Pneumokokken Peumo ... Knokken ...«

»Ein Danke wäre schön gewesen, ein einfaches Danke, finde auch nicht, dass das zu viel verlangt ist ...«

Als Kerstins Freundin mit ihrem wie zufällig ausgestreckten Arm das Brandloch zu verdecken versucht, das sie soeben mit ihrer Kippe in die Sofalehne gebrannt hat, während Marcy vor lauter Rührung über seine eigenen hohen Freundschaftsideale jeden Moment anfängt zu flennen und der Kanisterkopp aus Potsdam bei laufendem Wasserhahn und unter dem Gejohle der anderen in die Spüle kotzt und die Bröckchen Entschuldigungen murmelnd mit den Fingern in den Ausguss drückt, legt sich bei Felix ein Schalter um.

Er rastet nicht aus, er schreit nicht herum.

Er bleibt ganz ruhig.

Mit ein paar Griffen packt er seine Sachen zusammen. Die Waage auf die Fensterbank, die leeren Tütchen, das Messer und den Löffel aufs Küchenbuffet.

Den Rest packt er sich unter dem Tisch in die Hosentaschen. Muss ja nicht gleich jeder mitbekommen. Kein Bock auf die Kommentare.

Er nimmt sein iPhone und erhebt sich. Niemand beachtet ihn.

Raus aus der Ecke, raus aus der Küche, durch den Gang, zum Bad.

Tür zu, Licht an, Schlüssel umdrehen, Klobrille runter.

*

Du musst mal wieder raus.

Du hast dich lange genug zurückgenommen.

Du hast lange genug gelebt wie ein Mönch.

Du bist zu jung für das Abstellgleis, die Wartehalle, das Sterbebett. Da könntest du ja auch gleich zurückgehen nach fucking Eschwege.

Du musst mal wieder raus, an die Front, zu den Lichtern und den Leuten. Den Zauber der Nacht spüren und die geile dreckige Luft atmen. Stattdessen sitzt du Abend für Abend bis stupid o'clock in deiner Bude und machst auf Sozialarbeiter, Kneipenbesitzer, Arzt.

Willst du das?

Willst du eine alternative Arztpraxis betreiben, mit Bargeld statt Krankenkassenkarten, mit angeschlossener Nachtapotheke und lauter Musik und lauter Patienten, die gar nicht mehr gehen wollen, und immer wieder portionieren und wiegen, portionieren und wiegen?

Schau dir deine Mutter an. Die ist Landärztin geworden, weil sie für Uni oder Krankenhaus nicht gut genug war. Nun betreut sie die Alten und Kranken aus dem Werra-Meißner-Kreis, die ihr ihre Zipperlein erzählen, worauf sie irgendwas verschrieben kriegen und gut ist.

Machst du hier nicht etwas ganz Ähnliches?

Nur mit dem Unterschied, dass es bei dir illegal ist.

Weil der Staat sich anmaßt, seine Bürger zu entmündigen und ihnen vorzuschreiben, womit sie sich betäuben oder aufputschen oder zugrunde richten dürfen und womit nicht.

Er betrachtet sein Gesicht im Spiegel. Das gute Barcelona läuft ihm bitter durch den Hals. Der Gaumen ist bereits taub, dann auch der rechte Schneidezahn und der linke. Eine vertraute Energie durchströmt ihn. Alte Liebe rostet nicht. Er schaufelt sich eine Handvoll kaltes Wasser ins Gesicht. Draußen hört er die anderen lachen. Gläser klirren, jemand kreischt. Er zündet sich eine Kippe an. Er streicht sich über den Schnubbi und bleckt die Zähne.

Du bist immer noch im Entertainmentbusiness.

Regeln sind da, um gebrochen zu werden, die selbstauferlegten zuerst.

Wenn du jetzt da rausgehst und einen guten Spot in einem guten Club findest, dann bist du der König der Nacht.

Schnapp dir dein altes Tickerportemonnaie, das große, pistazienfarbene aus Nappaleder mit dem goldenen Reißverschluss und den vielen Fächern, das irgendein Druffiflittchen damals bei dir liegengelassen hat, und pack dir ein schönes Angebot. Eine Auswahl an vorportionierten Pülverchen und einen Pillenmix, ein Tütchen Blaue und ein paar von den neuen Eckigen, die angeblich so gut knallen, dazu ein bisschen MDMA und Keta und was von dem Orange Bud, kleiner Gemischtwarenladen, Wundertüte.

Du kannst großzügig sein und was ausgeben.

Du wirst die Energie des Clubs in dich aufnehmen und die Dankbarkeit in den Augen der Feiermäuse genießen, wenn du ihnen das gute Zeug hinlegst, eine halbe Pille zum Testen oder ein Bähnchen Hollywood, das kennen die ja alle gar nicht, die kennen ja nur den mit Milchpulver oder Speed oder Crystal gestreckten Dreck, den sie sich im Görli oder auf dem RAW-Gelände oder von irgendeinem Kokstaxipanscher haben andrehen lassen.

Es wird sein wie früher, nur einen Abend lang.

Vielleicht mal wieder Sex? It's been a while. Kurz aufs Klo, zwei-drei Nasen und ein Blowjob, da haben die jungen Dinger später was zu erzählen über ihre wilde Unizeit – *Also an den*

Wochenenden haben wir es ganz schön krachen lassen, ja genau, warum auch nicht, ist doch gut, ist doch prima, ist doch gut gut gut gut gut!

Und was soll das hier eigentlich?

Du schleichst dich aus deiner eigenen Küche und verbarrikadierst dich auf deiner eigenen fucking Toilette, um heimlich von deinen eigenen Süßigkeiten zu naschen, hast du sie noch alle?

Er wirft die Kippe ins Klo, packt das Tütchen ein, die Karte und das Röhrchen, zieht sein T-Shirt aus und drückt den Rücken durch.

Was hat der, und ich nicht?

Also erstmal sieht er verdammt gut aus, oder?

Warum nicht ins Lobo, wo du die Leute an der Tür kennst, mit etwas Glück sogar die an der Bar und die Abendleitung, da kannst du dich frei bewegen, Runden schmeißen und im Backstage abhängen, und das Beste ist: Peppi wird nicht mitkommen, ist ihm zu hektisch da, zu laut und unübersichtlich, zu viel Action für sein Autistenhirn, erträgt er nicht.

Ein bisschen Wachs in die Haare, ein paar Tupfer Amazinggreen von Comme de Garçons an den Hals, dann raus ins Schlafzimmer und das gute Supreme-Shirt vom Wäscheständer ziehen. Er öffnet seinen Kleiderschrank, scannt die verschiedenen Fächer und entscheidet sich für den Stars-and-Stripes-Tracksuit von Adidas, bisschen drüber, aber geil, nur wenige Wochen vor der Verhaftung gekauft und kaum jemals getragen.

Und welche Schuhe dazu?

Nicht die neuen Balenciagas, die sind zu wertvoll für den Club, die gehören eigentlich eher hinter Glas. Die grünen Yeezys mal wieder oder ein Paar der noch ungetragenen Nikes, die blau-weißen 98er vielleicht oder die grauen Blazer? Nein, er weiß es: Die Neuauflage der guten alten Air Max BLN. Die 180er. Das Design ist vom Berliner Nachtleben inspiriert, unter den Sohlen stehen die Wörter *Freedom* und *Unity*, das sind genau die richtigen für heute.

»Das wurde auch Zeit«, stöhnt der Kanisterkopp aus Potsdam, als Felix zurück in die Küche marschiert, und stürzt ins Bad.

»Wir dachten schon, du bist im Klo ersoffen«, sagt Kerstin.

»Wie siehst du denn aus!«, ruft Fiete begeistert.

»Willst du noch raus?«, fragt Peppi.

»Wohin denn?«, will Kerstins Freundin wissen.

»Lobo?«, antwortet Felix.

Peppi fixiert ihn mit seinen kleinen Rattenaugen. »Hältst du das für so 'ne gute Idee, Felix?«

»Na klar, Peppi, beste Idee ever.«

»Wow«, ruft Nico, »Flix is back!«

Felix legt ein paar Lines auf dem Spiegel, eine dicke und zwei kleine, easy und galant, nichts verlernt.

»Vielleicht solltest du dir das nochmal –«, beginnt Peppi.

»Mein lieber Peppi, *ich* bin hier nicht derjenige, der einen Betreuer braucht«, sagt Felix und beugt sich über den Spiegel. Er vernichtet die eine Hälfte der daumendicken Bahn und zieht die zweite gleich hinterher. Kurz taucht noch einmal das Bild von Peppis Dreckbude vor ihm auf, das Chaos, in das er jetzt zurückmuss, dann kommt er zu dem Schluss, dass er heute zur Feier des Tages doch seine neuen Balenciagas tragen muss, wann, wenn nicht jetzt, Nico hat recht, Flix is back, back on the map, alles glitzert und strahlt, hier kommt der verlorene Sohn, damit habt ihr nicht gerechnet, wo bist du gewesen, was hast du gemacht, willkommen zurück, was können wir für dich tun?

Alles.

Ihr könnt alles für mich tun, schön, wieder hier zu sein.

Er greift sich die Sektflasche und nimmt einen großen Schluck, dann schiebt er den Spiegel mit den beiden kleineren Bahnen über den Tisch:

»Hier, könnt ihr euch drum kloppen, und dann alle raus aus dem Puff!«

EIN BERGSEE AUF EINER POSTKARTE

Er fährt die Waldow runter, rechts auf die Degner und weiter auf die Konrad-Wolf. Der Himmel ist jetzt dunkelblau, die Fledermäuse jagen zwischen den Bäumen und den Häusern hin und her.

Wenigstens war er nach dem Aufstehen noch kurz beim Lidl und hat so ein paar Sonnenstrahlen abbekommen. Was aber auch das einzig Positive an seinem Ausflug zum Discounter war. Kein schöner Moment, als die Kassiererin ihm mit den Worten *Zahlung abgelehnt* die EC-Karte zurückgab. Sie hat kein großes Ding draus gemacht. Hat sie wohl nicht zum ersten Mal erlebt. Tja, Bederitzky auch nicht. Das betretene Schweigen in der Schlange, die ausweichenden Blicke, man gewöhnt sich nicht dran. Zum Glück hatte er sein Wechselgeld für die Schicht schon dabei, und auch wenn er da eigentlich nicht rangeht, was blieb ihm anderes übrig. Zuhause hat er sich zwei Stullen geschmiert und am Rechner die Nachrichten gelesen, danach saß er noch zwanzig Minuten am neuen Klavier und hat an einer Songidee geschraubt. Musikmachen, das geht nur vor der Arbeit. Nach der Arbeit macht es ihm viel mehr Spaß, schlafen kann er dann meist ohnehin nicht, wer geht schon nach der Maloche direkt ins Bett. Doch morgens würde er mit seinem Geklimper das ganze Haus aufwecken, da muss er sich immer mit Kopfhörern an den Rechner setzen, während das schöne neue Klavier wie ein stummer Vorwurf danebensteht. Es ist ein gebrauchtes Rönisch, Eiche Rustikal, bei Ebay geschossen, 500 Flocken inklusive Hocker und Klavierleuchte, Schnäppchen, konnte er nicht dran vorbeigehen, verspätetes Weihnachtsgeschenk an sich selbst. Hätte vielleicht auch irgendwie hingehauen, wären die Transportkosten nicht noch obendrauf gekommen, weil, in den Mercedes, den er sich mit Hunfeld teilt, passte das Ding nicht rein, und was soll man da machen, vom Kauf zurücktreten, *tschuldigung, hab's mir anders überlegt*, und das Geld zurückverlangen? Kann man nicht bringen. Der Verkäufer hat anderen Interessenten ja vielleicht schon abgesagt, der steht doch dann auch dumm da. Und dann musste er das Ding auch noch stimmen lassen, denn ein verstimmtes Klavier, was hätte das für einen Sinn, das wäre ja nun wirklich rausgeschmissenes Geld! Am Ende haben Klavierstimmer und Transport genauso viel gekostet wie das Instrument selbst, ein halber Monatslohn ging dafür drauf, mehr sogar, und dann kam ja auch noch die Kaution für die neue Wohnung und der Ring. Ohne Hunfelds kleine Finanzspritze hätte das alles gar nicht hingehauen.

Ein freier Abend, denkt Heinz-Georg Bederitzky, als er an der Ruine des ehemaligen Dynamo-Sporthotels vorbeifährt und sich wieder mal ärgert, wie sie den einstigen Vorzeigebau verkommen lassen, eingeschlagene Scheiben, zugemüllte Eingänge und Graffiti, der vergessene Schandfleck von Hohenschönhausen, das viele bereits für den vergessenen Schandfleck von Berlin halten, weil sie alle nur *Stasiknast* denken, wenn er sagt, wo er wohnt, ein freier Abend, das wär's. Aber kann er sich nicht leisten, schon gar nicht am Wochenende, was willste machen, er hat es sich ja selbst so ausgesucht.

Heinz-Georg Bederitzky jammert nicht.

Heinz-Georg Bederitzky ist keiner dieser Jammerossis.

Heinz-Georg Bederitzky radelt jetzt auf die Hohenschönhauser und über die Judith-Auer auf die Franz-Jacob.

Der Mercedes steht an der Ecke Karl-Lade, bei den Altglascontainern, wie meistens. Er schließt sein Trekkingrad an die Laterne, öffnet das Fahrzeug und setzt sich hinters Lenkrad. Der Apfelgeruch von Hunfelds Duftspray hängt noch in der Luft. Bederitzky zieht den Sitz ein Stück nach vorne und dreht den

Rückspiegel nach unten, schön tief wegen der besseren Innenraumbeobachtung, dann startet er den Wagen. Er meldet sich mit seinem neunstelligen Code am PDA an, checkt den Benzinstand, den Kilometerstand und den Kassenstand auf dem Taxameter und überträgt alles auf den Abschreiber. Manchmal fährt er erst noch auf einen kurzen Plausch hoch zu Hunfeld, der im Hochhaus gegenüber wohnt, elfter Stock, toller Blick über die halbe Stadt, und eigentlich ist es schnuppe, wann er die Schicht beginnt. Der Chef will nur, dass monatlich ein bestimmter Betrag eingefahren wird, aber wie der nun zustande kommt, das ist Sache von Hunfeld und ihm. Und so machen sie es seit bald einem Jahrzehnt: Hunfeld hat das Fahrzeug die erste Hälfte des Tages, Bederitzky die zweite. Schon in der alten Firma ist er nur nachts gefahren. Meistens fängt er direkt um 18 Uhr an, manchmal später, wie er eben gerade drauf ist. Tagesform, noch so ein Luxus, den man sich erst einmal leisten können muss. Wobei, dass er sich die Arbeitszeiten selbst einteilen kann, ist Segen und Fluch, wie so vieles im Leben. Er weiß, dass er mehr fahren könnte, dass er mehr fahren *müsste*, aber länger als sieben oder acht Stunden am Stück hinterm Steuer, und das sechs oder sieben Tage die Woche, da wirst du bekloppt, der Rücken, die Rübe, das Gemüt, das macht was mit einem.

Heute zum Beispiel will er mal früher Feierabend machen, spätestens um zwei, und dann gleich rüber zu ihr und die Sache endlich hinter sich bringen. Wenn er bis dahin noch was einfahren will, dann muss er sich jetzt mal ranhalten. Mit Hunfeld und ihm, das ist gerade ohnehin nicht so Lobet-den-Herrn. Seit ein paar Wochen gehen sie sich aus dem Weg, genau genommen: Bederitzky geht Hunfeld aus dem Weg. Wegen der Penunsen. Es ist nicht die Welt, nur noch 600 Euro, den Rest hat er bereits abgestottert, aber Hunfelds Kleine wird am Sonntag neun und will mit ihren Freundinnen feiern, Kindergeburtstag bei Tropical Island, und da hat Hunfeld, der ja nun auch nicht gerade in Schokolade badet, ihm ein Ultimatum gesetzt: 150 Euro bis heute und ab dann jeden Freitag, drei Wochen lang. Bederitzky hat's ihm hoch und heilig versprochen, und nun kommt er mit leeren Taschen hier an und muss den Batzen erst noch einfahren, drei Braune in einer Schicht, muss man erstmal schaffen, und es ist ja auch nicht so, als ob gut zwei Drittel davon nicht direkt an den Chef gehen müssten. Also jetzt mal dalli, er hat ohnehin schon zu viel Zeit vertrödelt mit Lidl Rechner Rönisch, und dann noch das Gesabbel von dem wunderlichen Trebebruder im Oberseepark, *Hoch wie ein Komet*, Mann Mann Mann, was in manchem Schädel so vor sich geht.

Er schnallt sich an und fährt los. Vorm Edeka an der Ecke Max-Brunnow steht eine Frau mit zwei vollen Einkaufstüten und winkt. Alles an ihr schreit nach Kurzstrecke. Geistesgegenwärtig schaltet Bederitzky die Dachfackel aus, doch die Frau winkt weiter, noch zackiger jetzt, und als er an ihr vorbeifährt und auf die Storkower abbiegt, brüllt sie ihm irgendwas hinterher und zeigt ihm den Finger.

Entschuldigung, Gnädigste, denkt er, aber zwei Kilometer Taxifahren für sechs Euro, nicht mit mir, nicht am Anfang der Schicht, das bringt Unglück, und dann denkt er: Aber welchen Schauspieler dieser Knallkopp nun gemeint hat, das würde man ja schon gerne wissen.

Die Halte Frankfurter Tor ist bereits voll, also meldet er sich am PDA für den Wismarplatz an, wo auch schon ein paar Kollegen vor ihren Kraftdroschken stehen und sich unterhalten. Er parkt hinter Bozic, grüßt mit einem Nicken und holt seine Drehmaschine raus. Er könnte aussteigen, aber er kennt die anderen nur vom Sehen, und das soll auch so bleiben. Irgendwann hat er mal beschlossen, dass er gar nicht alle kennen muss. Weil man dann auf immer und ewig und bei jedem Wetter mit denen rumstehen muss und sabbeln, und dann laden sie einen zum Grillen ein oder in ihre Stammkneipe, und am Ende soll man womöglich noch ihren Sarg tragen, man weiß doch, wie das läuft. Bederitzky muss nicht mit allen per du sein, besser man hält das alles einigermaßen übersichtlich.

Im Handschuhfach findet er Hunfelds Notfallfeuerzeug. Er raucht am offenen Fenster und holt das Plastekästchen heraus. Seit Wochen schleppt er es schon mit sich rum und wartet auf die passende Gelegenheit, die aber nie eintritt, weil sie beide immer so müde sind und sich eigentlich nur noch zum Schlafen sehen. Vielleicht gibt es die passende Gelegenheit gar nicht. Irgendwas ist ja immer. Aber wann, wenn nicht jetzt? Das Ännchen war gerade drei Nächte im Krankenhaus, gestern Abend haben sie kurz telefoniert, ist ja nicht so seins, das Telefonieren, macht er sich nichts draus, hat er noch nie getan, aber immerhin konnte er sich so, ohne Blickkontakt und Mimik und all den Fez, dazu durchringen, ihr *eine große Überraschung* anzukündigen. Er ist einfach nicht gut in diesen Dingen, was er sich da am Telefon schon wieder zusammengehaspelt hat, schlimm, aber wenigstens kann er nun nicht mehr zurück.

Als die Wohnung im dritten Stock frei wurde, schräg über seiner, hat er nicht lange gefackelt und gleich zugeschlagen. Die Wohnung ist gut 30 Quadratmeter größer als seine jetzige, groß genug für zwei und auch viel besser geschnitten. Gut möglich, dass das Ännchen bei der Idee, zu ihm nach Hohenschönhausen zu ziehen, nicht direkt Luftsprünge machen wird, schließlich hat sie, seit sie Mitte der Neunziger nach Berlin gekommen ist, immer in Friedrichshain oder Kreuzberg gewohnt, immer mitten im Trubel und immer schön Altbau. Andererseits regt sie sich, seit er sie kennt, seit mehr als drei Jahren also, über den Lärm vor ihrer Haustür auf, über die Hektik und den Stress und den Müll und die Scharen von Touristen, und in ihrer Wohnung ist sie eh nur noch zum Schlafen. Mit der Wohnung können sie einmal von Grund auf alles neu machen. Wahrscheinlich müssen sie ein paar Monate doppelt Miete zahlen, dreifach im ungünstigsten Fall, und auch das mit der Kaution ist noch so 'ne Sache, Bederitzky hat sie bisher nur angezahlt, eher symbolisch, als Pfand sozusagen, da wird das Ännchen was beisteuern müssen, das kann er alleine nicht stemmen, genau genommen hat er gerade keinen Cent, und mit ihren Ersparnissen steht es wohl auch nicht mehr zum Besten, er hat gedacht, sie könnte vielleicht ihre Mutter oder ihre Schwester – es wird schon –, sie können ja auch noch einiges verkaufen, Küchengeräte, Geschirr und Möbel, die dann doppelt vorhanden sein werden, eins ihrer Betten und ein Sofa, seins wahrscheinlich, falls man dafür überhaupt noch was –, vermutlich nicht, na ja. Aber fortan wird dann alles einfacher werden, sie werden eine der beiden Mieten einsparen und auch was bei den Nebenkosten, Strom Gas Internet, und so mit etwas Glück beide weniger arbeiten müssen. Er wird mehr Zeit für die Musik haben und an seinen Songs rumbasteln, und das Ännchen kann ihren Kunstkram machen, so muss er ihr das verkaufen, genauso wird er ihr das schmackhaft machen, und um das Ganze abzurunden, hat er sich entschlossen, ihr auch gleich einen Antrag zu machen. Der Ring wird sein Türöffner, zu dem wird sie nicht nein sagen können, und dann wird auch die Sache mit dem Umzug und der neuen Wohnung ihr gleich in einem ganz anderen Licht erscheinen.

Jetzt, mit Mitte 50, ist er endlich bereit. Bisher ist es immer am Kinderwunsch seiner Partnerinnen gescheitert. Bederitzky will keine Kinder, wollte er nie, darf man ja kaum noch laut sagen, gilt man ja direkt als Unmensch. Das Ännchen kann schon eine Weile keine Kinder mehr kriegen, und ob sie früher mal welche wollte, weiß er nicht, kann er nicht sagen, haben sie nie drüber geredet und wird er auch nicht aufs Trapez bringen, bloß keine schlafenden Hunde wecken, nachher will sie noch ein Kind adoptieren, das Ännchen mit ihrem Faible für Secondhandkram, bei dem Gedanken muss er grinsen.

Er schnippt seinen Kippenstummel aus dem Fenster, klappt das Kästchen auf und stellt es aufs Armaturenbrett. Vorsichtig streicht er mit der Fingerkuppe über den kleinen, glänzenden Stein. So glänzend grün und glatt ist der, wie ein Bergsee auf einer Postkarte. Ein echter Smaragd aus Kolumbien, feines Stück, meinte die Verkäuferin in dem Juwelierladen, und das fand auch er, obwohl er sich mit Schmuck nun wirklich nicht auskennt. Auf dem Zertifikat, das er dazu bekommen hat, steht, dass der

Stein aus Muzo, Boyacá, stammt, und das klingt schon rein phonetisch so, als ob es ihr gefallen wird. Bederitzky hat sogar extra nachgefragt, ob es sich bei dem Stein auch nicht um einen Blutdiamanten handelt. Da hat die Juwelierin ihn nur ganz komisch angeschaut und gelacht, und Bederitzky hat mitgelacht, weil das offensichtlich eine dumme Frage gewesen war.

Langsam rückt er in der Schlange auf, und kurz vor den Sieben-Uhr-Nachrichten kriegt er die erste Fuhre rein. Er nimmt den Auftrag an, bekommt die genaue Adresse und fährt rüber in die Wühlisch. Der Fahrgast wartet schon vorm Haus. Ein junger Mann mit zum Zopf gebundenen Dreadlocks und kabellosen Kopfhörern in den Ohren, er will zum Huxleys an der Hasenheide und telefoniert so laut, dass Bederitzky das Radio leise drehen muss, weil so viele Informationen auf einmal ihn zu Schichtbeginn immer ganz fickrig machen.

PLEASE ACCEPT YOUR NEW ORDER

Langsam, fast schüchtern schlängelte sich der Faden die Klobrille entlang. An der Kante türmte er sich zu einem kleinen runden Ball, bis dieser als sämiger Klumpen ins kalte Wasser stürzte, das sich augenblicklich rot verfärbte. Die Ärztin hatte angekündigt, dass sie stärker bluten würde als üblich, aber so stark? Sie riss die Binde aus ihrem Slip und wickelte sie in mehrere Lagen Klopapier ein. Dann stopfte sie das Knäuel in den Abfalleimer neben der Toilette und griff sich eine frische Binde aus der Schachtel. Sie fummelte die erste Folie ab und klebte die Binde in den zwischen ihren Unterschenkeln gespannten Slip, zog die zweite Folie ab und klappte die Flügel um. Keine Tampons, hatte die Ärztin gesagt, *Infektionsrisiko*. Die beiden Flügel klebten aneinander. Was musste ich auch die Billigen aus dem Supermarkt nehmen, dachte Marcela, selbst schuld.

Ein Klopfen an der Badezimmertür. Eine tiefe Männerstimme: »Kann ich kurz schiffen?«

Malte.

»¡Un momentico!«, rief Marcela. Ihre Stimme klang heiser und verräterisch schwach.

Sie wickelte sich mehrere Lagen Klopapier um die Hand und presste sich das Knäuel zwischen die Beine. Im Froschgang, mit der Jeans in den Kniekehlen, machte sie drei Schritte zum Waschbecken. Sie drehte das Wasser auf, befeuchtete das Klopapier und ließ sich zurück auf die Klobrille sinken. Sie wischte das Blut von der Brille und von ihrem Oberschenkel, dann klebte sie sich das bereitgelegte Wärmepflaster auf den Unterleib, zwischen Schambein und Bauchnabel.

»It's really urgent!«, rief Malte von draußen.

»Lo siento, bin gleich fertig …«

Sie war ohnehin knapp dran. Um Punkt sieben musste sie am Meeting Point sein und vorher noch ihr Fahrrad aus der Werkstatt abholen. Die Bremszüge mal wieder, und eine leichte Acht im Hinterreifen. Sie drückte die Spülung und schloß die Knöpfe ihrer Jeans. Gar nicht so einfach. Alles klemmte und kniff. Mindestens drei Tage Ruhe, hatte die Ärztin gesagt und angeboten, Marcela heute und die ganze nächste Woche krankzuschreiben. Nett gemeint, nur, was hätte es ihr gebracht? Sie war noch in der Probezeit und bekam im Krankheitsfall keinen Lohn. Sie hatte immerhin versucht, die heutige Schicht loszuwerden, aber niemanden gefunden, der mit ihr tauschen wollte, und ohne Ersatz kurzfristig abzusagen, das hätte ihren Bonus gefährdet, den sie sich über den Winter mühsam eingefahren hatte.

»Marcela, bitte! Please! ¡Por favor!«

Der Arzthelferin gegenüber hatte sie behauptet, sie würde später von ihrem Freund abgeholt. Obwohl sie gar nicht nach einer Begleitung gefragt worden war. Ihr Freund warte unten an der Straße, hatte sie gesagt, als sie die Praxis drei Stunden später verließ, worauf die Arzthelferin nur genickt und gelächelt und ihr alles Gute gewünscht hatte. Ein paar Minuten später hatte Marcela wieder in der Bahn gestanden, mit Kopfhörern in den Ohren und ziemlich wacklig auf den Beinen. Mittags war es wirklich übel gewesen, sie hatte einen Heulkrampf bekommen und sich unter ihrer Decke zusammengerollt. Dann hatte sie ein wenig geschlafen, und nach dem Aufwachen ging es ihr etwas besser. Zumindest hatte sie sich das bis gerade eben so eingeredet. Hastig spülte sie eine Ibu 600 hinunter. Eine weitere Ibu steckte sie sich in die Hosentasche, zur Sicherheit. Sie wusch sich noch einmal die Hände und warf einen Blick in den Spiegel – fertig sah sie aus, viel fertiger, als sie dachte –, dann öffnete sie die Badezimmertür.

Mit zusammengeklemmten Beinen stand Malte vor ihr. »Sorry, aber …«

»Todo bien. Entschuldigung, dass ich habe so lange gebraucht.«

Sie versuchte sich an einem Lächeln. Schon mal üben für die Schicht. Regel Nummer eins: Keep smiling, egal wie sehr du dich auch gerade durch die Kloake gezogen fühlst. Malte drückte sich an ihr vorbei und verriegelte die Badezimmertür. Der Duft von Käse und Fett zog durch den Flur. Käse, Fett und Salami. Und Oregano. Am Ende des Ganges sah sie Irina mit einem Backblech von der Küche in ihr Zimmer gehen. Pizza. Ein Backblech dampfender Pizza. Irina hatte Besuch von ihrer Freundin aus Hamburg. Pärchenabend, wie fast jeden Freitag. Am liebsten wäre Marcela in ihre Jogginghose gestiegen und hätte sich zu den beiden vor den Fernseher gelegt. Konnten die sie nicht einfach adoptieren?

Weder Irina noch Malte wussten Bescheid, auch nicht der Hijueputa, der ihr den ganzen Mist eingebrockt hatte. Sobald ihr der Termin bestätigt worden war, hatte sie seine Nummer aus dem Handy gelöscht. Damit sie in einem schwachen Moment gar nicht erst auf die Idee kommen würde, ihn anzurufen. Weil er nämlich eigentlich total süß war. Mario, ein Argentinier von der HU, groß, lustig und gutaussehend. Kein Macho, aber auch keiner dieser verunsicherten Softies, die keiner Frau mehr ein Kompliment machen können. Im Grunde genau der Typ, nach dem sie so lange gesucht hatte. Aber dass ihr jemand bei dieser Sache reinreden würde, das konnte sie nicht riskieren.

Auch ihrer besten Freundin Carolina hatte Marcela tags zuvor beim Skypen nichts erzählt, und schon gar nicht ihren streng katholischen Eltern, die sie so sehr vermisste. Der Blick ihres Vaters, als Mamá und er Anfang Januar nach ihrer ersten und wohl einzigen Europareise wieder ins Flugzeug gestiegen waren, ohne einmal Schnee gesehen zu haben. Im Taxi zum Flughafen hatte Marcela sich mit aller Kraft gewünscht, es möge jetzt noch schnell anfangen zu schneien – es war ein bewölkter Tag, um die null Grad, die Chancen standen also gar nicht schlecht, und was für ein Abschiedsgeschenk das gewesen wäre. Auf ihr »¡La próxima vez, Papá!« hatte ihr Vater nur tapfer genickt. Obwohl er so gut wie Marcela wusste, dass die Ersparnisse der Familie für diese Reise draufgegangen waren, dass er krank war und es wahrscheinlich kein nächstes Mal geben würde.

Sie setzte sich auf den Sessel im Flur und zog ihre Schuhe an. Dann stand sie auf, streifte die Arbeitsjacke über und griff nach ihrem Thermorucksack. Ein übler Geruch schlug ihr entgegen, und ihr fiel wieder ein, dass bei der letzten Schicht eine Japanische Nudelsuppe darin ausgelaufen war und sie vergessen hatte, die Lieferbox von innen zu säubern. Welcher Idiot bestellte denn auch Suppe bei einem Fahrradlieferservice. Sie schulterte den sperrigen Kasten, suchte ihren Fahrradhelm, fand ihn nicht, sah auf die Uhr und dachte, scheiß drauf, als sie hinter sich plötzlich ein stocherndes Geräusch hörte, gefolgt von einem gedämpften Klimpern. Da ist jemand an der Wohnungstür und sucht nach dem richtigen Schlüssel, dachte sie, und: Moment mal. Wenn Malte im Bad war und Irina in ihrem Zimmer, wer zur Hölle machte sich dann an ihrer Wohnungstür zu schaffen?

Erneut wurde ein Schlüssel in den Zylinder gesteckt, diesmal schien es der richtige zu sein. Marcela fuhr herum um und legte eine Hand auf die Klinke. Das vertraute Klacken, als das Schloss entsperrt wurde. Das Quietschen des oberen Scharniers. Mit einem Ruck riss sie die Tür auf und schaute in das verdutzte Gesicht eines Mannes.

»Oh, eh, hi«, stammelte er und blickte unsicher von ihr zu dem Schlüssel, der noch in der Tür steckte, und wieder zurück, dann richtete er sich auf. Sie hatte den Mann noch nie gesehen. Er war etwa Anfang Vierzig und hatte struppiges, rotblondes Haar. Wie zur Verteidigung hob er beide Handflächen in die Luft und machte einen Schritt zurück.

»¿Que pasa?«, sagte Marcela. »Wer sind Sie, and why the fuck haben Sie Schlüssel für unser Apartment?«

*

Es war bereits kurz nach sieben, als sie am Meeting Point ankam und sich über die App ins System einloggte. Sie hatte sich wirklich beeilt, doch genau vor ihr hatten fünf Niederländer den Fahrradladen betreten, um ihre Leihfahrräder zurückzugeben, und dann gab es auch noch ein Problem mit dem Kartenlesegerät. 35 Euro hatte die Reparatur von Marcelas Rennrad gekostet, was bedeutete, dass sie an der heutigen Fünf-Stunden-Schicht so gut wie nichts verdienen würde, vom Tip mal abgesehen. Falls sie Tip bekommen würde. Es hatte auch schon Schichten ganz ohne gegeben.

Late Log-in, verwarnte sie die App. Marcela wischte die Meldung weg und sah, dass Malte und Irina geschrieben hatten. Offenbar war der Typ an der Wohnungstür Australier gewesen. Er war fünf Minuten in der Wohnung geblieben und dann direkt zur Polizei gegangen. Wenn sie Maltes Ausführungen richtig verstand, dann hatte der Australier den Wohnungsschlüssel gegen Kaution per Post von seinem vermeintlichen neuen Vermieter bekommen. Wie el imbécil an diesen Vermieter geraten und wieso der im Besitz von Schlüsseln für die Wohnung ihrer WG gewesen war, das schien sich bislang allerdings niemand erklären zu können.

Eine Push-Nachricht poppte auf. Ihr erster Auftrag. Sie nahm ihn nicht gleich an, sondern wechselte zurück in den WG-Chat, um die letzten Nachrichten von Malte noch einmal zu lesen.

Plötzlich klingelte ihr Telefon. Die Nummer im Display kannte sie nicht. Sie nahm ab.

»¡¿Aló?!«

»PLEASE ACCEPT YOUR NEW ORDER«, sagte eine mechanische Stimme. Marcela riss sich das Handy vom Ohr und starrte es an. »PLEASE ACCEPT YOUR NEW ORDER«, wiederholte die monotone Computerstimme wieder und wieder, »PLEASE ACCEPT YOUR NEW ORDER. PLEASE ACCEPT YOUR NEW ORDER …«

Sie legte auf und sah sich um. Sie fühlte sich beobachtet. Das Handy klingelte erneut. Dieselbe Nummer. Marcela drückte den

Anruf weg. Dann wechselte sie in die App, wo immer noch ihr erster Auftrag auf sie wartete, und drückte auf *Accept*.

*

Das Restaurant hatte nur sechs Tische. Alle sechs Tische waren besetzt. Marcela balancierte den Thermorucksack durch den schmalen Gang zum Tresen. Links und rechts von ihr zogen die Leute die Schultern ein.

»Permiso«, sagte sie, »disculpe, danke.«

»Könnt ihr die Dinger nicht einfach draußen lassen?«, fuhr der Kellner sie an. »Du siehst doch, wie eng es hier ist.«

»Dürfen wir nicht«, antwortete Marcela, »prohibido.«

Der Kellner verdrehte die Augen. »Die große Romana ohne Oliven und ein Liter Cola?«

Sie nickte.

»Dauert noch 'ne Minute, mach dich irgendwo dünne.«

Marcela stellte den Rucksack auf den Boden und schob ihn in einen winzigen Vorsprung unter der Garderobe. Sie griff sich den Krug auf der Theke, goss sich ein Glas Wasser ein und kramte die Ibu aus der Hosentasche. Ihr war heiß. Ihr war schlecht. Sie schien nur noch aus Unterkörper zu bestehen, und sie war noch ganz verstört wegen des Telefonanrufs. Ob jemand diesen Anruf in Auftrag gegeben hatte? Oder hatte das System sich von selbst bei ihr gemeldet? Die Kommunikation mit der Firma war bisher ausschließlich online oder über die App vonstattengegangen, inklusive ihrer Bewerbung und des Vertragsabschlusses. Was ihr wahrscheinlich den Arsch gerettet hatte, als man sie letzten Herbst wegen ihrer damaligen Tätigkeit beinahe des Landes verwiesen hätte. Außerhalb der vorlesungsfreien Zeit durfte Marcela als Werkstudentin nur 20 Stunden die Woche arbeiten, musste aber, nachdem sie ihren Master innerhalb der Regelstudienzeit nicht geschafft und noch nicht einmal mit ihrer Masterarbeit angefangen hatte, beweisen, dass sie genügend Geld verdiente oder über ausreichend Ersparnisse verfügte, um ihren

Lebensunterhalt hier in Deutschland bestreiten zu können. Die Unterstützung ihrer Eltern reichte so gerade für ihr WG-Zimmer, den Rest musste Marcela selbst aufbringen. Nach Jobs als Kellnerin und Fremdenführerin hatte sie zuletzt Chinesen Englischunterricht gegeben, über Skype und für eine Firma, die auf den Philippinen saß und Marcelas Rechnungen per PayPal beglich. Sie hatte ja keine Ahnung, dass sie gar keine Rechnungen schreiben durfte, dass dies als selbständige Tätigkeit galt und sie damit gegen ihre Aufenthaltsbestimmungen verstieß. Bei ihrem Termin zur Visumsverlängerung legte sie ihre Einkünfte offen, worauf der Beamte der Ausländerbehörde allen Ernstes ihren Pass konfiszierte. Er stellte der völlig überrumpelten Marcela eine sogenannte *Fiktionsbescheinigung* aus, knöpfte ihr 90 Euro ab und sagte, sie habe innerhalb der nächsten vier Wochen einen gültigen Arbeitsvertrag vorzulegen oder das Land zu verlassen. Ohne das schnelle und unkomplizierte Onlinebewerbungsverfahren für den Job als Riderin, bei dem weder ihr Aussehen noch ihr Geschlecht, ihr Nachname, ihre Herkunft oder ihre Sprachdefizite eine Rolle spielten, hätte sie ihre Aufenthaltserlaubnis verloren und ihren Master vergessen können. Die Ausrüstung – Lieferbox, Jacke, T-Shirt und Helm – hatte man ihr nach Überweisung einer Pfandgebühr per Post zugestellt. Alle zwei Wochen trug sie sich über die App für ihre nächsten Schichten ein, und jeden Montag bekam sie eine E-Mail mit ihren wöchentlichen Performancedaten. In den Kategorien *Time at Customer, Reaction Time* und *Speed* hatte Marcela es zuletzt regelmäßig unter die *Top-10-Riders of the week* geschafft, und alles in allem mochte sie ihren Job. Seit sie jeden Monat Hunderte Kilometer auf dem Fahrrad durch die Stadt zurücklegte, hatte sie sieben Kilo abgenommen, ihre Eltern hatten ihre *Gordita* kaum wiedererkannt, und wen sie alles beliefert hatte: Politiker in deren Parteizentrale, amerikanische Touristen in der Schlange vor einem Sneakerladen und einen Kommilitonen aus Linguistics II. Mit einem echten Menschen hatte sie bei der Firma noch nie gesprochen, was sie als durchaus angenehm empfand. Aber von einer Maschine angerufen zu werden und Befehle erteilt zu bekommen, what the fuck.

Sie spülte die Tablette mit einem Schluck Wasser hinunter, stellte das Glas ab, drückte sich in die Ecke und entsperrte ihr Handy.

»WG-Meeting tonight?«, hatte Malte geschrieben.

Und Irina: »Ok. Marcela, when will you be home from work?«

Seit Irina in die WG gezogen war, wurde dort nur noch auf Englisch kommuniziert.

»Ca Mitternacht«, tippte Marcela und fügte ein Kotz-Emoji hinzu. Eine Schweißperle lief ihr den Rücken hinunter. Dann fing der Boden an zu brummen. Es fühlte sich an, als würde eine U-Bahn unter ihr hindurchfahren, doch Marcela wusste, hier fuhr keine Bahn. Hinter dem Tresen füllte der Kellner zwei Weingläser mit vino tinto. Die Gläser standen ganz ruhig da. Die Restaurantgäste redeten und aßen normal weiter. Alle verhielten sich, als wäre nichts. Marcela schloss die Augen und ballte ihre Fäuste. Todo bien, sagte sie sich, jetzt nicht verrückt werden. Das Brummen ließ etwas nach. Sie drückte sich tiefer in die Ecke und schaute wieder auf ihr Handy.

»I believe the australian guy's story«, schrieb Irina. »He was super confused himself.«

Ob schon jemand dem Vermieter oder der Hausverwaltung Bescheid gegeben habe, wollte Marcela fragen, doch bevor sie die deutschen Begriffe gegoogelt hatte, stellte der Kellner ihr die Bestellung hin.

*

Die Hupe war so schrill und laut, dass sie fast vom Rad fiel. Der Wagen musste direkt hinter ihr sein. Sie warf einen Blick über die linke Schulter. Ein VW Touareg, knapp zwei Meter breit und fast fünf Meter lang. Marcela interessiert sich nicht für Autos, kannte mittlerweile aber jedes Modell auf den Straßen, insbesondere die SUVs, die so viel Platz beanspruchten, dass eine

Essensauslieferin – selbst eine schmale wie sie – sich ziemlich klein machen musste, um nicht zwischen fahrendem Blech und stehendem Blech zermalmt zu werden. Der Touareg war jetzt genau auf ihrer Höhe. Der Fahrer drosselte das Tempo und ließ das Beifahrerfenster hinunterfahren. Nein, eine Fahrerin. Anfang 50, blondierte Kurzhaarfrisur und eine große rote Betty-lafea-Brille. Die Straße sei kein Radweg, schimpfte sie. Neben ihr auf dem Beifahrersitz saß ein von Akne geplagter Teenager. Er drückte den Rücken in den Sitz und sah stur geradeaus.

¡Ya!, wollte Marcela antworten, weiß ich doch, ob la señora sich den Radweg aber mal angesehen habe, das vom Wurzelwerk der Bäume hochgedrückte Pflaster, die gefährlichen kleinen Krater und Hügel und Schlaglöcher alle paar Meter, und dann war das ja auch noch alles untertunnelt von Ratten, die unter den Geh- und Radwegen ein weitverzweigtes System aus Gängen und Vorratskammern angelegt hatten, die Wanderratte war die dominante Rattenart dieser Stadt, eine Allesfresserin, sozial, intelligent und anpassungsfähig, sie konnte schwimmen, tauchen und klettern und besaß ein ausgeprägtes Lernverhalten, hatte Marcela alles in einem Buch gelesen, das Malte ihr in die Hand gedrückt hatte, als sie in die WG gezogen war, die perfekte Lektüre für Neuberliner, hatte er gemeint, da lerne man so einiges über die Stadt, es war ihr erster Roman auf Deutsch, und auch wenn sie nur ein paar Kapitel gelesen und von denen nur die Hälfte verstanden hatte, das mit den Gehwegschäden und den Ratten hatte sich ihr eingeprägt, auf jeden Einwohner dieser Stadt kamen geschätzt drei bis vier von den bestias, was in jedem Fall auf eine achtstellige Zahl hinausliefe, de ocho cifras, re loco!, und dann wollte sie die Frau in dem SUV auch gleich noch auf die Leute hinweisen, die alle paar hundert Meter aus überfüllten Bussen auf den Radweg fielen, junge Frauen mit Kinderwagen, alte Männer mit Rollator, Betrunkene und Bedröhnte und auf Handys oder faltbare Stadtpläne starrende Touristen, die niemals nach links oder rechts schauten, dazu das viele Kopfsteinpflaster und die ganzen Baustellen, die Radwege in dieser

Stadt waren ein Witz und das Radfahren auf manchen Strecken kaum einfacher als zuhause in Bogotá, wo Marcela höchstens am Ciclovía mal auf dem Rad gesessen hatte, sonntagvormittags mit ihren Eltern und Tanten und Cousinen, immer die an diesem Tag für Autos gesperrte Avenida El Dorado oder Carrera Séptima rauf und runter, ein Freizeitspaß für die ganze Familie, die die Fortbewegung per Fahrrad ansonsten für viel zu gefährlich hielt, in Kolumbien war ja alles zu gefährlich, zumindest wenn man ihren Eltern glaubte, aber immerhin waren die Carreras und Calles in ihrer Heimatstadt durchnummeriert, so dass man auch mal eine Adresse fand, ohne wie hier beim Fahren ständig Google Maps checken und sich fragen zu müssen, was das alles für Flüsse und Städte und Menschen sein sollten, nach denen diese seltsam verzweigten und dann auch noch alle paar Blocks ihre Namen ändernden Straßen und Plätze benannt waren, Glogauer Ohlauer Lausitzer, Weser Weichsel Wildenbruch, Paul-Lincke Karl-Kunger oder Rio-Reiser, konnte sich doch kein Mensch merken, und wenn man dann zu allem Überfluss auch noch aus einer völlig überdimensionierten Familienkutsche heraus gemaßregelt wurde, musste man sich doch wirklich fragen, was das sollte, also: Was soll das, ich fahr doch schon ganz am Rand und nahe an den parkenden Autos entlang, was ja auch nicht ungefährlich ist, doch wenn ich die Richtlinie von 30 Minuten einhalten und nicht meinen Bonus verlieren und zurück auf den Mindestlohn fallen will, dann bleiben mir noch ganze fünf Minuten, um diese Pizza abzuliefern, also bitte erklär mir, denn ich verstehe es nicht, ihr lebt in einem so schönen und reichen und sicheren Land, ohne große Korruption oder Armut, ohne Guerillas und Paramilitärs und der Gefahr von Erdbeben, mit funktionierender Infrastruktur, hervorragender Gesundheitsversorgung und ausgeschilderten Wanderwegen in herrlichen brandenburgischen Seenlandschaften, warum könnt ihr euch da nicht einfach des Lebens erfreuen, warum müsst ihr in allem so kühl und korrekt sein, auch du, die du wahrscheinlich selbst einen schlechten Tag hattest, die du vielleicht den ganzen

Tag von deinem Ehemann oder Chef oder deinem pubertierenden Sohn terrorisiert wurdest, der sich seiner Körperhaltung nach zu urteilen übrigens gerade extrem für seine Mutter zu schämen scheint, zu Recht, wenn du mich fragst, aber egal, denn hermana, sister, Schwester, sollten wir nicht zuammenhalten und uns mit ein wenig Respekt behandeln, statt uns gegenseitig runterzumachen, por nada?

All das wollte Marcela der Autofahrerin gerne sagen, doch die hatte schon wieder Gas gegeben. Und das war ja nun wirklich das Letzte: jemanden zurechtzuweisen, ihm dann aber nicht einmal die Gelegenheit zu geben, sich zu verteidigen.

»¿Oiga, que le pasa?«, rief sie dem Wagen hinterher, dessen Kennzeichen B-IG lautete – BIG, das sah sie jetzt erst! – »¡VIEJA CABRONA, MALPARIDA!«

Wütend trat sie in die Pedale. Sie spürte, wie das Blut aus ihr rauslief. Es fühlte sich an, als würde ihr ein nasser Schwamm zwischen die Beine gedrückt. Von hinten drückte ihr der Thermorucksack gegen den Rücken. Sie schaltete in den neunten Gang, dann in den zehnten. Die Ampel an der nächsten Kreuzung sprang auf Rot. Marcela sah, wie der SUV hinter einem Kleinwagen zum Stehen kam. Statt an den beiden Autos vorbeizuziehen und sich wie üblich ganz vorne in der Schlange einzuordnen, hielt sie neben dem Touareg an und klopfte ans Beifahrerfenster. Sie legte ein grimassenhaftes Grinsen auf und winkte Betty, la fea mit der linken Hand, während sie die rechte zum Fuckfinger hob.

Die Frau ließ das Fenster runterfahren. »Sei froh, dass ich's eilig habe, sonst würde ich jetzt mal rauskommen und dir Manieren beibringen!«

»Nein, *Sie* können froh sein, dass *ich* es eilig habe«, antwortete Marcela ganz ruhig und beinahe akzentfrei, »sonst würde ich mal zu Ihnen *rein*kommen.«

Entgeistert sah die Frau sie an, Fragezeichen in den Augen. Ihr Sohn stierte weiter unbeteiligt geradeaus. Die Ampel sprang auf Grün. Die Frau schüttelte den Kopf und gab Gas. Der Touareg entfernte sich. Auch Marcela setzte sich wieder in Bewegung, aber anders jetzt, langsamer, beschwingter, nicht mehr so verbissen.

Was war das gerade?

Sonst würde ich mal zu Ihnen reinkommen?

Bei der Vorstellung, ihr Rad abzustellen, in einen Geländewagen zu steigen und sich dort drinnen mit einer Soccer-Mum zu prügeln, während deren verpickelter Sohn teilnahmslos danebensaß, musste Marcela zum ersten Mal an diesem Tag lachen, und sie lachte laut, ganz alleine auf ihrem französischen Rennrad am Rande einer vierspurigen Straße mitten in Berlin-Kreuzberg.

*

Die Gegensprechanlage knackte, aber niemand sprach etwas hinein, es ging gleich der Summer. Mit dem Rucksack auf dem Rücken stapfte sie die Treppen hoch in den ersten Stock, dann in den zweiten, immer in der Hoffnung auf eine offen stehende oder nur angelehnte Wohnungstür. Im dritten Stock wurde ihr etwas schwindelig. Mit beiden Händen hielt sie sich am Geländer fest. Als sie weitergehen wollte, ging das Licht aus, und sie musste sich erst im Dunkeln orientieren, bis sie einen Lichtschalter fand. Im vierten und vorletzten Stockwerk stieß sie endlich auf eine offene Tür, darin ein großer Schwarzer in kurzer Sporthose und Unterhemd.

»¡Buenas noches! Ich bin von –«

»Schon klar«, sagte der Mann. Er hatte tiefe Ringe unter den Augen und ein zerknittertes Gesicht, er sah aus, als wäre er gerade erst aufgestanden. In starkem Kontrast zu den müden Augen stand seine soldatisch stramme Haltung. Während ihres Bachelorstudiums in Bogotá hatte Marcela zwei Semester lang Rekruten der Militärakademie Englisch beigebracht, die hatten immer ähnlich aufrecht vor ihr gestanden.

Sie setzte ihren Rucksack ab, ging in die Hocke und reichte ihm die Bestellung, erst die Jumbopizza, dann die Cola. Er stellte beides auf den Lautsprecherboxen ab, die hinter ihm im Flur standen und offenbar als Tisch dienten. Was Marcela von der Wohnung sehen konnte, wirkte provisorisch. Keine Möbel, die Wände kahl, in der hinteren Ecke des Flurs stapelten sich Umzugskartons. Der Kunde kratzte sich ungeduldig im Nacken, er wirkte genervt, doch als sie die Lieferbox wieder verschlossen hatte, drückte er ihr mehrere Münzen Trinkgeld in die Hand, zwei Zweier und einen Einer.

»Graçias«, sagte sie, überrascht und noch aus der Hocke.

Der Mann nickte, dann schloss er ohne ein weiteres Wort die Tür.

Sie schulterte ihren Rucksack, markierte den Auftrag als erledigt und ging die Treppen hinunter. Dabei überflog sie eine lange Nachricht von Malte. Die Polizei schien da gewesen zu sein, Marcela las Verwirrendes über eine *Betrugsserie in großem Stil* und *anonyme Konten,* die Begriffe *Filling* und *Bitcoins* fielen. Irina schrieb, dass das alles *fucking crazy* und *too complicated via Chat* sei, *let's talk later,* und dann kam auch schon der nächste Auftrag rein, ein vietnamesisches Restaurant am Landwehrkanal.

*

Die Bestellung war bereits fertig, als sie am Maybachufer ankam. Der Kunde wohnte am Moritzplatz, das war nicht weit. Die zweite Ibu schien endlich zu wirken, und als Marcela die Kottbusser Brücke überquerte, den Blick über den Kanal schweifen ließ und die frische Luft einatmete, da kam es ihr mit einem Mal vor, als hätte sie nur eine leichte Grippe gehabt und wäre bereits auf dem Weg der Besserung. Für einen kurzen Moment richtete sie ihren Blick auf das schwache Flackern ihrer Vorderlampe und dachte daran, sich am Sonntag mal ausgiebig Zeit zum Skypen mit ihren Eltern zu nehmen und dabei nicht nur mit ihrer Mutter, sondern genauso lange mit ihrem Vater zu sprechen. Sie nahm sich vor, im neuen Semester endlich ihre Masterarbeit in

Angriff zu nehmen und gleichzeitig noch härter zu arbeiten, um spätestens im Winter nach Kolumbien fliegen und ihre Familie und Freunde besuchen zu können. Noch einmal Neujahr feiern in Cartagena, noch einmal mit Carolina und den anderen tanzen gehen in einem der Clubs auf der Calle 85. In ihrem Kopf erklang eines ihrer Lieblingslieder von Jairo Varela, und sie überlegte, sich vielleicht doch mal bei Mario aus Argentinien zu melden, er konnte doch auch nichts dafür.

Sie schaute wieder auf, und da passierte etwas Eigenartiges. Marcela hatte ihren Körper verlassen. Wie ein Ballon an einer Schnur schwebte sie in etwa fünf Metern Höhe und leicht nach hinten versetzt in der Luft und konnte sich selbst aus der Vogelperspektive die Kottbusser Straße hochradeln sehen. Es war ein wunderbares Gefühl, den Körper verlassen und überwunden zu haben, einen Körper, der ihr zuletzt nur Probleme bereitet hatte, und sie genoss die schaukelnde und dennoch geschmeidige und ihr völlig selbstverständlich erscheinende Bewegung, diesen gleichmäßigen Rhythmus, der sie ans Reiten erinnerte, auch wenn sie noch nie auf einem Pferd gesessen hatte. Plötzlich wusste sie, dass gleich etwas Schlimmes passieren würde, doch sie wusste auch, dass sie nichts daran ändern konnte. Dieses Wissen verschaffte ihr ein nie gekanntes Gefühl von Gleichmut und Gelassenheit. Sie schaute auf sich hinunter, als sähe sie einen Film mit sich selbst in der Hauptrolle. Gleichzeitig sah und hörte sie, was ihr Ich auf dem Rennrad hörte und sah. Der schwarze Dreier BMW, der gut zehn Meter vor ihr in zweiter Reihe auf der Fahrbahn stand. Der LKW, der ächzend und schnaubend hinter ihr die Straße hochdonnerte. Sie sah sich selbst dabei zu, wie sie den Kopf zur Seite neigte, um abzuschätzen, wie weit der LKW noch entfernt war. Sie sah, dass sie nicht sehen konnte, wie sich nur wenige Meter vor ihr die Fahrertür des BMW öffnete.

NEUE WELT

Während der ersten zehn Minuten, die sie durch den immer noch anhaltenden Feierabendverkehr im baustellenverseuchten Friedrichshain rüber nach Kreuzberg brauchen, nimmt Bederitzky ungewollt an zwei Meetings teil. Sein Fahrgast sieht aus wie ein Hippie und redet wie ein Banker, doch seinen Gesprächen und dem Fahrziel nach zu urteilen scheint er etwas mit Musik zu tun zu haben, und als er endlich auch das zweite Telefonat beendet hat und sie sich in einer grotesken Blechkarawane über die Oberbaumbrücke schieben, adressiert Bederitzky ihn im Rückspiegel mit einem freundlichen Blick und fragt, was denn da heute los sei, im Huxleys.

»Konzert«, sagt der Fahrgast. Er nimmt die Kopfhörer aus den Ohren und zieht sich seinen Dreadlockzopf stramm.

»Ah. Und wer spielt?«

»Kennen Sie bestimmt nicht.«

»Rock?«

»So in etwa.«

Bederitzky nickt und holt die CD mit den Demos raus, die er heute früh vorm Zubettgehen noch gebrannt hat. Sie enthält insgesamt neun Titel in unterschiedlichen Produktionsstadien, wobei der siebte eine Variation des Klavierriffs im C-Teil des sechsten ist, Remix oder wie sagt man: Spin-Off. Er schiebt die CD in den Schlitz, das erste Lied geht los, Arbeitstitel: *Donnerfalken*. In Gegenwart von Fremden hört er seine Musik immer durch deren Ohren, das heißt, er versucht, sich vorzustellen, wie sie es hören, und es klingt jedes Mal ein bisschen anders, aufregend. Bederitzky fährt in die Kurve und die Oberbaum runter und weiter auf die Skalitzer. Immer wieder wirft er einen Blick in den Rückspiegel, und als sie an der Fußgängerampel vor der Emmauskirche zum Halten kommen, stellt er zu seiner großen Freude fest, dass der Wursthaarige den Takt mit den Fingerspitzen auf seinem Handy mittrommelt.

»Hat ein Fahrgast hier vergessen«, sagt Bederitzky.

»Was?«, fragt der Wursthaarige.

»Die CD«, sagt Bederitzky.

»Ach so«, sagt der Wursthaarige.

Gesprächig ist der Bursche nicht gerade, aber er trommelt mit, das sagt ja wohl mehr als tausend Worte. Bederitzky dreht die Musik ein bisschen lauter. Beim Drumsound hat sich schon mal einiges getan, seit er sich in die neue Sample-Library reingefuchst hat, das lohnt sich, da muss er dranbleiben. Gesang ist noch nicht drauf, beziehungsweise: Die Vocalspuren hat er gemutet, als er die Mixe im Music Maker abzog, er probiert da mit seinem rostigen alten Shure-Mikrofon ja schon immer mal was aus, kleine Melodien und aus rudimentären Phrasierungen bestehende Gesangsskizzen, aber das kann man niemandem vorspielen, Songtexte schreiben ist nicht seine Stärke, und die weltschönste Singstimme hat er auch nicht gerade, Schuster bleib bei deinen Leisten, das war immer seine Devise, und hätte Ännchen nicht eines Sonntagnachmittags gesagt, was da durch seine Kopfhörer zu ihr rüberschalle, klinge gar nicht so schlecht, er wäre wohl nie auf die Idee gekommen, ihr seine Eigenkompositionen vorzuspielen, geschweige denn irgendwelchen Fremden im Taxi.

»Mir kommt das bekannt vor«, sagt er so beiläufig wie möglich und ohne eine Miene zu verziehen. »Ich komm nur partout nicht drauf, was es sein könnte.«

»Lässt sich ja rausfinden«, antwortet der Fahrgast. Er holt sein Handy raus und hält es in die Luft. Ein paar Sekunden vergehen, dann sagt er die Worte, von denen Bederitzky schon wusste, dass er sie sagen würde: »Kein Ergebnis.«

»Komisch«, sagt Bederitzky, der natürlich auch schon von

Shazam gehört hat, sich in Hoffnung auf ein etwas konstruktiveres Feedback in diesen Momenten aber immer lieber ein bisschen dümmer stellt, als er ist. Er sollte sich mal wieder bei Jojo melden, dem Sänger und Gitarristen der Band, bei der er kurzzeitig an den Tasten stand. Ist schon ein paar Jährchen her. Als die Jungs alles auf eine Karte setzen und so viele Auftritte wie möglich spielen wollten, wurde es Bederitzky zu heiß. Sein Equipment war nicht gut genug, und er war mal wieder blank, außerdem war die Bühne nie wirklich sein Ding, sein Traum war immer eher ein eigenes Aufnahmestudio, seit seinen Zeiten beim Radio schon oder sogar davor.

»Klingt aber gar nicht schlecht, oder?«

»Ein bisschen nach Homerecording, wenn Sie mich fragen.«

»Wahrscheinlich ein Demo. Das hat ja auch gar keinen Gesang. Aber für ein Demo klingt das doch nicht schlecht?« Bederitzky macht eine Pause, dann fügt er hinzu: »Na ja, meine Meinung.«

Der Wursthaarige nickt, sagt aber nichts mehr. Er trommelt auch nicht mehr den Takt mit, sondern entsperrt sein Handy und tippt mit krauser Stirn darauf herum. Ein Schweiger, ein Maulfauler, ein stilles Wässerchen, bei denen hat das Nachbohren keinen Zweck, vergebene Lebensmüh, man will sich ja auch nicht uffdrängeln, wer nicht will, der hat schon. Bederitzky dreht das Radio ein wenig leiser. Er fährt die Skalitzer runter, nimmt die Abkürzung über die Mariannen, aber am Kottbusser Damm ist noch alles verstopft, also fährt er über die Graefe, die Böckh und die Schönlein auf die Jahn, umschifft ein halbes Dutzend Zweite-Reihe-Parker, biegt an der Hasenheide links ab und hält an der Neuen Welt, direkt vorm Huxleys, wo bereits eine Schlange Konzertbesucher auf den Einlass wartet. Viele tragen dunkle Jeans- oder Lederjacken, einige sehen mit ihren Bärten und langen Haaren eindeutig nach Heavy Metal aus, und da atmet Bederitzky auf, denn wenn im Huxleys heute ein Metalkonzert und auch sein Fahrgast ein Freund der härteren Gangart ist, dann ist es ja kein Wunder, dass er bei Bederitzkys Sound nicht gleich vor Begeisterung an die Decke geht, kein Grund also, sich zu grämen, denkt er besänftigt, Geschmäcker sind nun mal verschieden, da kann man nichts machen, insgesamt war die Reaktion des Wursthaarigen doch gar nicht so verkehrt.

Der Fahrgast zahlt und verabschiedet sich, und noch bevor er ganz ausgestiegen ist, beugt sich ein großer Enddreißiger in die offene Beifahrertür:

»Bist du frei? Kannst du kurz hier aufs Gelände fahren? Mein Kumpel wartet da vorne an der Ecke.«

»Steigen Sie ein«, antwortet Bederitzky. Immer erstmal siezen, das ist einfacher, wenn man von Anfang an siezt, dann muss man nicht lang drüber nachdenken, und dann nehmen sie einen auch ernster.

Der Mann schmeißt sich in den Beifahrersitz, schließt die Tür und lässt das Fenster herunterfahren. Er trägt einen Schnurrbart und ein Paar dicke, schneeweiße Turnschuhe, und er ist wirklich groß, 1,90 bestimmt. Bederitzky zieht eine Parkkarte an der Schranke und fährt über den Parkplatz an ein paar rauchenden Konzertbesuchern vorbei aufs Bauhaus zu. Wann war er eigentlich selbst das letzte Mal auf einem Konzert? Er kennt sämtliche Hallen und Clubs dieser Stadt, die Theater und die Bars und die Puffs nicht zu vergessen, aber alle nur von außen. Manchmal, morgens, wenn er nicht einschlafen kann, guckt er sich auf YouTube Livevideos der Bands an, von denen seine Fahrgäste erzählt haben. Einmal hat er einen kurzen Mitschnitt des Konzerts erwischt, von dem er Stunden zuvor eine ganze Familie abgeholt hatte, Rammstein in der Wuhlheide, da kam es ihm vor, als wäre er selbst dabei gewesen, soll keiner sagen, er hätte keine Fantasie.

»Da vorne«, sagt der mit der Rotzbremse und zeigt auf einen blassen Kerl in speckigen Stretchjeans, der an der Ecke zwischen Biermarkt und Bauhaus steht, lauter sperrige Bretter und Tüten vor sich.

»Hey, hi«, sagt der Blasse, als Bederitzky rechts ranfährt. Stechender Blick, mehr Stalaktiten als Zähne, und eine Haut hat der, ganz verpickelt und fleckig, der sollte sich vielleicht mal eincremen.

»Sind ein paar Regale dabei, kriegen wir die hinten rein?«, fragt der mit der Rotzbremse.

»Ich bin hier aber nicht das Umzugsunternehmen«, erwidert Bederitzky.

»Du bist der erste Kombi, der hier vorbeikommt. Das ist gar nicht so viel, wir geben auch Trinkgeld.«

»Wo soll's denn hingehen?«

»Zu mir«, sagt der Blasse.

»Du musst ihm schon die Adresse nennen, Peppi«, sagt der mit der Rotzbremse. Es klingt, als spräche er mit einem Kind.

»Ach so, ja, sorry«, gluckst der Blasse. »Blücherstraße.«

Bederitzky stöhnt und rollt mit den Augen. Dann steigt er aus, klappt den rechten Rücksitz um und öffnet die Heckklappe. Sie schieben die Regalbretter in den Kofferraum und verstauen die restlichen Einkäufe, was Bederitzky an die neue Wohnung erinnert. Auf den Umzug und den ganzen damit verbundenen Heckmeck ist er nicht gerade scharf, Renovierung, Streichen, nichts für ihn, stresst ihn jetzt schon, aber das Ännchen ist ja auch noch da, das Ännchen ist praktischer veranlagt als er, zupackender und besser organisiert, gemeinsam werden sie das schon hinkriegen. Der Blasse mit der schlechten Haut setzt sich nach hinten, der mit der Rotzbremse nach vorne. Bederitzky fährt los, ums Huxleys herum bis zur Schranke. Er schiebt die Karte in den Automaten, die Schranke öffnet sich. Er biegt links ab und fährt über die Jahn zur Urban. Hinter ihm kramt der Blasse in seiner Hosentasche herum, wobei er Bederitzky mehrmals seine spitzen Knie in den Rücken drückt, während der mit der Rotzbremse neben ihm wie ein Irrer auf seinem Handy herumtippt. Immer wieder fährt er sich mit der Zunge über die oberen Zahnreihen und gibt dabei schmatzende Geräusche von sich, und das kann Bederitzky ja besonders gut ab, Leute, die ihm direkt ins Ohr schmatzen, das findet er ja so richtig appetitlich. Wie der da auch sitzt, mit rausgestreckter Brust und diesem

Pornobalken und den Angeberturnschuhen, ganz dicke Nummer, großer Zampano, King of Currywurst.

»Das hat ja jetzt alles etwas länger gedauert«, sagt er, ohne von seinem Handy aufzuschauen, so dass Bederitzky für den Bruchteil einer Sekunde glaubt, er selbst wäre gemeint. »Pass auf, wir schleppen gleich den Kram hoch, bauen im Treppenhaus das Regal auf und fangen schon mal an, ein bisschen Platz zu schaffen. Ich helf dir bei allem, was wir bis, sagen wir, kurz vor neun schaffen. Danach machst du alleine weiter. Wenn's sein muss, komm ich morgen Nachmittag nochmal für 'n Stündchen vorbei.«

»Ist gut, Flix, machen wir so«, antwortet der Blasse. Dann führt er vorsichtig seine rechte Hand zum Gesicht und zieht die Nase hoch, laut und tief und zweimal nacheinander.

»Sind wir hier im Zoo, oder was?«, platzt Bederitzky der Kragen.

»Mein Kollege ist ein bisschen krank«, sagt der mit der Rotzbremse.

»Nichts Ansteckendes«, sagt sein Kumpel oder Bekannter oder was der ist. Er kichert gestört vor sich hin, dann drückt er Bederitzky erneut seine Knie in den Rücken und zieht zwei weitere Male kurz die Nase hoch, bevor er sich räuspert und zurücklehnt und aus dem Fenster guckt.

Verarschen kann ich mich selber, Jungs, will Bederitzky schon antworten, gibt stattdessen aber Gas und überholt den vollgestopften M41er, um Platz für ein ADAC-Fahrzeug zu machen, das von hinten die Urban hochgeschossen kommt. Er fädelt sich rechts vor dem Bus ein, lässt den gelben Engel passieren und dreht seine Musik wieder ein Stück lauter. Es läuft gerade Titel 5, *Let It Be A-Moll.* Darauf könnte er sich gut Frauengesang vorstellen. So was Kraftvolles, Souliges, was mit Schmackes.

ZWÖLF STUNDEN SIND KEIN TAG

Ich spreng die Kita in die Luft, da guckt ihr, ich spreng sie in die Luft, Kita Sonnenschein, dass ich nicht lache, Lügner, Lügner, haha, alles kommt raus, hahaha! Das asiatische Pärchen gegenüber schaut verschreckt auf den Boden, ein paar Jungs hinter ihnen lachen, die meisten starren auf ihre Handys. Lügner seid ihr, Verbrecher, ja, ihr lacht, ich lache nicht, seht her, schaut mich an, ich lache nicht, und BOOM geht es hoch das Ding, haha, ihr lacht, Lügner! Möckernbrücke steigt eine hormongeplagte Schulklasse aus dem Fränkischen zu, man steht sich gegenseitig auf den Füßen, Achselschweiß, Döneratem, Bierschiss, hinein ins Weekendfeeling. Autos, braucht kein Mensch, Bombe drunter, alle 'ne Bombe drunter, braucht kein Mensch, Lügner! Am Kotti verlässt der Zwangsjackenkandidat die Bahn, ganz miese Körperhaltung, die Wirbelsäule so verdreht wie das Oberstübchen, Zug nach Warschauer Straße, zurückbleiben bitte. Das pluderbehoste und mit Holzgitarren bewaffnete Hippiepunkduo, das Hallesches Tor mit Tanja eingestiegen ist, hat sich zu diesem Waggon vorgearbeitet und beginnt, die Ohren der Fahrgäste mit gesellschaftskritisch gemeinten Klageliedern zu malträtieren. Sie klappt ihr Buch zu, Kompakt-Wissen Mathematik Abitur, nichts für den ÖPNV, und kämpft sich durch bis zur vorderen Tür, Dä-Däng, Görlitzer Bahnhof, Ausstieg rechts, die unverdaute U1-Masse wird auf den Bahnsteig gespült. Raus aus dem Strom, ans Geländer und noch kurz zusehen, wie die gelbe Raupe ihren Weg fortsetzt und fünf Meter über der verstopften Skalitzer in die Kurve geht und dann in noch eine Kurve, bevor sie zwischen den Häuserschluchten verschwindet, nach fast drei Jahren immer noch das Bild, an das Tanja denkt, wenn sie denkt: Berlin. Der Himmel über den Dächern schimmert wie ein Batiktuch, sanfte Verläufe in Neon-Pastell, Pfirsich und Pflaume, ganz unten eine Spur von Bluterguss, sie atmet tief durch die Nase ein, Frühling, und zündet sich eine Kippe an. Neben ihr ein Farbiger, der Selfies mit den beiden Türmchen der Moschee als Hintergrund macht und auf jedem Foto lachend den Kopf zurückwirft, als wolle er seine gelben Augen vor der Kamera verbergen, ein Sklerenikterus, Hepatitis vielleicht oder etwas Schlimmeres, sie sollte den jungen Mann mitnehmen und zum nächsten Arzt bringen, der ihn mal ordentlich durchcheckt, aber geht nicht, also die Treppen runter und an den Dealern vorbei über die Straße, Blick auf den Boden, Hundescheiße Menschenkotze Rattenpisse, genau eine Zigarettenlänge bis zur Wache, durch die Tür, Stufen hoch, im Treppenhaus der Geruch von Essen, Tomaten Chillis Knoblauch, klar, ist ja Freitag.

Hey Tanja, begrüßt sie der moppelige Typ mit den dunklen Locken, als sie die Tür zum Aufenthaltsraum öffnet.

Tanja lächelt: Servus, sie hat seinen Namen vergessen.

Der Lockige sitzt mit zwei weiteren Feuerwehrjungs am großen Tisch, sie haben ein iPad vor sich und gucken irgendwas auf YouTube. Bei der Weihnachtsfeier im Dezember hat er sie angegraben, und nicht nur er. Mindestens fünf Brandmeister waren es, die ihr im Laufe des Abends am Rockzipfel hingen. Kunststück, bei einer Party mit über 50 Männern und gerade mal zwei Frauen.

Der Lockige blinzelt: Früh dran heute, was?

Muss noch Berichte schreiben.

Ah, sagt er und nickt und schaut wieder auf das iPad.

In der Kochnische Robert mit seiner Oma-Schürze, vor ihm ein großer Topf seiner berühmten Freitagsarrabiata, Ghettofaust: Isst du mit uns, Täni?

Kann leider nicht, Berichte, aber danke.

Sie öffnet den Kühlschrank, nimmt sich eine Flasche Wasser, macht einen Strich hinter ihrem Namen auf der Liste an der

Wand und geht runter in den ersten Stock, wo sie sich an den Schreibtisch setzt und ins Ignis einloggt. Sieben Berichte sind noch von gestern übrig, die will sie vor Schichtbeginn weg haben. Letzten Sommer hat sie übers Wochenende mal 60 Stück angehäuft und am folgenden Montag drei Stunden lang vorm Computer gehockt. Andere Wachen schaffen das auch während der Dienstzeit, meinte ihr Chef, du Komiker, hat sie gedacht, andere Wachen liegen auch nicht mitten im Krisengebiet.

Gegen halb sieben kommt Tarek rein. Er bleibt hinter Tanja stehen und massiert ihr die Schultern: Na, Prinzessin, fit für die Nacht?

Sie schließt die Augen und schnurrt: Könntest du bitte niemals damit aufhören?

Zu mir oder zu dir?

Und wer versorgt dann heute Nacht die Kranken und Schwachen? Die Jungs von der Feuerwehr?

Tarek lacht: Die armen Kranken und Schwachen.

Sie dreht sich zu ihm um: Kollege, ich hätte da mal eine kurze Frage.

Schieß los.

Der Krebs, der läuft im Meer ja auf dem Boden.

Korrekt.

Also wenn der da so rumläuft und die Fische schwimmen über ihn hinweg, denkt der Krebs dann, Fische können fliegen?

Hm. Schätze schon, sagt Tarek und schießt seine Turnschuhe in die Ecke.

Für ihren Kollegen ist die Wache so etwas wie sein zweites Zuhause. Tarek hat sogar mal für ein paar Wochen hier gewohnt, inoffiziell und heimlich, obwohl es außer dem Chef jeder wusste. Vorletztes Jahr im Sommer war das, als seine Freundin ihn rausgeschmissen hatte. War eine gute Zeit. Wie viel Spaß sie hatten. Musste halt einiges kompensiert werden.

Ich geh nochmal runter zum Späti, sagt er, nachdem er sich umgezogen hat. Brauchst du was?

Schokolade.

Schokolade zum Frühstück, interessant!

Nervennahrung, Tarek. Gefrühstückt hab ich vor Stunden.

Echt? Ich bin vor ’ner Stunde erst aufgestanden.

Du musstest dich wahrscheinlich auch wieder bis mittags in den Schlaf kiffen.

Na ja, sagt Tarek und hebt eine Augenbraue, bisschen Bettschwere muss sein. Und Frau Doktor hat heute schon gebüffelt?

Versucht jedenfalls.

Ich weiß nicht, wie du das machst, neben der Arbeit.

Ich auch nicht.

In ein paar Jahren sammel ich immer noch jammernde Bürger ein und karre sie zum Urban, und du stehst dann da im weißen Kittel und verdienst das Dreifache.

Ich würde nie ins Urban gehen, das weißt du, sagt Tanja. Weder als Patientin noch als Ärztin. Wahrscheinlich nicht mal als Besucherin.

Tarek lacht. Traube-Nuss, oder heute mal Knusperkeks?

Knusperkeks ist eine sehr gute Idee.

Oder beides?

Tarek Azizoğlu, du bist ein Engel.

Tarek schaut sie an: Engel sind Experten ohne Erfahrung, ich bin eher das Gegenteil. Er schnalzt mit der Zunge, dann watschelt er los, in seinem Entengang, der so uncool ist, dass er schon wieder lässig wirkt.

In gut zwölf Stunden wird Tanja hier oben noch ein Feierabendbier mit ihm trinken, bevor sie sich verabschieden, ihren Rucksack schnappen und sich ins Bad zurückziehen wird. Sie wird eine heiße Dusche nehmen und sich ordentlich abschrubben und eincremen und das neue Harness-Oberteil anlegen, das sie sich letzte Woche bei Goldfinger bestellt hat. Es ist aus schwarzem Glattleder und hat mehrere Chromringe und Riemen an der Vorderseite, die die Brüste leicht anheben, so dass ihre Brustwarzen wie Pfeilspitzen nach vorne zeigen, während die Riemen am Rücken über Schnallenverschlüsse zu einem Jockstrap zusammenlaufen, der den ganzen Hintern freilegt. Noch nie hat sie so viel Geld für so wenig Material ausgegeben. Sie wird sich die Haare zu einem strengen Zopf binden und mit dem Concealer die Augenringe verschwinden lassen, die nach einer Zwölf-Stunden-Schicht leider unvermeidbar sind. Ein bisschen von dem glitzernden Lidschatten, etwas Lip Gloss und Rouge, dann rein in den Mantel und ab zur Bahn. Eigentlich müsste sie morgen fit sein und für die Prüfungen lernen, damit das irgendwann mal was wird mit dem Medizinstudium. Aber mit Konzentration zu lernen, das kriegt sie nach drei Nachtschichten in Folge sowieso nicht hin, und immer nur nachts Bürger verarzten und tagsüber die Nase in Bücher stecken, das macht matschig im Kopf, man muss sich auch mal was gönnen. Am Hedonia wird es um halb acht in der Früh keine Schlange mehr geben, der Türsteher wird sie einfach durchwinken. Sie wird Rucksack, Mantel und Schuhe einschließen, in die spitzenbesetzten und erstaunlich bequemen Schnürstiefeletten steigen und um zehn Zentimeter Körpergröße und einiges an Selbstbewusstsein gewachsen die Treppenstufen hinabschreiten. An der vorderen Bar wird sie sich einen Sekt auf Eis bestellen und in aller Ruhe das Angebot auschecken, bevor sie langsam zur Tanzfläche rübergehen und es genießen wird, das Frischfleisch im Club zu sein. Falls die Musik gut ist, wird sie etwas tanzen. Falls die Musik nicht gut ist, und die Musik ist selten gut im Hedonia, wird sie eine Runde durch den Laden drehen, mal hinten bei den Spielwiesen gucken oder bei der Matratzenlandschaft im oberen Bereich, die eigentlich Pärchen vorbehalten ist, aus der sie als Frau aber noch nie vertrieben wurde.

Sie rutscht auf ihrem Chefsessel hin und her. Sie überlegt, sich kurz ins Bad zu verziehen, Hose öffnen, gegen die Wand lehnen, schnelles Druckablassen im Dunkeln, wäre nicht ihr erstes Mal hier auf der Wache, und sie ist schon den ganzen Tag so horny. Diese ganz spezielle Prä-Playparty-Geilheit, oder, wie ihre Mutter immer sagt: Vorfreude ist die schönste Freude.

Doch dann siegt die Vernunft, und sie macht weiter mit ihren Berichten.

Hier, du Knusperkeks.

Danke Tarek, du bist ein Schatz.

Alles geschafft?

Fast, sagt Tanja. Zwei Berichte noch, die mach ich später. Sie fährt den Computer herunter und geht nach nebenan, wo sie ihren Spind öffnet und die Arbeitskleidung rausholt, das Shirt und den Pullover, die hässliche Bollerhose, die rote Jacke mit den Reflexstreifen und die klobigen Sicherheitsschuhe, den ganzen funktionalen Schlabberdress, der jeden Funken Weiblichkeit unter sich begräbt und sie in diese unförmige Säule verwandelt. Um kurz vor sieben ist der RTW zurück.

Kann ich heute fahren?, fragt Tanja, als sie durchs Treppenhaus runter in die Garage gehen.

Von mir aus, sagt Tarek. Er öffnet die Tür und lässt ihr den Vortritt: Bitte schön.

Sie begrüßen die Kollegen und machen die Übergabe. Tarek überprüft die Geräte, den LP15, den Oxylog, den Lukas und die Absaugpumpe, Tanja füllt den Notfallrucksack auf, die Kanülen, die Flexülen und das Infusionsbesteck, außerdem ein paar der Medikamente: Aspisol, Heparin, eine Beloc. Die Kollegen waren gerade bei einem Brustschmerz und sind auf dem Status 8 zurückgekommen. Tanja drückt den RTW auf die 1, dann auf die 2, und als hätte die Leitstelle nur darauf gewartet, dass sie sich einsatzbereit melden, bekommen sie gleich den ersten Einsatz rein: *Männlich, 7, Fieber&Erbrechen, Friesenstraße.*

Da haben's irgendwelche Doppelverdiener mal wieder den ganzen Tag nicht zum Hausarzt geschafft, sagt Tarek.

Tanja seufzt und setzt sich ans Steuer. Mit der Fernbedienung lässt sie das Rolltor hochfahren. Tarek schwingt sich auf den Beifahrersitz.

Na dann, Glück auf!

Wir sind hier nicht unter Tage, Tarek.

Kommt mir aber oft genug so vor.

Sie bugsiert den RTW auf den Vorplatz, lässt das Rolltor runterfahren und biegt rechts auf die Wiener Straße. An der Kreuzung kurz das Martinshorn, dann links auf die Skalitzer. Tarek drückt auf seinem Handy herum und startet eine seiner Trap-Playlists. Der Batiktuchhimmel hat sich über den Hochhäusern am Kotti in ein kitschiges Air-Brush-Motiv verwandelt, babyblau, ozeanblau, ultramarinblau. Nicht mehr lange, dann wird sich die Nacht über die Stadt legen, der Verkehr wird nachlassen, und sie werden die Straßen für sich haben. Tanja freut sich auf die Nachtschicht. Und aufs Hedonia später. Vielleicht wird sie das mit der Tanzfläche überspringen und sich direkt auf die Stufen bei den Spielwiesen setzen. Anlehnen, die Beine spreizen und darauf warten, wie darauf reagiert wird, was passiert, wer sich traut. Die Blicke aus dem Raum, der erste Augenkontakt mit einem Typen. Oder einer Frau. Ja, denkt sie, vielleicht habe ich heute auch mal Lust auf eine Frau.

Aber das ist alles noch zwölf Stunden hin. Jetzt erst einmal zu *Fieber&Erbrechen* und was da noch so auf sie wartet. Mit nun durchgehendem Sondersignal drückt sich der RTW Richtung Kreuzberg 61.

*

Hast du auf dem Einwohnermeldeamt auch einen Zettel in die Hand gedrückt bekommen, auf dem stand *Beim leisesten Anflug von Unwohlsein bitte umgehend die 112 wählen*?

Psst, macht Tanja, die stehen bestimmt noch an der Wohnungstür.

Glaub ich nicht, sagt Tarek. Die Mutter kuschelt ihren verhätschelten Kleinen gerade ins Nirwana, während Papa ihm schon mal die Klobrille vorwärmt.

Tanja lacht. Sie gehen die Treppen des Gründerzeitaltbaus hinunter, ihre Schritte gedämpft von den schweren roten Läufern, nur ab und zu knarzt eine Stufe. Tarek hat recht, *Männlich, 7, Fieber&Erbrechen* war tatsächlich eher ein Fall für den Hausarzt. Die Hausapotheke oder eine Tasse leicht gesüßter Kamillentee hätten es wohl auch getan, die Übereltern aber waren dermaßen besorgt und nervös, dass sie den armen Kleinen ganz krank gemacht haben, schneller Einsatz, sinnloser Einsatz auch, wie so viele, Tarek kann sich furchtbar drüber aufregen, zu Recht. Dennoch, Tanja versucht immer, alles und alle erst einmal ernst zu nehmen, offen zu bleiben, nicht abzustumpfen oder zynisch zu werden, sie hat es sich zu Beginn ihrer Ausbildung eingehämmert und erinnert sich seitdem immer wieder aktiv selbst daran: Wer die 112 wählt, ist in einer Ausnahmesituation und benötigt Hilfe, und wenn es sich auch nur um die glaubhaft vorgetragene Versicherung von zwei in unförmigen Johanniteruniformen steckenden Rettungsdienstkräften handelt, dass der Nachwuchs wohlauf und kerngesund ist.

Vor der Haustür nimmt Tarek ihr den schweren Notfallrucksack ab. Der RTW steht Ecke Bergmannstraße. Es ist immer noch erstaunlich warm. Sie gehen die Friesenstraße runter.

Sag mal Tarek, würdest du jemanden besuchen, der sich nachher nicht mehr daran erinnern kann?

Wen soll ich besuchen?

Na angenommen, deine Tante ist dement. Du hast nie eine innige Beziehung zu ihr gehabt. Wenn du sie im Altenheim besuchst, freut sie sich wie ein kleines Kind, aber zwei Minuten nachdem du gegangen bist, hat sie deinen Besuch schon wieder vergessen. Würdest du trotzdem noch regelmäßig hingehen, um ihr eine Freude zu machen?

Gott, Täni, wo nimmst du das immer alles her?

Sag doch mal.

Weiß ich nicht, muss ich drüber nachdenken. Das ist ja richtig philosophisch.

Tarek legt die Hand ans Kinn, Denkerpose, Tanja lacht, dann bemerken sie, dass ihnen von der anderen Straßenseite aufgeregt zugewinkt wird. Ein Mann und eine Frau, sie stehen vor der Markthalle.

Hallo, Sanitäter, können Sie mal herkommen? Da liegt ein Typ auf dem Boden, gleich da vorn, der bewegt sich nicht …

Sie folgen den beiden um die Ecke zum Marheinekeplatz. Im Gehen ziehen sie sich Handschuhe über, und dann sehen sie ihn auch schon, Herr Koszynski, heute mal vor der Bank statt wie sonst lang ausgestreckt obendrauf.

Die Frau: Der liegt da schon eine ganze Weile.

Tarek: Der liegt da immer, das ist Herr Koszynski, der wohnt drüben in der Schleiermacher.

Der Mann: Aber man kann den ja nicht einfach so da liegen lassen.

Tarek: Der hat sich schön einen reingelötet und ruht sich jetzt ein bisschen aus. Haben Sie mal an ihm gerüttelt?

Der Mann: Gerüttelt? Natürlich nicht!

Tarek: Sie haben nicht versucht, ihn anzusprechen oder zu wecken, nichts?

Die Frau: Wir fassen den doch nicht an! Nicht, dass der uns noch was tut!

Tarek: Ja gut, dann zeig ich ihnen jetzt mal, wie man das macht. Schauen'se mal her: Hey, Feuerwehr, aufwachen, hallo!

Herr Koszynski: Was'n los, Mensch …

Tarek: Alles okay?

Herr Koszynski: Ja, ja, nur ausruhen.

Tarek: Aber nicht hier auf dem Boden, Herr Koszynski. Gehen Sie mal woandershin.

Herr Koszynski: Nicht ausruhen? Woanders?

Tarek: Genau, woanders.

Herr Koszynski: Will nicht woanders … Lass mich …

Tarek: Gehen Sie mal lieber nach Hause, Herr Koszynski, sonst ruft noch irgendein Aktivbürger die Polizei, und die nimmt Sie mit in die Ausnüchterungszelle.

Herr Koszynski: Polizei? Nein, ich … Geh ja schon, geh ja schon.

Langsam richtet Herr Koszynski sich auf. Er schaut sich um und reibt sich die Augen, dann geht er wankend Richtung Schleiermacherstraße davon.

Tarek, an die besorgten Bürger gewandt: Haben Sie gesehen? War doch ganz einfach, oder?

Die besorgten Bürger: Ja, aber … Das ist doch nicht unsere … Sie sind doch hier … Wir wollten ja nur …

Tanja, versöhnlich: Ist ja auch richtig so, schönen Abend noch.

Scheiß Ökokreuzberg, grummelt Tarek auf dem Weg zurück, während er Zigaretten für sich und Tanja dreht, Lehrerkreuzberg, Vorabendserienkreuzberg, Leutemitgeldkreuzberg …

Tanja nimmt ihn am Arm: Komm Spatz, reg dich nicht auf.

Am RTW angekommen, drücken sie die 1. Sie bleiben in den offenen Türen stehen und rauchen.

Glaubst du, unsere Kinder werden noch den Führerschein machen?, fragt Tanja. Oder gibt's bis dahin nur noch selbstfahrende Autos?

Gute Frage, antwortet Tarek. Ich weiß nur, dass sie sehr hübsch werden.

Wer?

Unsere Kinder.

Ich will gar keine Kinder.

Nicht mal mit mir?

Für Kinder habe ich keine Zeit.

Wir wären die Traumeltern. Stell dir mal vor!

Tanja wirft ihrem Arbeitsehemann einen amüsierten Blick zu. Dann meldet sich die Leitstelle mit dem nächsten Einsatz: *Schwerer VU, Fahrradfahrerin gegen PKW, Kottbusserstraße, POL erwartet Sie, NEF ist auf dem Weg.*

*

Die Polizei ist schon da. Zwei Beamte in Zivil, ein graumelierter Mann und eine junge blonde Frau, sie waren zufällig in der Nähe und haben mit ihrem Wagen die Straße gesperrt. Der Beamte berichtet im Gehen. Eine Radfahrerin ist bei voller Fahrt in die offene Fahrertür eines Zweitereiheparkers gerauscht und über den Lenker gegangen, kein Helm. Die Frau liegt auf der Straße, steht unter Schock. Eine Essensauslieferin, etwa Ende 20, schöne dunkle Locken, die quadratische Lieferbox hängt ihr noch halb auf dem Rücken. Aus der aufgerissenen Naht suppt eine helle Soße, süß und sauer, was Asiatisches. Am Straßenrand ein BMW, die Autotür halb aus den Angeln gerissen, der Fahrer läuft auf dem Bürgersteig auf und ab, raucht, telefoniert. Die Frau hat aus der Nase geblutet, doch die Blutung ist gestoppt. Sie versucht, sich aufzurichten, ist agitiert, ¡Que mierda, Jueputa, Malparido, Marica! Tanja redet ihr gut zu, während Tarek die Patientin mit der Rettungsschere von ihrer Lieferbox befreit. Er kniet sich hinter sie und stabilisiert den Kopf, Tanja legt ihr den Stiff-Neck um den Hals. Dann der orientierende Bodycheck. Abtasten, drücken, alles ganz vorsichtig. Ihre Pupillen sind isokor und lichtreagibel. Kein Anhalt für eine Fraktur des Nasenbeins. Ihre Stimme ist gepresst, sie ringt nach Luft und muss starke Schmerzen haben, doch sie kann sich an alles erinnern und weiß, wo sie ist.

Tippe auf Rippenserienfraktur, sagt Tarek, den Rest schauen wir uns im Auto an.

Er geht los und holt die Trage, die Vakuummatratze, die Schaufeltrage und die Absaugpumpe. Die Polizisten haben Verstärkung bekommen. Zwei Beamte sperren den Kreisel, die beiden in Zivil sind mit dem BMW-Fahrer beschäftigt. Hupende Autos, Stau, Verkehrschaos und Dutzende Schaulustige, sie stehen im Weg rum, laufen wie zufällig an der Unfallstelle vorbei und halten mit ihren Handys drauf. Tanja und Tarek heben die Trage an, die Polizisten sprechen die Gaffer weg und machen den Weg frei. Sie verfrachten die Radfahrerin in den RTW und schließen die Tür von innen. Tanja legt das Pulsoxy an, die Blutdruckmanschette, das EKG.

Sauerstoffsättigung in Ordnung, sagt Tarek. Ich leg schon mal den Zugang.

Tanja reicht ihm das Desinfektionsspray, die Kompresse, den

Stauschlauch, die Flexüle. Er probiert es an der rechten Hand: Mist.

Was ist?

Total zentralisiert. Ich krieg keine Vene.

Brauchst du den Knochenbohrer?

Ich probier's nochmal an der anderen Hand. Ah, da geht's.

Grün oder grau?

Gib mal direkt grau.

Tanja reicht ihm die Nadel: Läuft?

Läuft.

Die Wagentür geht auf. Der Notarzt und sein Fahrer, endlich. Dr. Gutzeit, Anästhesist aus dem Auguste-Viktoria, musste ganz aus Schöneberg hier rüber, es scheint einiges los zu sein in der Stadt. Tanja rückt zur Seite und erstattet Bericht. Dr. Gutzeit setzt sich. Er hört sich alles an, dann spricht er mit der Frau: Können Sie mich hören? Wie ist Ihr Name? Haben Sie Schmerzen? Wo haben Sie Schmerzen?

Eine Stimme wie warmes Wasser. Er zieht etwas Dipidolor auf. Die Patientin stöhnt. Sie wird etwas ruhiger, doch auch nach 15 Miligramm des Opioids ist sie weiterhin kurzatmig und wirkt gestresst.

Wir intubieren besser, sagt Dr. Gutzeit, sie erschöpft sich sonst.

Tarek reicht Tanja den Beatmungsbeutel und schließt ihn an die Sauerstoffversorgung an. Tanja greift das Kinn der Radfahrerin, setzt ihr die Maske aufs Gesicht und beginnt, sie zu präoxygenieren.

Ich hätte gern Fenta, Propofol und Succi, einen 7er Tubus und ein bisschen was für den Kreislauf, sagt Dr. Gutzeit, und ich übernehme mal hier.

Tanja überlässt ihm ihre Position. Sie bricht die Kappen der Glasampullen ab und zieht die Narkosemedikamente auf. In ruhigem Ton erklärt Dr. Gutzeit der Patientin, was gerade passiert und dass alles gut wird. Dann wendet er sich an Tanja: Haben wir alles? Dann bitte 0,15 Fenta … 150 Propofol … 80 Succi …

Die Kolben der Spritzen lassen sich fast ohne Widerstand eindrücken. Gutes Gefäß, denkt Tanja, und es dauert nicht lang, da erkennt sie auch schon die feinen Zuckungen der Finger und der Augenlider. Der Arzt streicht der Patientin behutsam mit der Zeigefingerspitze über das Augenlid. Tarek reicht ihm das Laryngoskop mit dem Vierer-Spatel.

Die Sättigung ist gut, sagt Tanja.

Dr. Gutzeit verlangt nach dem Tubus. Er schiebt der weggedämmerten Frau den fingerdicken Schlauch in den Hals. Tanja beobachtet jede seiner Bewegungen. Sie könnte das alles auch, aber er macht es so elegant, so selbstverständlich. Ich muss unbedingt dranbleiben, denkt sie, weiter lernen, die Prüfungen machen, mich einschreiben und das Studium durchziehen. Schon als Kind wollte sie Ärztin werden. Dann die rebellische Phase, Schule schwänzen, sitzenbleiben, vom Gymnasium auf die Real und zehnte Klasse ab, den Abschluss gerade so geschafft. Noch in Erlangen mit dem Rettungsdienst angefangen, in Berlin dann die Ausbildung zur Notfallsanitäterin und den C1-Führerschein gemacht, und nun seit anderthalb Jahren das Abitur, in Vollzeit, Montag bis Freitag, Leistungskurse, alles, ein staatliches Gymnasium für Erwachsene, immerhin umsonst. Eigentlich bräuchte sie ein 1,0er Abi, um gleich fürs Medizinstudium genommen zu werden, einfach wird das nicht, wahrscheinlicher sind tausend Wartesemester oder der Umweg über die Bundeswehr, ist sie nicht heiß drauf, aber irgendwie muss sie's schaffen. Sie finanziert sich über den Rettungsdienst, mit der Schule macht das eine Sieben-Tage-Woche, und rein finanziell betrachtet, könnte sie viel besser das mit den Pay Pigs aus dem Fetischforum intensivieren, aber noch tut sie es gerne, in jeder Schicht lernt sie etwas für ihr Studium. Und in Momenten wie diesen, wenn sie merkt, sie hat die Situation im Griff und sich selbst unter Kontrolle, dann ist das ein erhebendes Gefühl. Kinder reanimieren, überhaupt Einsätze mit Kindern, das geht ihr immer noch an die Nieren, doch auch in solchen Fällen weiß sie, was sie zu tun hat. Sie hat viel gelernt in den letzten Jahren, der Rettungsdienst hat sie verändert, auch im Alltag. Sie weiß, dass sie eine gute Notfallsanitäterin ist. Tarek weiß das auch und Dr. Gutzeit ebenfalls, sie spürt es an der Art, wie er mit ihr redet und sie einbezieht. Vielleicht sind sie ja irgendwann Kollegen, das wäre schön.

Sie blockt den Cuff mit der Zehnerspritze, setzt das Stethoskop auf, hört das Einströmen der Luft in die Lunge und sagt: Beidseits belüftet.

Prima, sagt Dr. Gutzeit.

Tarek steckt den Schlauch des Beatmungsgerätes auf den Tubus. Das monotone Schnauben der Beatmungsmaschine setzt ein.

Dann können wir auch gleich los, sagt Dr. Gutzeit, ins Urban haben wir's ja nicht so weit.

Tanja parkt vor der Rettungsstelle, direkt neben einem Patienten mit Kippe im Mundwinkel und Tropf im Arm. Sie geht um den RTW nach hinten und öffnet das Heck. Das NEF parkt hinter ihnen, der Fahrer steigt aus.

Die Leitstelle hat sich gemeldet, ruft er Dr. Gutzeit zu, ein Großbrand in Mitte mit mehreren Verletzten. Die wollen wissen, ob wir frühzeitig abkömmlich sind.

Ich beeil mich mit der Übergabe, antwortet der Notarzt seinem Fahrer, bin gleich wieder da.

Da werden sich die Kollegen Brandmeister freuen, sagt Tarek zu Tanja, endlich mal wieder Feuer ausmachen.

Tanja nickt: Und was für eins.

Der Warteraum der Rettungsstelle ist jetzt schon voll. Eine Schwester kommt ihnen entgegen, die Resolute mit dem strengen Dutt, die irgendwie immer hier zu sein scheint. Ein alkoholisierter Mann mit einem schmuddeligem Verband um die rechte Hand macht Ärger, er sei als Nächstes dran. Die Schwester ignoriert ihn. Sie rollen die Spanierin in den Schockraum, wo sie schon vom Ärzteteam erwartet werden.

Das hätte auch ich sein können, denkt Tanja, während sie die narkotisierte Patientin auf eine Krankenhaustrage umhieven.

Die Menschen haben Schmerzen, die Menschen haben Hunger, und die Menschen sind allein, man fährt zu ihnen nach Hause, für einen Hungerlohn und immer in Eile, ist irgendwann von irgendwoher mit irgendwelchen Erwartungen in diese Stadt gekommen und versucht sich nun irgendwie durchzuschlagen, und manchmal geht man eben zu Boden, irgendwann geht jeder mal zu Boden.

*

Ob wir's diesmal zurück zur Wache schaffen?

Statt ihr zu antworten, klopft Tarek dreimal auf das Armaturenbrett.

Das ist aber nicht aus Holz, Kollege, sagt Tanja. Sie schnallt sich an, legt den Gang ein und fährt langsam los. Sie fühlt sich gut. Sie konnte helfen. Sie kann alles, sogar Leben retten. Tarek bricht einen Riegel von der Tafel Knusperkeks ab und hält ihn ihr hin.

Nervennahrung, Frau Doktor?

Sie beugt sich rüber und greift den Riegel mit den Zähnen: Danke.

Sie biegen auf die Kottbusser ab. Der Verkehr hat nachgelassen. Davon, dass es hier gerade erst einen schweren Unfall gegeben hat, ist nichts mehr zu sehen.

Hase, sagt Tarek plötzlich: Wie ist eigentlich dein Pornoname?

Tanja erstarrt. Stiefelbiest24, woher weiß der davon? Sie schaltet runter in den Zweiten und fährt in den Kreisel: Mein was?

Dein Pornoname. Der Pornoname einer Person setzt sich zusammen aus dem Namen des ersten Haustiers und dem Mädchennamen der Mutter. Kennst du nicht?

Ach so, sagt sie und hofft, dass man ihr die Erleichterung nicht anhört: Nee, kenne ich nicht, noch nie gehört. Tarek ist ihr wichtigster Kollege, sie haben während ihrer gemeinsamen Schichten viel Spaß zusammen und erzählen sich fast alles – über sexuelle Vorlieben oder womit Tanja ihr Gehalt aufbessert, darüber haben sie allerdings noch nie gesprochen, und das kann von ihr aus auch so bleiben. Wie ist denn deiner?, fragt sie.

Ich hab zuerst gefragt.

Sag.

Texas Öztürk, säuselt Tarek mit einer Stimme, die er für lasziv zu halten scheint.

Texas Öztürk, lässt Tanja sich das auf der Zunge zergehen: Stark. Was war Texas für ein Tier?

Ein überaus putziger Feldhamster. Hatte leider nicht viel zu lachen. Würdest du dir einen Film anschauen, in dem Texas Öztürk die Hauptrolle spielt?

Auf jeden Fall.

Und wenn der erst noch gedreht werden muss und die weibliche Hauptrolle fehlt? Tarek verschränkt die Arme hinter dem Kopf und leckt sich mit der Zunge über die Lippen.

Tanja lacht: Ist gut jetzt, reicht.

Dann deiner.

Mein Pornoname? Mal überlegen. Gruber wäre der Nachname. Lufthansa Gruber.

Tarek schaut sie an: Du hattest ein Haustier, das Lufthansa hieß?

Ja, wieso? Einen Wellensittich.

Leise, fast zaghaft, fängt ihr Kollege an zu lachen. Er steigert sich immer mehr rein und wird schließlich von derart heftigen Krämpfen geschüttelt, dass er fast vom Sitz in den Fußraum rutscht, als Tanja mit einem Schlenker an einem parkenden Lieferwagen vorbeizieht.

Du hast … deinen Wellensittich … Lufthansa … getauft?

Ja, und?

Sie kommen vor der Ampel an der Skalitzer zum Stehen. Tarek wischt sich die Tränen aus dem Gesicht, beugt sich rüber und drückt Tanja einen feuchten Kuss auf die Wange: Täni, du bist die Allercoolste.

Jetzt mal nicht übergriffig werden, sagt sie, ich hab heute noch ein Date.

Ach was, mit wem?

Das würdest du gerne wissen, oder?

Tarek setzt sich wieder ordentlich hin und schaut sie an: Klar.

Tanja grinst: Ich weiß es noch nicht.

Blind Date, oder was?

So ähnlich. Wenn du lieb bist, erzähl ich dir morgen, wie's war.

Tarek nickt. Die Ampel springt auf Grün, Tanja fährt an. Sie hat gerade den Blinker gesetzt, um einen U-Turn zur Wache zu machen, als die Leitstelle sich meldet: *Sturz, Männlich, Ossastraße, klingeln bei Liedke.*

Tanja seufzt: Ach, Texas Öztürk, wäre das Armaturenbrett doch nur aus Holz …

*

Der Patient steht in der offenen Wohnungstür. Er ist kreidebleich und hält sich einen Waschlappen an die Stirn.

Guten Tag, sagt er, und: Halb so wild, nur ein Kratzer.

Können wir kurz reinkommen?, fragt Tanja.

Na ja, zögert der Mann, macht dann aber Platz.

Wenn das nicht so wild ist, warum haben Sie dann die 112 gewählt?, sagt Tarek.

Ich habe gar nichts gewählt, sagt der Mann.

Das muss die Nachbarin gewesen sein, sagt Tanja. Frau Liedke?

Ah, der Bürger sorgt sich, frotzelt Tarek.

Was ist denn eigentlich passiert?, fragt Tanja den Mann.

Ich bin gestolpert und gegen den Türrahmen geknallt.

Gegen Ihren eigenen oder gegen den der Nachbarin?, fragt Tarek.

Der Mann sieht erst ihn, dann Tanja an. Ich muss wohl kurz weg gewesen sein, sagt er, die Tür stand anscheinend offen.

Warum stand die Tür offen?

Ich … Ich wollte gerade den Müll rausbringen.

Haben Sie dann ja wohl auch noch getan, sagt Tarek mit einem Blick in den Flur.

Tanja muss sich ein Grinsen verkneifen. Der Kollege ist frech heute, aber er hat recht, Mülltüten stehen hier keine rum. Im Gegenteil, das ist die aufgeräumteste Bude, die sie seit langem gesehen hat, dagegen war ja sogar der Altbaupalast der Helikoptereltern von *Fieber&Erbrechen* eine Müllhalde. Der Mann sieht aus wie ein leicht schratiger Erdkundelehrer, mit seinem Haarkranz und dem Cordsakko.

Wir schauen uns das mal an, sagt sie zu ihm.

Nicht nötig, antwortet er, hustet und presst sich seinen Waschlappen an die Stirn. Auf dem Waschlappen sind lauter kleine Fußbälle. Die Wohnungstür gegenüber öffnet sich einen Spalt, der Kopf einer älteren Dame erscheint.

Ich hab's knallen hören, sagt sie, und dann lag der Herr da und einer ist getürmt. Einer dieser Schwarzköpfe, die ich hier schon öfter –

Kümmern Sie sich um ihren eigenen Dreck!, faucht der Mann, worauf die Frau zusammenzuckt und wieder in ihrer Wohnung verschwindet. Unser Blockwart, sagt er entschuldigend zu Tanja und Tarek und schließt die Wohnungstür.

Wo wir schon mal da sind, schauen wir uns das auch an, sagt Tanja. Sie wirken auf mich etwas neben der Spur. Vielleicht eine Gehirnerschütterung.

Der Mann murrt, gibt seinen Widerstand aber auf. Tanja führt ihn ins Wohnzimmer und schaut sich um. Eine Sofalandschaft, ein Glastisch, gegenüber ein riesiger Fernseher und eine Playstation. Auf dem Tisch stehen zwei geöffnete Colaflaschen, auf dem Fußboden liegt eine leere Tüte Paprikachips, drum herum überall Krümel. Die Unordnung des Wohnzimmers passt nicht zum Rest der aufgeräumten Wohnung. Der Mann setzt sich aufs Sofa und nimmt den Waschlappen von der Stirn.

Stumpfes Trauma, keine Platzwunde, sagt Tarek. Genäht werden muss da nichts.

Sag ich ja, sagt der Mann.

Tanja schaut ihn an: Da müssen Sie aber mit ordentlich Karacho gegen den Türrahmen geknallt sein.

Der Mann zuckt mit den Schultern.

Wie fühlen Sie sich denn?

Gut. Etwas schummrig, aber geht schon.

Wie heißen Sie?

Schrader.

Wo sind wir hier?

Bei mir zuhause.

In welcher Stadt?

Neukölln.

Neukölln ist ein Stadtteil, und der gehört zu?

Ja, Berlin, was soll das, halten Sie mich für –

Wir machen hier nur unsere Arbeit, sagt Tarek, und der Mann, kleinlaut:

Tschuldigung.

Wie heißt die Regierende Bürgermeisterin von Berlin?, will Tanja die Befragung fortsetzen, wird aber erneut von Tarek unterbrochen:

Keine weiteren Maßnahmen nötig. Ich bestell dann mal den Notarzt ab.

Er verlässt das Wohnzimmer und funkt die Leitstelle an. Tanja überprüft die Orientierung des Mannes, lässt ihn sich an die Nase fassen, macht den Kreuzgriff, checkt seine Pupillen.

Muss ein harter Schlag gewesen sein, sagt sie, da kann es noch Folgen geben. Wir wissen ja nicht, wie lange Sie bewusstlos waren. Wir müssten Sie eigentlich kurz mitnehmen ins Krankenhaus.

Nein, nein, das will ich nicht, das ist nicht nötig.

Gut, dann bleiben Sie kurz sitzen, ich muss mal eben was mit meinem Kollegen besprechen.

Tanja geht in die Küche und lehnt sich gegen die blitzblanke Arbeitsfläche. Er will nicht mit ins Krankenhaus, sagt sie mit gesenkter Stimme.

Wir können ihn nicht gegen seinen Willen mitnehmen.

Ich dachte eher daran, die POL anzufordern.

Wozu?

Hier stimmt was nicht. Vielleicht kennt er den Täter und will ihn schützen.

Täni, lass gut sein, das ist nicht unsere Aufgabe.

Ich hab hier kein gutes Gefühl.

Du bist auch nicht hier, um Gefühle zu haben, Frau Doktor.

Schlechte Laune, Kollege?

Tarek stöhnt: Mensch Täni, da draußen warten noch andere Bürger mit ihren Wehwehchen.

Herr Schrader taucht in der Tür auf: Ich würde mich jetzt gerne ein wenig hinlegen.

Na schön, sagt Tanja, eher zu Tarek als zu Herrn Schrader, bevor sie sich ihm zuwendet: Dann brauchen wir eine Unterschrift, dass Sie gegen unseren Rat nicht mit ins Krankenhaus wollen.

Ja, kein Problem, klar.

Wenn durch den Sturz keine Folgeverletzung erwachsen ist, dann ist das alles in Ordnung, sagt Tarek. Sie haben halt dieses Hämatom, das verheilt wieder. Solange das Auge nicht betroffen ist, ist das in Ordnung.

Tanja: Es könnte allerdings auch eine Gehirnerschütterung sein.

Tarek, abwiegelnd: Wenn Sie einen Schwindel kriegen oder sich erbrechen müssen, dann wissen Sie, Sie haben eine Gehirnerschütterung. Dann können Sie überlegen, ob Sie ins Krankenhaus gehen. Ansonsten gibt's da nicht viel zu befürchten.

Tanja: Es könnte auch eine Gehirnblutung geben.

Tarek: Aber das ist unwahrscheinlich.

Herr Schrader schaut unsicher von ihm zu ihr und wieder zurück. In Ordnung, sagt er, ich fühl mich auch schon wieder besser.

Haben Sie jemanden, den Sie anrufen können?, fragt Tanja.

Nein. Also ja, aber das ist nicht nötig.

Im Notfall gibt es ja noch den Blockwart, sagt Tarek und grinst.

Tanja legt den Vordruck auf den Küchentisch: Dann unterschreiben Sie uns bitte, dass Sie den Transport auf eigene Verantwortung verweigern.

Formalie, sagt Tarek.

Zunehmend genervt von der Ungeduld ihres Kollegen und seiner Verbrüderung mit dem eigenartigen Erdkundelehrer, schreibt Tanja ins Feld *Mögliche Folgen* das Wort *TOD*, in Versalien und zweimal unterstrichen.

Herr Schrader: Tod?

Tanja: Formalie.

Tarek rollt mit den Augen.

Herr Schrader setzt seine zittrige Unterschrift auf das Formular. Tanja faltet das Blatt und schiebt es sich in die Gesäßtasche.

So, und wo wir jetzt alles erledigt haben, können Sie uns ja noch sagen, was wirklich passiert ist.

Herr Schrader: Ich bin gestürzt.

Tanja: Gegen den Türrahmen, ernsthaft?

Herr Schrader: Ja.

Tanja: Sie brauchen keine Angst zu haben, wir sind nicht die Polizei.

Herr Schrader schließt die Augen. Mit wehleidiger Miene drückt er sich seinen Waschlappen an die Stirn.

Tanja: Und diesen Jungen, den Ihre Nachbarin hat wegrennen sehen, den kannten Sie nicht?

Herr Schrader: Ach, hier rennen so viele Leute durchs Haus, wissen Sie.

Als Tanja sich zum Notfallrucksack bückt, sieht sie ein schwarzes, U-förmiges Plastikding unter dem Sofa liegen. Der Controller der Playstation, er liegt da wie weggeworfen. Irgendwas stimmt hier ganz und gar nicht, denkt sie, doch Tarek ist bereits im Treppenhaus und auf dem Weg nach unten.

*

Auweia, was ist denn da los?

Ist das unsere Adresse?

Tarek schaut noch einmal auf seinen Zettel: Sieht so aus. Halt mal irgendwo an.

Sie drücken die 4, lassen den RTW mit laufendem Blaulicht auf der Straße stehen und steigen aus. Im Erdgeschoss befindet sich eine der letzten Gardinenkneipen Nord-Neuköllns, vor der Tür ein gutes Dutzend Männer, die auf sie einreden, alle auf einmal und alle durcheinander. Ein Autofahrer kommt nicht am RTW vorbei, er hupt und schimpft, Tarek zeigt ihm den Finger, der Fahrer brüllt irgendwas. Das Treppenhaus ist voller Graffiti und Edding-Tags, Wände wie Schmierzettel, zerfledderte Prospekte unter den Briefkästen und ein dreibeiniger Holzkohlegrill voller Kippenstummel, der Geruch von Zitrusreiniger und Katzenpisse, Tanja zieht sich Einweghandschuhe über. Die Treppen hoch, zweiter Stock, vor der Wohnungstür nochmal mindestens fünfzehn Leute, eher zwanzig, eine Großfamilie. Tanja und Tarek bahnen sich einen Weg durch die aufgebrachte Menge und betreten die Wohnung. Im Vorbeigehen ein Blick in jeden Raum, die rechte Hand an der Mag-Lite, Automatismus, Eigensicherung, unübersichtliche Situation, alle Sinne geschärft. Zwei Schlafzimmer mit jeweils zwei Betten, aus der Küche der Duft von geschmortem Fleisch, das Wohnzimmer erleuchtet wie ein Festsaal. Lachsrosa Wände, ein Alu-Kronleuchter unter der Decke, goldene und silberne Bilderrahmen und Plastikblumen, in der Schrankwand ein plärrender Fernseher. Die Patientin liegt auf einem graublau gescheckten Schlafsofa aus den tiefsten Achtzigern. Sie ist nicht ansprechbar.

Tarek fragt, was passiert ist.

EINFACH UMGEFALLEN!, brüllt jemand.

Tarek stellt den Rucksack auf dem Marmortisch ab, greift zur Fernbedienung und schaltet den Fernseher aus. Tanja beugt sich über die Frau, leuchtet ihr in die Augen und reibt mit den Fingerknochen über ihr Brustbein, sie atmet, aber keine Reaktion. In der Wohnung sind jetzt an die dreißig Leute, alle reden durcheinander und schluchzen und leiden mit, von den Kleinkindern bis zu den Großeltern. Ein Kniff ins Nasenseptum, die Frau öffnet ein Auge, beginnt zu wimmern. Ein glitzernder Speichelfaden läuft ihr aus dem Mund. Es ist nicht zu erkennen, ob eine Gewalteinwirkung vorliegt, ob sie geschlagen wurde oder gestürzt ist oder tatsächlich einfach umgekippt. Tarek sagt, dass sie Ruhe brauchen, und beginnt, die Leute aus dem Wohnzimmer zu schieben. Die Männer protestieren, Tarek sucht eine Frau aus, die mit reindarf, es ist die älteste Tochter. Tanja setzt sich zu der Frau aufs Sofa. Ana hon, kolo tamam, sagt sie, *Hey, ich bin da, alles ist gut*, sie hat sich in ihrer Zeit als Notfallsanitäterin ein wenig Arabisch beigebracht, nur ein paar Brocken, es vereinfacht so manches. Tarek spricht außer Deutsch und ein bisschen Englisch nur Türkisch, doch es müsste schon jemand im Sterben liegen, bevor er das anwendet.

Wo tut's denn weh?

Die Frau heult: Ai-ai-ai-ii …

Alles tut weh, übersetzt die Tochter.

Ai-ai-ai-aiiii …

Tanja tauscht einen Blick mit Tarek aus. Eine psychogen getriggerte Bewusstlosigkeit, gefolgt von hochgradig dramatisiertem Schmerzausdruck, auch als das Mediterrane Syndrom bekannt, ein Begriff, den Tanja sich abzugewöhnen versucht. Das Kopftuch der Frau ist verrutscht. Die Tochter zupft es ihr zurecht.

Lassen Sie das bitte, sagt Tarek.

Die Tochter zieht die Hand zurück. Sie flüstert ihrer Mutter etwas auf Arabisch ins Ohr, doch die lässt sich davon nicht beruhigen und heult weiter, in diesem durchdringenden und sägenden Ton. Ein junger Mann kommt ins Zimmer, er sagt, er sei der älteste Sohn, hinter ihm tausend Köpfe und großer Radau. Tarek drückt die Tür zu, dann setzt er sich auf den Rand des Sofas und nimmt den Arm der Frau, um die Blutdruckmanschette anzulegen.

Der Sohn: LASS DIE FRAU DAS MACHEN!

Tarek: Lass uns hier mal arbeiten, bitte.

Der Sohn: DIE FRAU SOLL DAS MACHEN!

Tarek: Pass auf, du Lappen, es gibt genau zwei Möglichkeiten: Entweder du lässt uns hier vernünftig arbeiten, oder wir packen unsere Sachen und lassen Muttchen hier liegen.

Der Sohn: IHR MÜSST SPRITZE GEBEN!

Die Tochter: Lass die, Wissam, die machen das schon.

Der Sohn: DIE SOLLEN MACHEN, WAS ICH SAGE!

Bevor es noch eskaliert, legt Tanja der Frau einen Zugang und gibt Kochsalz. Der junge Mann legt eine Hand an die Brust und fixiert einen Punkt auf dem Boden, zwischen den Fingern der anderen Hand dreht er die Perlen einer Gebetskette, lautlos bewegt er die Lippen. Plötzlich fangen die mit Teppichboden bezogenen Dielen unter ihnen an zu vibrieren. In der Schrankwand zittern die Bilderrahmen, die Glasscheiben der Vitrine geben ein knarzendes Geräusch von sich.

Nachbarn, Waschmaschine, sagt die Tochter verschämt.

Tanja überlegt. Blutdruck und Blutzucker der Frau sind normal, ihr Puls ist bei 70. Es gibt keinen harten medizinischen Grund, die Frau mit ins Krankenhaus zu nehmen, aber wenn sie die hier lassen, dann bleibt sie in diesem krank machenden Setting, mit den viel zu vielen aufgebrachten Menschen auf viel zu kleinen Raum, und man weiß ja auch nicht, was wirklich vorgefallen ist.

Sie schaut Tarek an: Wir nehmen sie mit.

Tarek erwidert ihren Blick. Spinnst du?, fragt er, ohne den Mund zu öffnen.

Das von den Häusern zurückgeworfene Blaulicht zittert durch den Wagen, die Lichter der Stadt, der Ampeln, der Laternen. Tanja wischt sich über das schweißnasse Gesicht. Ein Betrunkener hastet über die Straße, zieht einen Fuß nach, Gefäßschädigungen, Nervenschädigungen, Polyneuropathie, langjähriger C2-Abusus, sieht sie von weitem, von hier oben, aus ihrer erhöhten Perspektive, ihrer Kapsel. Die Leute, die diese Stadt regieren, sind jetzt alle schön zuhause, denkt sie, nur wir sind übrig, wir und die Kranken, die Kaputten, die Hilflosen und die Simulanten, wir sind jetzt auf uns gestellt und müssen das irgendwie hinkriegen, gemeinsam.

Aiii … Ai-Ai …

Tarek sitzt hinten und redet der Frau gut zu, leise und beruhigend, doch Tanja weiß, er muss sich beherrschen, ihr nicht eine Mullbinde ins Maul zu stopfen. Kurz vorm Hermannplatz wird der RTW mit Lichthupe von einem dunklen Audi überholt, auf dem Beifahrersitz der Sohn der Patientin, er hängt halb aus dem Fenster und wedelt mit den Händen in der Luft, gibt Tanja zu verstehen, dass sie das Horn anstellen soll, sie schaut in den Rückspiegel, da sind weitere Autos, alle viel zu schnell, was ist das hier, eine Verfolgungsjagd? Sie greift zum Funkgerät und bittet die Leitstelle, die Polizei zu alarmieren, *Absicherung der Notaufnahme wegen nachfolgenden Familienangehörigen,* macht vor der Ampel Graefestraße das Horn an, ihre Augen starr auf die Straße gerichtet, Fahren mit Sondersignal, eine zehnmal so hohe Wahrscheinlichkeit, in einen Unfall verwickelt zu werden, sie blinzelt und beschleunigt die fünfeinhalb Tonnen unter ihrem Arsch auf 80 km/h, ruhig bleiben, jetzt kein Fehler, eine Schweißperle läuft ihr ins Auge und von hinten das Gewinsel und Geplärre, Ai-ai-ai-aiiii …

Endlich erreichen sie das Urban, der Audi ist schon da, die Polizei noch nicht. Wild gestikulierend stehen der Sohn und zwei weitere Männer vor dem Eingang. Hinter dem RTW kommen weitere PKW den Weg hochgeschossen. Tanja und Tarek rollen die nun noch heftiger vor sich hingreinende Frau in die Rettungsstelle, die aufgebrachten Männer laufen ihnen hinterher, bis ein Securitymann sich ihnen in den Weg stellt, Geschrei, Tumult, Raserei. Der Warteraum platzt aus allen Nähten, die Krankenschwester von vorhin kommt ihnen entgegen, das früher am Abend noch akkurat hochgesteckte Haar steht ihr in Strähnen vom Kopf ab, sie sieht um Jahre gealtert aus.

Die Krankenschwester: Was haben wir denn hier?

Tanja: Kreislauf.

Die Frau: Aiiii-aiiii-aiiii-aiiiiiii …

Die Krankenschwester, erzürnt: Sag mal, spinnt ihr? Seht ihr nicht, was hier los ist? Wir sind komplett dicht, die Intensiv ist schon bei der Leitstelle abgemeldet, und ihr schleppt hier einen Morbus Mediterraneus an? Habt ihr Lack gesoffen?

Tarek, durch die Zähne: Pass mal auf, wie du mit uns redest.

Tanja legt ihm die Hand auf den Arm. Das ist jetzt so, sagt sie zu der Schwester. Die Patientin muss schnell in einen Behandlungsraum, um hier Ruhe reinzukriegen.

Die Schwester schüttelt den Kopf. Zu dritt schieben sie die Frau nach hinten. Alle Behandlungszimmer sind voll, auf dem Gang stehen mehrere besetzte Liegen, unter einigen haben sich Pfützen gebildet. Desinfektionsmittel, Urin, Erbrochenes und nirgendwo ein Arzt. Gemeinsam heben sie die Frau auf eine Krankenhausliege, hinter ihnen bollert jemand mit der flachen Hand gegen die Scheibe.

Habt ihr etwas von der Essensauslieferin gehört?, fragt Tanja.

Die Krankenschwester schaut sie an: Von wem?

Die Spanierin mit dem Fahrradunfall, die wir intubiert haben?

Die war aus Kolumbien.

Dann eben Kolumbien.

Ja.

Und?

Und was?

Wie geht's ihr?

Keine Ahnung, sie wurde nach Neukölln verlegt. In die Neurochirurgie.

Tanja, schockiert: Wieso? Was war los?

Es hat in die Rübe geblutet, sagt die Krankenschwester. Auf eine ICB sind wir hier nicht ausgelegt, das solltet ihr eigentlich auch wissen.

Tanja sucht Tareks Blick, doch der schaut zu Boden, und die Schwester verlangt ungeduldig nach dem Protokoll.

Haben wir was falsch gemacht?, fragt Tanja, als Tarek und sie die leere Trage zurück nach vorne rollen, wo immer noch die Großfamilie tobt.

Ja, also nein, antwortet er. Wir haben die Frau ins falsche Krankenhaus gebracht, aber das war die Entscheidung vom Notarzt.

Tanja schluckt. Ich habe mich schon gewundert, als er meinte: ins Urban. Du nicht? Da hätte man doch schon was sagen müssen.

Sie hatte keine Pupillendifferenz, sie war ansprechbar, sie ist nicht bewusstlos gewesen.

Aber wenn sie eine Hirnblutung hatte und das erst hier im CT festgestellt wurde, dann sieht es für sie gar nicht –

Täni, lass es!, ruft Tarek gereizt. Wir haben getan, was wir konnten, für den Rest sind die Ärzte verantwortlich!

Tanja nickt. Für einen kurzen Moment wird ihr weiß vor Augen. Dann sind sie durch die Tür und an der frischen Luft und sehen ein halbes Dutzend Polizisten in voller Kampfmontur auf die Rettungsstelle zurennen.

*

Der Imbiss ist auch um diese Uhrzeit noch voll. Es läuft irgendein R&B, oder HipHop, oder Soul, schwer zu sagen. Geräusche, Umrisse, Farben, alles verschwommen. Sie muss sich konzentrieren, um den Blick scharf zu stellen. Ein Schleier auf den Augen, der sich nicht wegreiben lässt. Als bräuchte sie eine Brille. 3 Uhr 30, toter Punkt. Gleichzeitig ist sie hibbelig und aufgeputscht von dem Kaffee, den sie sich reingeknallt hat. Fehler. Immer wieder derselbe Fehler. Aber warum müssen das auch Zwölf-Stunden-Schichten sein?

Tarek kommt auf sie zu, ein Tablett in der Hand. Er setzt sich auf den Platz ihr gegenüber, ins Fenster, Rücken zur Scheibe, stellt seinen Burger und zwei Becher Cola auf den Tisch und schiebt ihr das Tablett mit der XL-Schale Chilli-Cheese-Fries rüber.

Danke. Kriegst'n von mir?

Passt schon.

Dann bin ich das nächste Mal dran.

Tarek nickt. Mit beiden Händen greift er seinen Burger. Er hat die letzten drei oder vier Male bezahlt. Sie verdienen beide gleich viel, und Tanja hat sogar noch den Nebenverdienst mit den Pay Pigs, trotzdem ist sie immer früher pleite als ihr Kollege. Sie nimmt einen Schluck Cola, reißt das Majotütchen auf und drückt den Inhalt an den Rand ihrer Pommesschale. Zucker, Fett, Kohlenhydrate. Sie zeigt auf die köstliche Pampe und sagt: Wenn man einen Swimming-Pool voll Käsesoße hätte und die Käsesoße wäre warm, könnte man dann darin schwimmen?

Keine Ahnung.

Also von der Konsistenz her?

Tarek zuckt die Schultern. Soße läuft ihm über die Finger. Eine Laune hat der heute. Sie weiß nicht, was sie mit ihm machen soll, er ist immer weniger belastbar in letzter Zeit. Dabei hat er ihr damals selbst erklärt, dass das der Punkt ist, wo man aufpassen und die Handbremse ziehen muss. Mehr als einmal hat er ihr das eingebläut: Wenn du deine Arbeit nicht mehr richtig machst, dann entgehen dir wichtige Details, dann sterben im schlimmsten Fall Menschen.

Zwei Mädels in der Schlange tanzen auf der Stelle, üben Schritte, lachen. Tanja nimmt sich ihre Fritten vor. Beim Essen checkt sie Mails. Drei neue Ebay-Alerts für verschiedene Schuhe, die sie mal interessiert haben, und eine Mail von Claas, dem einen ihrer momentan zwei Finanzsklaven. Seit sie so viel lernen muss, hat sie den Kontakt ein wenig schleifen lassen. Bei dem zweiten, Stefan aus Tübingen, ist ihr Kurs seitdem sogar noch gestiegen. Claas hingegen ist ein bisschen fordernder, der braucht regelmäßig eine schroffe Mail und Fotos von den schönen Dingen, die sie sich von seinem hart erarbeiteten Geld vorgeblich gekauft hat. Die letzten Bilder hat sie auf Vorrat gemacht, bei einem Bummel durch die Schuhläden am Ku'Damm, wo sie sich von den Verkäuferinnen jedes Mal durchschaut gefühlt hat, wenn sie mit fünf Handybildern und dem Satz *Muss ich nochmal mit meinem Mann besprechen* weiterzog, aber was soll sie machen, dem guten Claas ein Selfie von sich in ihrer sackartigen Arbeitskluft im Imbiss schicken, *Schau her, ich und mein Schweinefraß, für mehr langt es gerade nicht, hat außerdem mein Kollege bezahlt, denn im wahren Leben ist deine Herrin Stiefelbiest24 eine schlechtbezahlte Rettungsdienstabiturientin?* Von Claas würde sie nie wieder hören, jedenfalls nicht via PayPal.

Sie checkt ihre Social-Media-Profile. Nichts. Ihre Freundinnen sind jetzt alle unterwegs oder längst im Bett. Sie klickt und scrollt und wischt, bleibt aber nirgends hängen, also lässt sie das Handy wieder in ihrer Tasche verschwinden, tunkt eine Fritte in die Majo und schaut durch das große Fenster auf die Straße, die U-Bahn, den Kreisel. Drüben in der Kottbusser haben sie vor ein paar Stunden die Radfahrerin versorgt. Ob die Frau noch am Leben ist? Sie versucht, den Gedanken zu verscheuchen. Nichts mit nach Hause nehmen, tut man sich keinen Gefallen mit, sich selbst nicht und schon gar nicht den folgenden Patienten.

Und was kam danach, nach der Radfahrerin, der es bitte gutgeht … – Ein Herzinfarkt, zweimal Atemnot. Einmal Metamizol gegeben, einmal Dormicum und Ketanest, zwei EKGs, mehrere Zugänge gelegt. Einmal Messerstecherei, oder nee, das war gestern. Dann der Heroinjunkie mit Überdosis, nässende und eitrige Injektionswunden an den Armen und Beinen und komplett am Durchdrehen, weil die Notärztin ihm gleich eine ganze Ampulle Naloxon gespritzt hat, obwohl Tanja sie ausdrücklich gebeten hatte, es langsam zu geben, nach und nach, sie wollte den Patienten nur so weit wach haben, dass er wieder spontan atmete, die Notärztin aber hat ihm gleich die ganze Ladung verpasst und damit die Wirkung des Heroins antagonisiert, der Junkie aufgewacht, voll auf Turkey, *Du Fotze hast mir den Schuss versaut!* Und direkt davor, stimmt, das fällt ihr jetzt erst wieder ein, wie konnte sie das vergessen: *Hilflose Person, Männlich, Mitte 30,* in einer Bar in der Skalitzer umgefallen, nachdem er an einem Joint gezogen hat, offenbar dieses Haze, das gerade im Umlauf ist, heftiges Zeug, der Typ einfach vom Stuhl gekippt und mit dem Gesicht gebremst, Platzwunde über dem Jochbein, aber zum Glück nichts gebrochen. Tanja saß mit ihm im RTW, hat die Wunde versorgt, erst war er ganz hilflos und nett, und plötzlich: Du kannst gut blasen, oder? Deine Lippen sind so geil, du kannst bestimmt gut blasen! Tarek war draußen, was zu trinken holen. Du hast recht, hat sie gesagt, blasen kann ich wirklich gut, und den Wichser rausgeschmissen.

Zurück zur Wache sind sie heute kein einziges Mal. Bis sie eingeparkt und die Jacken ausgezogen hätten, wäre eh gleich wieder der Pieper gegangen. Mehrere Schichten von getrocknetem Schweiß kleben auf ihrer Haut. Die Dusche und das Hedonia hat sie sich später wirklich verdient.

Tarek stopft den letzten Bissen in sich rein. Kauend stiert er ins Leere.

Tanja dreht sich eine Kippe. Dann trinkt sie ihre Cola aus und steht auf: Fertig?

Tarek nickt.

Sie nimmt das Tablett, schiebt es in das dafür vorgesehene Wägelchen und verabschiedet sich bei dem gutgebauten Rothaarigen hinter dem Tresen, der anmutig wie ein Sternekoch seinen Fettfraß zubereitet. Volle Lippen, markante Kinnpartie, leichtes Diastema, der Burgerbrater ist ein Beau. Sie zwinkert ihm zu, er zwinkert zurück.

»Warte mal eben«, sagt Tanja zu Tarek, der ihr schweigend bei dem kleinen Flirt zugesehen hat. Sie geht zum Tresen, nimmt sich eine Serviette, zieht einen Stift aus ihrer Jacke, schreibt ihre Nummer auf die Serviette und schiebt sie dem Rothaarigen rüber. Der hebt die Augenbrauen und lächelt und nimmt die Serviette an sich. Ohne ein Wort zu sagen, dreht Tanja sich um und verlässt den Imbiss, seinen Blick im Nacken und die warme Hoffnung, schon bald von ihm zu hören. Tarek steht an der Brüstung vorm U-Bahn-Eingang und raucht eine Zigarette. Sie zündet sich ebenfalls eine an und schaut der aufgekratzten Menge zu, die rund um den Kotti hin und her rauscht, sich vermischt, wieder auseinanderdividiert, in Autos und auf Fahrrädern, auf Skateboards und Scootern und zu Fuß, ein endloser Strom von Menschen und Motoren und Lichtern und Farben.

Tarek lässt seine halb aufgerauchte Kippe auf den Bordstein fallen: Muss nochmal kurz schiffen.

Tanja nickt und hockt sich auf die Mauer. Im Fotoautomat neben dem Rewe kauern zwei Crackkonsumenten und teilen sich eine Pfeife, davor zwei aufgebrezelte Frauen, die ein Selfie machen und glucksend versuchen, die beiden Cracksüchtigen mit aufs Bild zu kriegen. Vor dem U-Bahn-Eingang gegenüber sind zwei Männergruppen aneinandergeraten, ein älterer Türke geht dazwischen, während unten auf den Treppen ein Tourist von einem Taschendieb um seine Brieftasche erleichtert werden soll. Sie will ihn gerade warnen, da schreit jemand von hinten etwas in ihr Ohr: GUUUDE LAUUUNEEEE!

Ein Blitz vor den Augen, Tanja wirbelt herum und sieht den Schreihals zu seinen Kumpels aufschließen und in die Adalbertstraße einbiegen. Der Taschendieb ist in einem der Aufgänge zum NKZ verschwunden, der Tourist bereits um die Ecke, wohl ohne seine Brieftasche und ohne den Verlust überhaupt bemerkt zu haben, aber was soll sie machen, sie ist jetzt ausnahmsweise mal nicht zuständig, sie hat jetzt Pause. Allerdings schon ziemlich lange. Sie schaut auf die Uhr. Viertel vor vier. Wo bleibt Tarek?

Am RTW ist er nicht, im Burgerladen auch nicht. Sie drückt sich an der Schlange vorm Tresen vorbei, nickt dem Rotschopf zu und läuft den Gang runter. Sie öffnet die Tür zum Herren-WC: Tarek?

Nichts.

Sie macht einen Schritt hinein. Der Boden ein Meer aus Pisse und Dreck und Fetzen von Klopapier, beide Klokabinen offen, aber niemand da. Sicherheitshalber probiert sie es auch noch bei den Damen.

Tarek?

Eine Frauenstimme aus der linken Kabine: Wenn hier ein Tarek drin ist, schmeiß den mal ganz schnell raus, bitte!

Sie schaut sich noch einmal im Imbiss um, dann geht sie zurück zum RTW. Tarek lehnt an der Motorhaube und kaut auf einer Zigarette herum. Sie baut sich vor ihm auf.

Wo warst du?

Hast du Feuer?

Wo du warst.

Toilette. Feuer?

Im Burgerladen?

Er nickt.

Sie gibt ihm Feuer: Nee, da warst du nicht. Ich war gerade da und hab nachgeschaut.

Tarek inhaliert: Auch bei den Herren?

Glaubst du, ich war das erste Mal auf einer Herrentoilette? Was ist überhaupt los mit dir?

Er bläst den Rauch aus und schaut auf die Straße.

Sie boxt ihm gegen die Schulter: Ey, ich rede mit dir!

Tarek sieht sie an wie ein lästiges Insekt, sein Killerblick, den er sich sonst für die schlimmsten Querulanten aufspart: Geh mir nicht auf den Sack, Täni.

Tarek Azizoglu, jetzt hör mir mal zu. Du bist heute Nacht für die Patienten verantwortlich. Was, wenn wir gleich eine Kinder-Reanimation haben? Ich brauche dich, ich muss mich auf dich verlassen können. Was hast du?

Nichts. Nichts habe ich.

Gestresst?

Ich will jetzt nicht reden.

Wegen der Radfahrerin, die wir im falschen Krankenhaus abgeliefert haben? Glaub mir, das geht mir auch an die Nieren. Aber du hast selbst gesagt –

Tarek schüttelt den Kopf.

Was dann? Die Großfamilie? Oder der Junkie vorhin?

Komm Tanja, nerv mich nicht. Es ist alles gut.

Nichts ist gut! Wir bleiben jetzt so lange auf der 6, bist du mir sagst, was du hast! Wenn's dir nicht gutgeht, geh ich nicht mit dir da raus!

Spöttisch lacht Tarek auf: Oh, Frau Doktor hat Ansprüche! Der Kollege ist ihr nicht mehr gut genug!

Sie schaut ihn an: Was soll die Frau-Doktor-Scheiße?

Tarek, gehässig: Glaubst du wirklich, du wirst Ärztin? Weißt du, was für Noten du brauchst, um überhaupt zum Studium zugelassen zu werden? Wie hart du studieren musst? Da kannst du nicht nebenbei viermal die Woche 12 Stunden lang im Schichtdienst durch Kreuzberg heizen und deine hohen Ideale aufrechterhalten, wird nicht funktionieren!

Sie fragt ihn, warum er so eklig ist. Er sagt, er sei nicht eklig, er sei Realist. Wie sie ihr Studium den finanzieren wolle, ohne was auf der hohen Kante zu haben oder reiche Eltern im Rücken.

Das lass mal schön meine Sorge sein, Arschloch, antwortet sie und: Sonst noch was?

Tarek schüttelt den Kopf: Du checkst es nicht, oder?

Was?

Du denkst, dass ich dir die Schultern massiere und dich mit Schokolade füttere, weil ich so ein großes Herz habe. Dass es mir Spaß macht, dir Pommes zu holen und anschließend zuzuschauen, wie du diesen Feuermelder hinter dem Tresen anbaggerst …

Ich bagger an, wen ich will, dass das klar ist. Such dir wen anders, an dem du deine schlechte –

… oder dich vor der Schwester im Urban zu verteidigen, obwohl die absolut recht hatte, weil es eine Frechheit war, ihr in einer Nacht wie dieser diese Simulantin vor die Füße zu werfen mit dem Rattenschwanz Familie hintendran …

Wir mussten die Frau einmal aus dieser Situation raus –

… Aber was mache ich? Ich spring dir noch zur Seite!

Was –

Du checkst es einfach nicht! Du bist so sehr auf dich selbst fixiert, dass du gar nichts mehr mitkriegst. Oder mitkriegen willst. Ich freu mich schon auf morgen, auf den Erfahrungsbericht von deinem *Blind Date*, und lass bloß kein Detail aus!

Tanja schaut ihn an. Es dauert eine Sekunde, bis sie endlich versteht, und dann nochmal einen Moment, bis es zu ihr durchdringt. Ihr Magen krampft sich zusammen. Verdammte Scheiße. Hätte sie etwas merken müssen? Warum ausgerechnet sie? Sie hat keine Zeit für den Mist. Keine Zeit, keine Nerven, keine Geduld. Sie muss lernen, sie muss Geld verdienen, sie will studieren. Gerne mal ein bisschen unverbindlicher Spaß zwischendurch, aber bestimmt keine Beziehung und schon gar nicht mit einem Kollegen, never fuck the company. Außerdem ist Tarek überhaupt nicht ihr Typ, so viel müsste er mittlerweile wissen, was denkt der sich, ist der bescheuert? Sie fährt sich durchs Haar und lehnt sich neben ihn an die Motorhaube: Oh Mann, Tarek, Scheiße. Schon lange?

'ne Weile. Dachte, bei dir wäre da auch was.

Sie weiß nicht, wohin mit ihren Händen, zieht ihren Tabakbeutel aus der Hosentasche, dreht sich eine: Mensch Tarek, du bist doch mein Bruder.

Ja, genau, er lacht bitter auf, dein Bruder, wäre ja Inzest.

Ihr fällt nichts ein, was sie darauf sagen könnte. Sie berührt ihn am Arm. Er schüttelt ihre Hand ab. Sie rauchen schweigend.

Ich habe übrigens gar kein Date, sagt sie nach einer Minute oder einer halben, jedenfalls kein richtiges, ich will nur nachher, also, ich gehe manchmal –

Wär wohl besser, wenn wir erstmal nicht mehr zusammen arbeiten, sagt Tarek. Er schnippt seine bis zum Filter runtergerauchte Kippe auf die Straße. Ich sprech morgen mal mit dem Chef, ob der da was am Schichtplan machen kann.

Er dreht sich um und steigt in den RTW. Tanja schaut ihm hinterher. Durch die Windschutzscheibe fängt er ihren Blick auf. Er versucht sich an einem Lächeln, was alles nur noch trauriger macht. Sie schmeißt die Kippe weg und wischt sich über die Augen.

Mal sehen, welchen Song uns die Jukebox als Nächstes spielt, sagt Tarek, als Tanja sich hinters Lenkrad geklemmt und den RTW wieder auf die 2 geschaltet hat.

Der Song kommt nach wenigen Sekunden. Er heißt *Männlich, 28, seit zwei Tagen Bauchweh*. Das typische Vier-Uhr-Arschloch.

STIMMT SO

Die beiden dunkelhaarigen Männer, die er an der Kurfürsten Ecke Genthiner aufgabelt, wollen nur zur Kant, aber immerhin fragen sie nicht nach einer Kurzstrecke, und selbst wenn, er hätte sie trotzdem mitgenommen, weil, ganz am Anfang der Schicht eine Kurzstrecke ablehnen, das ist nachvollziehbar, aber dann noch weitere Kurzstrecken ablehnen, das geht nicht, das grenzt an Dekadenz, und hier zählt jetzt jeder Euro, der Bederitzky den 150 für Hunfeld näher bringt. Die Männer tragen knirschende Lederjacken und unterhalten sich in einer osteuropäischen Sprache, harte Typen, Luden vielleicht, doch sie lachen die ganze Zeit und geben ein gutes Trinkgeld, als er sie vor einem der Restaurants am Savignyplatz absetzt. Bederitzky wendet und fährt die Knesebeck runter Richtung Ku'Damm. Schöne Westtour heute. Gibt so Abende, da bewegt man sich in einem ganz bestimmten Bereich, und das hier könnte einer dieser Westabende werden. Wobei, es ist gerade mal achte durch, noch ist alles möglich.

Am Ku'Damm biegt er links ab und muss wie so oft daran denken, wie er das erste Mal hier war, 1988, auf der Suche nach einem Instrumentenladen, Schaufenster des Westens, Inbegriff der Freiheit. Da hingen diese ganzen Gitarren, Klaviere, E-Pianos, Instrumente wie ausgedacht, er hat den Mund gar nicht mehr zugekriegt. Auf einmal konnte man das alles anfassen und kaufen, einfach bezahlen und mitnehmen, vorausgesetzt, man besaß das nötige Kleingeld. Den Ausreiseantrag hatte er bereits dreieinhalb Jahre vorher gestellt, direkt nach der Entlassung aus der Armee, wo er als Bausoldat besonders schikaniert und drangsaliert worden war. Er hatte den Antrag schon fast wieder vergessen, als er plötzlich raus durfte – und dann auch ganz schnell musste. Da stand er also in dieser komplett anderen Welt und dachte, er sieht seine Freunde und Familie und die alten Viertel nie wieder, Hohenschönhausen, den Oberseepark, den Fennpfuhl und die Straßen, in denen er groß geworden ist. Eine einfache Zeit war es nicht, aber eine aufregende, diese kurze Zeitspanne zwischen dem Gefängnis namens Hauptstadt der DDR und dem Nach-Wende-Martyrium beim Mitteldeutschen Rundfunk, als alles noch neu und bunt war und die Tür zur Welt weit offen zu stehen schien. Bis ihm diese Tür dann mit einem Knall vor der Nase zugeschlagen wurde, all die großen Träume begraben in Halle an der Saale.

Er drosselt das Tempo und hält Ausschau links rechts. Die Läden haben gerade geschlossen, überall potenzielle Kundschaft, aber auch überall Kollegen. An der Ecke Passauer endlich eine winkende Hand. Er setzt den Blinker und fährt rechts ran. Eine junge Frau, Anfang 30, bildhübsch. Sie trägt einen schnieken Hosenanzug und hohe Absätze und hält mehrere Kadewe-Tüten in der anderen Hand.

»Grüezi«, sagt sie, als sie ihre Tüten auf die Rückbank geworfen und sich schräg hinter ihn gesetzt hat, aber sie sagt es nicht wie eine Schweizerin, sondern wie eine, die einfach gerne *Grüezi* sagt. Ein bisschen adlig sieht sie aus, oder französisch, richtige Madame. Schulterlanges Haar, hohe Wangenknochen und ganz lange, seidige Wimpern. Bederitzky zieht den Beifahrersitz ein wenig nach vorne.

»Geht das so?«

»Ja, geht, danke. Puh.«

»Wo soll's denn hingehen?«

»Fahren Sie erst einmal los, ich muss mich … Ich hab mir gerade eine neue Uhr …, ich bin noch ein bisschen … – Wie lange war ich da jetzt drin, in diesem Konsumtempel?«

»Das müssen Sie Ihre neue Uhr fragen«, sagt Bederitzky und lächelt in den Rückspiegel.

Zerstreut schaut die Frau auf ihr Handgelenk. »Fahren Sie erst einmal los, ich muss mich eben sammeln.«

Bederitzky fädelt sich in den Verkehr ein. »Wissen Sie denn ungefähr die Richtung?«

»Mein Hotel ist in der, wie heißt die noch, die Straße, da in Mitte. Aber ich müsste erst einmal etwas essen. Können Sie mir etwas empfehlen?«

»In Mitte? Wo denn da?«

»Ja, das muss nicht Mitte sein, ich will einfach etwas essen. Irgendwo, wo es schön ist. Wo man gut sitzen kann.«

»Hm«, sagt Bederitzky, »das ist jetzt ein bisschen allgemein.«

»Irgendetwas Nettes. Asiatisch vielleicht. Aber ein Restaurant, kein Imbiss. Was Nettes.« Die Frau tippt auf ihrem Handy herum, und aus dem Augenwinkel sieht es so aus, als ob sie dabei leicht mit dem Kopf im Takt nickt. Es läuft immer noch seine Demo-CD, Titel 9, der letzte, *Krautrock & Rüben*. »Hier, kennen Sie das, Tanakatsu?«

»Sagt mir nichts. Haben Sie da 'ne Straße?«

»Kennen Sie das nicht? Das muss eine sehr gute Adresse sein, Sushi, nur top Bewertungen.«

»Tut mir leid, Madame, ich kann nicht jedes asiatische Restaurant in der Stadt kennen.«

»Das muss ganz hier in der Nähe sein. Uhlandstraße.«

»Welche Höhe?«

»Ja, weiß ich doch auch nicht, Sie sind doch hier der Taxifahrer.«

»Das ist richtig, aber ich muss schon wissen, wo Sie hinwollen.«

»Ja, weiß ich doch auch nicht jetzt, ich kann mich auch gar nicht richtig … Können Sie das Gedudel mal ein wenig leiser stellen?«

Bederitzky dreht das Radio leiser. Das Ende von Titel 9 ist wirklich noch eine große Baustelle, rhythmisch ganz groovy, aber vom Arrangement her Kraut und Rüben, daher ja der Arbeitstitel, ihm ist schon klar, dass da an seiner uralten Musima ein wenig die Pferde mit ihm durchgegangen sind, er ist nun mal kein Mark Knopfler, man probiert halt so rum und steigert sich auch mal rein, ist ja nur eine Skizze. Bederitzky atmet tief ein, dann stellt er das Radio ganz aus.

»Hier, schauen Sie mal.«

Die Frau taucht zwischen den beiden Sitzen auf und hält ihm ihr Handy hin. Der Markierungspfeil ihrer Karten-App zeigt auf einen Punkt am südlichen Ende der Uhland, tiefstes Wilmersdorf. Sie stehen jetzt an der Urania auf der Linksabbiegerspur.

»Das ist die andere Richtung, da hätte ich hier rechts abgemusst. Müsste ich gleich wenden.«

Sie zieht das Handy zurück. »Ach, wissen Sie was, fahren Sie mich einfach zum Hotel.«

»Ich kann wenden, kein Problem.«

»Zum Hotel, bitte.«

»Wie Sie wollen, Madame.«

»Und hören Sie auf, mich Madame zu nennen.«

»Zu Befehl, Gnädigste.« Bederitzky lächelt in den Rückspiegel. »Und welches Hotel wäre das dann?«

»Myer's Hotel«, sagt die Frau und wirft ihm einen vernichtenden Blick zu. Dann heben sich ihre Mundwinkel doch noch. Mit einem perfekt manikürten Finger deutet sie auf das aufgeklappte Plastekästchen auf dem Armaturenbrett. »Sammeln Sie Modeschmuck?«

»Myer's, mit Ypsilon?«, geht Bederitzky darüber hinweg. Er klappt das Kästchen zu und legt es ins Handschuhfach. *Modeschmuck*, die hat ja keine Ahnung. 350 Euro hat der Klunker gekostet, gebraucht!

»Myer's mit Ypsilon, exakt.«

»Metzer Straße?«

»Gibt's da mehrere Myer's-mit-Ypsilon-Hotels in Mitte?«

»Soweit ich weiß, nur das eine.«

»Also?«, sagt die Frau und lehnt sich zurück.

Die Metzer ist aber schon Prenzlauer Berg, du blöde Eule, denkt Bederitzky. Das können sie, einem mit ihrem Gehabe den ganzen Abend vermiesen. Aber nur, wenn man sie lässt, wenn man das an sich ranlässt. Darf man nicht machen, denkt Bederitzky, gibt nur Geschwüre im Magen. Dann springt die Ampel auf Grün, und mit einem schönen Umweg über Moabit geht es zurück in den Osten.

Am Senefelderplatz fährt er rechts ran. Er musste einen großen Bogen fahren, unfreiwillig diesmal. Das komplette östliche Ende der Torstraße ist gesperrt, Teile der Prenzlauer wohl auch, Stau, Verkehrschaos und überall Sirenen, Polizei und Feuerwehr, dunkle Rauchwolken am Himmel, muss was Größeres sein. Madame übelst genervt, will partout hier raus, obwohl er über die Metzer und die Saarbrücker bestimmt noch ein paar Meterchen näher an ihr Hotel herangekommen wäre.

»Stimmt so«, sagt sie und hält ihm zwei Zwanziger hin. Falsches Lächeln, gönnerhafter Tonfall, aber: 40 Euro! Macht ungefähr, er rechnet, nee, kann nicht sein, doch, tatsächlich: 30 % Trinkgeld. Mehr sogar. Womit Madame ja nur zeigen will, dass das Peanuts für sie sind, kaum der Rede wert. Und trotzdem, er freut sich. Will er nicht, tut er aber. Weil ein unfreundlicher Fahrgast mit gutem Trinkgeld ihm lieber ist, ihm lieber sein *muss*, als ein freundlicher Fahrgast, der kein Trinkgeld gibt, was soll man machen. Bederitzky nimmt die Scheine an sich und bedankt sich. Wortlos packt Madame ihre Tüten zusammen und öffnet die Tür.

Sie ist bereits um die Ecke gestöckelt, als er etwas auf der Rückbank liegen sieht. Er schnallt sich ab und greift nach hinten. Ihr Portemonnaie! Es ist aus ganz feinem Leder und wahrscheinlich mehr wert als alles, was er jemals auf einem Schlag in seiner Brieftasche hatte, und als er mit den Fingern über die feinen Stichnähte und Verzierungen fährt, wird ihm klar, dass Madame ja gar keine Quittung wollte. Es wären also keinerlei Rückschlüsse auf ihn oder die Firma zu ziehen. Sie hat den Wagen nicht bestellt, sondern rangewinkt, und das Autokennzeichen hat sie sich ganz bestimmt nicht gemerkt. Er öffnet den

Reißverschluss. Dutzende Karten und ein Packen Scheine, so dick wie sein kleiner Finger. Mindestens vier Braune darunter. Er zieht den Reißverschluss wieder zu. Einen Moment sitzt er so da und überlegt. Dann öffnet er die Tür und steigt aus.

Sie ist noch nicht weit gekommen. Das Kopfsteinpflaster ist eine ziemliche Herausforderung für ihre Absätze, die Kadewetüten schlackern links und rechts an ihren Handgelenken. Er holt sie ein und läuft ein paar Meter neben ihr her, bis sie endlich den Kopf dreht und so einen halb überraschten, halb angewiderten Was-willst-du-denn-jetzt-noch-von-mir-Blick auflegt.

Mit einem angedeuteten Knicks und den Worten »Sie haben da was vergessen, Madame« drückt er ihr das Portemonnaie in die Hand. Dann dreht er sich um und geht erhobenen Hauptes zurück zum Fahrzeug, ohne ihr die Gelegenheit zu einer dieser pflichtschuldigen Dankbarkeitsarien gegeben zu haben, braucht er nicht, kann er drauf verzichten, bitte jern jeschehn, ick vafatz mir.

WAS HAT ER DENN?

Er steht auf der Straße und schaut sich um. Die Sonne knallt vom Himmel. Löchrige Gehwegplatten, der Straßenbelag ist aufgerissen. Irgendeine miese Gegend.

Aber in dieser Stadt weiß man nie. Da biegt man um die Ecke, und auf einmal stehen da die übertriebensten Villen.

Im Schatten unter einem Baum ein weißer Flitzer mit Spoilern, der gefällt ihm.

Er rennt rüber und schlägt die Scheibe ein, mit dem Ellbogen, normal. Die Alarmanlage geht los.

Er öffnet die Tür, schmeißt sich in den Sitz sucht den Weg zum nächsten Klamottenladen raus. Von überall nähern sich Sirenen. Er fährt los, mit Vollgas eine sechsspurige Straße runter und immer auf die Wolkenkratzer zu. Hinter einer Autowaschanlage muss er rechts ab. Er nimmt die Abkürzung über den Gehweg, nietet einen dieser Zeitschriftenkästen um und eine fette Blonde mit Kaffeebecher. Der Kaffeebecher fliegt durch die Luft. Blut spritzt an die Wand.

»Alta!«

»Na und, was steht die Schlampe auch im Weg rum.«

»Nein, die Straße heißt so!« Pascal zeigt auf den Flatscreen: »Alta! Ist mir ja noch nie aufgefallen! Und jetzt Power Street, das wird ja immer besser!«

Osman wirft einen Blick auf die Karte unten rechts und kracht dabei in einen LKW, dem er die Vorfahrt genommen hat. Der Fahrer flucht: *Damn!*

»Hast du gesehen?«, fragt Osman. Er setzt ein Stück zurück und steigt aus.

Pißwasser Pils, steht auf der Ladefläche des LKW, *U-Rhine*.

Sie brechen in Gelächter aus und klatschen ab. Pascal schiebt sich seine Cap zurecht und holt das Samsung raus, das er vor ein paar Wochen einem besoffenen Touristen am Hermannplatz abgenommen hat. »Pißwasser Pils, übertrieben tsych!«, ruft er und macht ein Foto, und Osman freut sich, dass er es war, der dieses Detail entdeckt hat.

Osman – also Mike, wie sein Charakter heißt, aber Osman spielt in Gedanken immer als er selbst, zumindest solange er fährt – setzt sich wieder in den Sportwagen. Die Dreckskarre zieht nicht mehr richtig.

»Schnapp dir den Schlitten da vorne, der ist geil.« Pasci zeigt auf ein *Muscle Car* namens *Imponte Ruiner*. »Lass dich von dem Namen nicht täuschen, die impotente Ruine ist voll okay.«

»Ich nehm den da«, sagt Osman und hält hinter dem massiven Geländewagen, der neben dem Muscle Car an der Ampel steht. Ein *Declasse Granger*, was immer das bedeuten soll. Er schmeißt den Fahrer raus und setzt sich ans Lenkrad. Die Frau auf dem Beifahrersitz springt an der nächsten Ampel raus. Hilferufend rennt sie davon. Im Radio läuft Countrymusik. Auf dem Rücksitz sind noch zwei Köpfe zu sehen.

»Tsyyyyych, du hast die Blagen noch hintendrin!«, brüllt Pascal.

Osman hält an. Die Kinder steigen aus.

»Baller die ab!«

»Baller die doch selber ab, ja.«

»Gib mir Controller und ich mach's!«

»Du hast grad 'ne Stunde gezockt, jetzt bin ich dran.«

»Gähn«, macht Pascal. »Dann mach wenigstens anständig Bums, dies Gejaule ey, Strapaze. Mach FlyLo.«

Mit der Steuerung wechselt Osman den Sender. Ein fetter Beat ertönt. *Chrp*, macht es neben ihm, *Chrp-Chrp*. Pascal frisst die Kartoffelchips, die Reinhold ihnen hingestellt hat. Der Geländewagen fährt sich gar nicht schlecht. Er erreicht den Klamottenladen. *Suburban* steht auf dem Schild. Eine Verkäuferin kommt auf ihn zu. Grüner Minirock, glatte blonde Haare, sweetes Lächeln. Ein bisschen wie Viv aus der 9b.

»Oh, hi«, sagt sie.

»Fresse, du Nutte«, sagt Osman und denkt: Sorry, Viv.

Das Geschäft sieht aus wie einer dieser teuren Läden in Mitte oder Prenzlauer Berg. So stellt er sich das wenigstens vor. Osman war nur einmal in Prenzlauer Berg, mit der Schule, Projektwoche. Sie sollten auf der Kastanienallee eine Umfrage machen, und Osman hat sich die ganze Zeit über massivst unwohl gefühlt. Nur Touristen und komische Deutsche, Ossis oder Wessis oder was das waren. Neukölln, Teile von Kreuzberg, die U7 und die U8, das ist sein Berlin. Einmal sind sie mit dem Jugendclub zu einem See in Brandenburg gefahren. Da hat Osman zum ersten Mal Windräder gesehen und im Bus laut gefragt, was das denn für Ufos seien, worauf er von allen ausgelacht wurde, sogar von den kleineren. Todespeinlich, aber ewig her, siebte Klasse, und zwar das erste Mal siebte.

Osman, also Mike, probiert ein paar Klamotten an. Er entscheidet sich für ein weißes Shirt und ein zitronengelbes Hawaiihemd. Die sweete Verkäuferin sagt etwas auf Englisch, der Tonfall ist übertrieben freundlich, doch als Osman die Untertitel checkt, steht da: *Nein, das ist etwas für Sexualverbrecher*.

»Also genau das Richtige für dich!« Pascal lacht. Chipskrümel schießen aus seinem Mund.

»Kannst du mal aufhören, beim Fressen zu reden?«

»Brudi, was los«, sagt Pascal. »Bist du meine Mutter, oder was?«

»Wär ich deine Mutter, wärst du jetzt nicht hier«, erwidert Osman.

Der war gut, denkt er, der war einmal um die Ecke, der war nicht schlecht.

»Tsych, Alter, du bist massivst tsych! Muss ich dir eigentlich noch lange beim Shoppen zugucken?«

»Was kann ich dafür, dass ich hier die letzten Storchaufträge kriege.«

»Mission«, sagt Pascal auf Englisch, »das heißt Mission! Hauptsache, da passiert mal was, ich penn gleich ein.«

Endlich hat Osman die Hosen gefunden, die er für seinen Auftrag braucht. Er verlässt den Laden und steigt in den Wagen, jagt an Lagerhäusern vorbei und rauf auf die Autobahn. In Los-Santos-Zeit sind ein paar Stunden vergangen, es dämmert, der Himmel leuchtet graublau und rosa.

»Braucht ihr noch was, Jungs?«, ertönt eine Stimme von hinten. Reinhold. Er steht in der Wohnzimmertür und spiegelt sich im Fernseher, die kleine runde Brille, die im Licht der Wohnzimmerlampe schimmernde Halbglatze, sein braunes Sakko und das behinderte, in die Hose gesteckte Hemd.

»Nee, Reinhold«, sagt Pascal, »alles gut, Reinhold«, und zu Osman: »Gesehen? An der Brücke hing ein Typ, normal.«

»Cola vielleicht?« Reinhold glotzt fragend in den Fernseher, den auch er jetzt als Spiegel benutzt. »Ich hol euch was, muss eh kurz zum Edeka.«

»Bring Kippen mit«, sagt Pascal.

»Kippen, ja gut. Welche Sorte denn?«

»Ist doch scheißegal, Reinhold, schmecken doch alle gleich scheiße.«

»Ist gut.«

»Aber keine Billigmarke.«

»Wie, ich dachte, das ist egal, ich dachte, die schmecken alle –«

»Die Billigen sind asozial, Reinhold, raffst du nicht?« Pascal verdreht die Augen. Er schmeißt sich noch ein paar Chips in den Hals. Reinhold verstorcht sich. Osman verlässt die Autobahn oder den Highway oder was das ist und fährt eine schmale gewundene Straße hinauf in die Vinewood Hills.

»Guck mal, wie tsych das hier alles aussieht«, sagt Osman. »Diese Felsen und die Bäume und die Villen.«

»Das ist GTA, Alter, keine Reisesendung auf RTL«, sagt Pascal.

»Und die ganzen geilen Lichter da unten.«

»Schwul.«

»Irgendwann fahr ich da mal in echt lang, mit ’ner versauten Nutte auf dem Beifahrersitz, die mir bei 100 Sachen einen ablutscht.«

Pascal lacht. »Das ist Los Angeles, Alter, da kommst du niemals hin.«

»Sicher komm ich da hin, ja. Außerdem heißt das Los Santos.«

»Ja, aber das ist Los Angeles nachempfunden, bist du behindert, was los mit dir?«

»Denkst du, ich weiß das nicht?«

»Vinewood ist Hollywood, Los Santos ist Los Angeles und Los Angeles ist USA.«

»Nee, Pasci, echt?«

»Los Angeles ist USA, und USA ist Dreck. Weißt du, was die da mit Muslims machen?«

»Mir doch egal.«

»Die hassen Muslims. Das ist Scheiß-Amerika, ja, da ist alles voller Juden und Nazis.« Pascal grinst. »Hat dein Bruder gesagt.«

Osman drückt die Finger in den Controller. Er hat seinem Kumpel schon tausendmal gesagt, dass er nicht von seiner Familie reden soll. Pascal versteht davon nichts. Pascal hat ja nicht einmal einen Vater. Auch keine Geschwister. Nur seine Mutter, die erst mittags aus dem Bett kommt, weil sie in den Rixdorfer Bierstuben nachts mal wieder den Ausgang nicht gefunden hat. Der Rest von Pascals Familie lebt irgendwo in Niedersachsen, das ist in Westdeutschland, da fahren sie ein- oder zweimal im Jahr hin, Weihnachten, Ostern. Neulich erst haben sie seine Großmutter ins Altenheim gesteckt. So sind sie, die Almans. Schieben sogar ihre eigenen Eltern ab.

»Oder dein Cousin hat das gesagt. Muslims dürfen da gar nicht rein.«

»Bist du jetzt Muslim, oder was?«

»Nee, aber du.«

»Dann sei froh, dass ich mich mit dir abgebe, Kartoffel.«

»Warum solltest du dich nicht mit mir abgeben? Du frisst die Scheiße, die ich wegwerfe. Vom Boden. Mit den Fingern. Und du fährst wie meine Oma.«

»Erstick doch an deinem Schweinefleisch«, sagt Osman. Er biegt um die Ecke. Vor ihm, unter ihm taucht das Meer auf, darüber erstreckt sich ein übertriebener Sternenhimmel. Osman hat noch nie gesehen, dass es irgendwo so geil aussah.

Pascal hebt die fast leere Chipstüte zum Mund und lässt die fettigen Krümel in seinen Mund rieseln. »Mmh«, macht er, »Kartoffeln! Kartoffeln mit Schweinefleischgeschmack, genau mein Ding! Dazu ein schönes Pißwasser Pils und 'ne versaute Kuffarbbraut mit dicken Glocken, die mir meine meterlange Vorhaut lutscht. Original Kartoffelstyle, normal!«

Osman muss lachen. Ob er will oder nicht, Pasci bringt ihn immer zum Lachen, und er muss dem Penner jetzt auch mal was bieten, also wendet er in der Einfahrt einer dreistöckigen Villa und heizt zurück in die Stadt, fick auf den Auftrag.

Er lässt den Geländewagen an der Ecke stehen und geht geradewegs auf das flache Gebäude mit der großen Markise zu. *Horny Girls*, steht in geschwungenen, pinkfarbenen Buchstaben über dem Eingang. Der Club trägt den schwulen Namen *Vanilla Unicorn.*

»Welcome, have a good time«, sagt der Türsteher, als Osman, oder Mike, irgendwie ist er sich da gerade nicht sicher, den Club betritt.

Hinter der Bar hängt eine Frau in hohen Fick-mich-Stiefeln kopfüber an einer Stange. Osman schmeißt ihr ein paar Dollarnoten zu, bis sie ihn endlich beachtet und zu einem Private mit in die Premium Lounge nimmt. Sie heißt Sapphire und sieht übertrieben verbraucht aus. Er fasst ihr an die Titten. Wird dabei von einem Secu im Gang beobachtet. Schwarze Klamotten, schwarze Haut, verschränkte Arme. Der Secu ruft etwas herüber, laut Untertitel: *Anfassen ist nicht, so sind die Regeln!*

»Du brauchst Sympathiepunkte, sonst schmeißt der Bimbo dich raus«, sagt Pascal. »Da wo *Sympathy* steht, die Anzeige muss hochgehen.«

»Hier geht gleich was ganz anderes hoch.«

»Kann ich mir vorstellen.« Pascal lacht. »Ist er schon hart?«

Plötzlich steht Reinhold wieder hinter ihnen in der Tür. Er hält drei kleine Colaflaschen und eine Schachtel Marlboro Light in den Händen und kichert wie ein Mädchen. »Ups, wo seid ihr denn da gelandet!« Er stellt die Colaflaschen auf dem Glastisch ab und wirft Pascal die Kippen zu. »Falls ihr mal was Vernünftiges sehen wollt, ich hab ein paar ganz interessante Filme da.«

Pascal hält sein Samsung in die Luft: »Wir haben Handys, Reinhold.«

»Aber das ist doch kein Vergleich zu einem richtig guten Filmchen auf 49 Zoll«, sagt Reinhold und grinst.

»Wenn wir ein richtig gutes Filmchen auf 49 Zoll sehen wollen, gehen wir zu deiner Mutter in den Puff«, erwidert Pascal, was für Osman zwar überhaupt keinen Sinn ergibt, ihn aber trotzdem zum Lachen bringt.

»EY!«, ruft Reinhold. »Nicht in diesem Ton, nicht in meiner Wohnung!«

Pascal und Osman drehen sich zu ihm um.

Dann schauen sie sich an und prusten los.

So haben sie den ja noch nie erlebt!

Eigentlich ist Reinhold immer unterwürfig wie der letzte Knecht. Nur als sie mal zu viert oder fünft hier waren, da ist er die ganze Zeit nervös von Raum zu Raum getigert und hat rumgeheult, *Das ist doch kein Jugendclub hier*, und das Ding war, Osman sah das genauso. Am liebsten kommt er nur mit Pascal hierher, da hat man wenigstens seine Ruhe. Manchmal hängen die beiden einfach ab, rauchen Kippen und verarschen Reinhold. Aber sobald GTA läuft, geht das nicht mehr, weil Pasci dann immer übertrieben rumstressen muss. Manche Missions hat er schon mehrmals gespielt, er ist auch schon mal alleine hierhergekommen, wenn Osman zuhause nicht wegkam.

Pasci war es auch, der Osman damals überredet hat, sich die Bude wenigstens mal anzuschauen. Im Spätsommer war das, kurz bevor die Schule wieder losging, Osman war gerade aus dem Libanon zurück. Sie hingen vorm Fußballkäfig am Reuterplatz rum, hatten gerade stundenlang neue Pannatrickse geübt, verschiedene Ground Moves und Combos, bisschen Freestyle dies das, als dieser Patient mit Brille und Halbglatze vorbeikam und irgendwas von wegen Playstation gepeckt hat. Was *zockt* ihr denn gerne, meinte er, wenn ihr wollt, könnt ihr mal bei mir *abhängen*, bisschen *chillen*. Erst haben sie ihn nicht weiter beachtet, weil er gelabert hat wie einer dieser behinderten Streetworker, die was mit *schwierigen Jugendlichen* machen, und darauf hatten sie echt keinen Nerv. Doch dann kam der Typ ein paar Tage später wieder vorbei, hat sich auf eine der angekokelten Bänke am Spielplatz gesetzt und so lulu rübergewinkt, und da ist Pascal zu ihm hin und meinte, Hast du GTA?, weil er das mal bei seinem Cousin in Salzwedel oder Salzgitter oder so gespielt hatte. Besorg ich euch, meinte Reinhold, und sie dachten nur: Pecker. Original Pecker. Ein oder zwei Wochen später hatte er das Spiel aber tatsächlich besorgt. Draußen war es ziemlich kalt geworden, es war schon Ende September und sie wussten nicht wohin, also sind sie mit ihm hierher in die Ossastraße. Da saßen sie dann vor dem riesigen Flatscreen auf der Couch, haben GTA gezockt und geraucht und Tee getrunken und konnten ihr Glück kaum fassen. Seitdem kommen sie drei-viermal im Monat, manchmal auch öfter, meistens unangekündigt, ab 17 Uhr ist Reinhold immer da. Er arbeitet irgendwas bei der Stadt oder beim Bezirk, und so sieht er auch aus, die Körperhaltung, die Fresse, die Klamotten: ein Mensch gewordenes Sozialamt.

Einmal, beim Schuleschwänzen, haben sie ihn auf dem Weg zur Arbeit gesehen, mit dem Froschrad die Sonnenallee runter, knallbunter Fahrradhelm auf dem Kopf, todespeinlich. Sogar Handzeichen hat er gemacht, superlulu die Hand rausgestreckt, den ganzen Verkehr blockiert und wie in Zeitlupe abgebogen. Den hamse doch in 'ner 30er-Zone gezeugt, meinte Pasci, und

Osman: Auf dem Gepäckträger, und Pasci: Mit Platten hinten, und Osman: Vorne auch.

Jetzt steht Reinhold in der Wohnzimmertür und versucht, böse zu gucken. Sein Problem: Er schafft es nicht. Die faltige Stirn schiebt seine Halbglatze bis ganz hoch auf den Schädel, es sieht krass behindert aus.

»Ist klar, Reinhold, wir sind auch ganz lieb und brav«, sagt Pascal, dann reißt er die Zigarettenschachtel auf und steckt sich eine an.

Als Reinhold sich endlich verzogen hat und Osman wieder zum Fernseher schaut, liegt Mike vorm *Golden Unicorn* auf dem Gehweg. Der Huso von Secu hat ihn rausgeschmissen. Osman rotzt gegen den Fernseher, doch statt ihn dafür zu feiern, sagt Pascal:

»Diggi, lass abhauen.«

»Was glaubst du, was ich hier mache«, sagt Osman. Er rennt zur Straße, zieht den Fahrer aus einem hellblauen Straßenkreuzer und ballert in dem *Lampadati Pigalle* die fast leere Elgin Avenue hoch, während sein Rotzfladen langsam den Bildschirm runterläuft.

»Hier, du Lurch. Ich penn gleich ein, und Reinhold ey, Strapaze.«

»Ich bleib noch.«

»Brudi, es ist kurz vor neun, meine Alte fragt sich bestimmt schon, wo ich bin.«

»Dann sag's ihr doch«, antwortet Osman, der weiß, dass Pascals Mutter sich einen Dreck dafür interessiert, wo ihr Sohn ist. Worauf Osman nicht selten neidisch ist. Er selbst muss sich zuhause immer sonst was ausdenken, wenn sie bei Reinhold waren. Wird er auch heute wieder müssen.

»Los, wir verstorchen uns«, lässt Pascal nicht locker.

»Erst noch zuende spielen«, sagt Osman und biegt auf den Highway nach Osten.

»Wie, was, *zuende spielen*? Du gurkst hier seit Stunden völlig sinnlos durch die Gegend!« Pascal ascht in die leere Chipstüte. »Guck mal auf die Uhr, Mann. Dein Bruder scheißt dir in Hals.«

»Übertreib mal nicht deine Rolle, therapier mich nicht.«

»Wir gehen jeder kurz Hause, fressen was und treffen uns U8. Es ist Freitag, merkst du was?«

»Peck mich nicht voll, ja!«, brummt Osman. Er weiß selbst, dass heute Freitag ist und dass Freitagabende die besten sind. Da sind die Bahnen voll, die Studenten und Touristen haben die Taschen voller Scheine und sind gut drauf und besoffen und unaufmerksam. In zwei-drei Stunden macht man da ohne viel Aufwand gutes Djing. Der Abziehfreitag ist schon fast so etwas wie ihr Beruf, ohne den würden sie rumlaufen wie die letzten Miskins. Im Winter lief's nicht so stabil. Zu wenig Leute auf den Straßen und alle dick eingepackt, da kam man an ihre Patten und Handys schwer ran. Aber heute war gutes Wetter, Pasci hat recht, da müsste man losziehen. Doch Osman weiß auch, dass dem wieder massivst Stress vorausgehen wird. Sein Vater wird nur mit dem Kopf schütteln und insgeheim froh sein, einen weniger in der Bude zu haben, aber seine Mutter wird übertrieben rumjammern, wo er sich nur immer rumtreibt. Seine Schwestern werden die Fresse halten, weil Osman ihnen manchmal was von Karstadt oder DM mitbringt, Schminke, Parfüm dies das, außerdem weiß er, dass Samira sich mit einem Deutschen aus ihrer Klasse trifft, und wenn sein großer Bruder das rauskriegt, der verheiratet sie auf der Stelle in den Libanon. Sein großer Bruder ist nämlich das Hauptproblem zuhause. Wissam ist schon über 20, und seit er regelmäßig in die Moschee unten an der Autobahn geht, da, wo es so abartig nach Kaffee riecht, mischt er sich in alles ein. Früher hat er selbst Zigaretten geraucht und Scheiße gebaut, Mädchen geklärt, Leute durchgelassen, und nun macht er auf Supersalafi und schimpft auf all die *Teilzeitmoslems*, die unreine Gedanken haben und in Sünde leben.

»Komm jetzt«, bettelt Pasci.

Osman schweigt.

»Brudi, ich küss deine Augen.«

Osman zieht haarscharf an einem Tanklaster vorbei.

»Wehe, du heulst mich nachher voll, wenn's zuhause auf Sack gab.«

»Halt die Fresse, du Spast.«

Mit einem Ruck steht Pascal auf. »Was los, Diggi, wie redest du mit mir«, sagt und drückt seine Kippe auf der Chiptstüte aus. Dann steht er auf, klopft sich die Krümel von der Hose und greift sich die Zigarettenschachtel. In der Wohnzimmertür bleibt er noch einmal stehen. »Morgen Mittag Raubzug durch Karstadt?«

»Hausverbot.«

»Dann Arkaden?«

»Da nerven die Secus.«

»Hasenheide oder Reuterplatz, paar Trickse üben?«

»Soll pissen morgen.«

»Ach leck mich doch im Arsch. Ich ruf dich an.«

Osman hört seinen Kumpel durch den Flur stampfen. Dann fällt die Wohnungstür ins Schloss, und sofort entspannt er sich.

Jetzt erstmal ans Meer. Erstmal schön ans Meer.

Er geht vom Gas und rollt über den braungelben Sand auf den Pier zu. Im Schritttempo fährt er einem Patienten in Badehose hinterher und studiert dessen Reaktionen, die Angst, die Panik. Könnte er stundenlang machen, so was. Und wenn das hier seine Wohnung wäre, wenn es seine Playstation wäre und sein Flatscreen, er würde sich mal richtig Zeit nehmen, die Stadt zu erkunden. Einfach nur cruisen und hinter die Fassaden gucken. *Pißwasser Pils*, er muss immer noch lachen, wenn er dran denkt.

Wann war er eigentlich das letzte Mal alleine?

Er kann sich nicht erinnern.

Osman teilt sich ein Zimmer mit seinem Bruder, und seit Wissam auch das Kartenspielen für haram erklärt hat, sitzt sein Bruder jeden Abend auf dem Bett und lernt Suren auswendig oder glotzt krankes Zeug auf dem Handy. Ihre Eltern schlafen auf der Ausziehcouch im Wohnzimmer, die Schwestern teilen sich das andere Zimmer. Sie sind fast immer in der Wohnung, seine Mutter sowieso, außerdem Fatima und Aischa und Nasrin und die anderen, die den ganzen Tag in der Küche rumhängen und übertrieben durcheinanderpecken und lästern und tratschen. Sein Vater sagt, Osman soll die Schule fertig machen und einen vernünftigen Beruf erlernen, dabei sitzt er selbst den ganzen Tag auf der Couch und glotzt Al Jadeed oder al-Arabya, und wenn er mal rausgeht und mit irgendwem Deutsch sprechen muss, dann möchte man am liebsten im Boden versinken. Als Osman ein Kind war, hat sein Vater manchmal mit ihm Fußball gespielt oder Fangen und ihm alles erkärt, wo die Wolken herkommen, dies das. Jetzt gibt es Tage, an denen er keine zehn Wörter spricht. Alles müssen sein Bruder und die Schwestern für die Eltern erledigen, jedes Schreiben übersetzen, jeden Brief beantworten, bei jedem Gang zum Amt dabei sein. Osman kann das nicht. Er hat keine Geduld für den Mist, er wird da nur wütend, er hält ja schon die Schule kaum aus. Wenn seine Eltern in den Libanon fliegen, dann kommen sie nach Hause. Osman nicht. Er fühlt sich fremd dort. Seine Cousins in Beirut finden ihn verwöhnt und verdeutscht und lachen über sein Arabisch. In Neukölln lacht keiner über sein Deutsch, und wenn doch, gibt's eins ins Maul.

Er gibt Gas. Der Badehosenknecht fliegt über die Motorhaube. Blut spritzt gegen die Windschutzscheibe. Reinhold kommt ins Zimmer.

»Was war denn mit Pascal?«

»Abgehauen.«

»Wohin?«

»Keine Ahnung.«

»Habt ihr euch gestritten?«

Osman antwortet nicht. Er lenkt den Lampadati zurück auf die Straße. Wie tsych das hier aussieht. Wie todestsych hier einfach alles aussieht. Eines Tages wird er in echt hier langlaufen und sich mit einem fetten Eimer Eiscreme unter eine Palme am Strand legen und aufs Meer rausschauen, da kann Pasci sagen, was er will.

Reinhold setzt sich neben ihn auf die Couch und öffnet zwei Colaflaschen. »Der ist etwas vorlaut, dieser Pascal. Ich frag mich manchmal, ob das ein so guter Umgang für dich ist.«

Der Lampadati ist ins Schleudern geraten. Osman ballert durch eine Gruppe Fußgänger und bugsiert den Wagen in eine schmale Gasse.

»Hat der die Zigaretten mitgenommen? Die waren eigentlich für euch beide.«

Wie kommt man denn nochmal auf diesen Pier? Pasci ist da doch damals auch irgendwie draufgekommen.

»Ist auf jeden Fall 'ne Ecke gemütlicher hier ohne ihn, findest du nicht?«

Er sieht auf der Karte nach. Ach, fick auf den Pier, er verstorcht sich hier, zurück in die Stadt.

»Du bist jedenfalls anders, Osman. Ich schau dir gern beim Spielen zu …«

Erst glaubt er, ihm würde etwas den Rücken runterkrabbeln. Er schüttelt sich und gibt Gas, überholt einen dieser gelben Schulbusse und jagt den Lampadati eine vierspurige Straße hoch.

»Du spielst auch ganz anders. Macht richtig Spaß, dir dabei zuzuschauen.«

Dann ist es da wieder, und als Osman zur Seite guckt, zieht Reinhold seine Hand zurück und grinst ihn so komisch an.

»Was meinst du, soll ich vielleicht mal eine DVD einlegen?«

Osman kann sein wulstiges Zahnfleisch sehen und die Härchen in seiner Nase. Der Lampadati gerät in den Gegenverkehr und wird von einem heranrasenden Pick-up gegen eine Ampel gedrückt.

»Ich hab wirklich gute Filme da, Osman«, sagt Reinhold.

Mit sprühenden Funken knallt die Ampel auf das Autodach.

*

Er kommt durch Straßenzüge, in denen er noch nie gewesen ist. Obwohl er, würde er rennen, in weniger als zehn Minuten zuhause wäre. Osman ist ein guter Sprinter. Als er noch mittwochs und freitags zum Training unten an der Sonnenallee gegangen ist, war er immer einer der Schnellsten.

Normalerweise meidet er diese kleinen Straßen hier oben, die mit dem Kopfsteinpflaster und den winzigen Cafés und Kneipen mit Kerzen auf den Tischen und Aufstellern vorm Eingang, auf denen mit Kreide irgendwas Englisches geschrieben steht. Lieber bleibt er auf den großen Straßen, Karl-Marx, Hermann, Sonnenallee, Kottbusser Damm, da wo die Kanaken sind, normale Leute.

Aber da kann er jetzt nicht hin.

Er passiert einen dieser neuen Klamottenläden mit fünf Blumen und drei Pullis im Schaufenster. Der Laden ist kaum größer als das Wohnzimmer seiner Eltern. Davor lauter Menschen, die reden und lachen, Sektgläser in der Hand.

Was soll das sein, eine Party?

Eine Party, bei der alle nur rumstehen?

Vor dem Schaufenster ein Tisch mit einem Tablett voller Gläser. Osman nimmt sich eins. Er trinkt es aus und stellt es ab. Niemand beachtet ihn. Er greift sich noch ein Glas, und noch während er es runterkippt, greift er sich das nächste. Ein Zischen hinter den Augen. Er ist Alkohol nicht gewöhnt. Ein Mann schaut ihn an. Im Klamottenladen läuft leiser Techno. Der Blick von dem Mann brennt auf Osmans Haut.

Er könnte ihm die beiden Gläser in die Fresse schmeißen.

Er könnte die beiden Gläser in seinen Fäusten zerdrücken.

Plötzlich hat er Angst, es wirklich zu tun. Er lässt die Gläser fallen. Alles stellt die Gespräche ein und dreht sich zu ihm um.

Er bückt sich und fängt an, die Scherben aufzusammeln.

Jemand fragt, ob es ihm gutgeht. Osman schaut auf.

Was macht er hier? Wieso kniet er hier auf der Straße am Boden?

Er lässt die Scherben fallen und richtet sich auf und rennt weiter.

Osman ist ein guter Sprinter, beim Training war er immer einer der Schnellsten. Nur zu schüchtern, meinte der Trainer. Besonders wenn Fremde dabei waren, Ältere, Erwachsene, hat er gespielt wie der letzte Knecht. Eines Abends, er war alleine am Reuterplatz und hat geübt, kam ein Mann vorbei und sah ihm ein paar Minuten zu. Der Mann war von der Hertha U16. Er gab Osman seine Karte und lud ihn zum Probetraining am Olympiastadion ein. Als Osman beim Abendessen davon erzählte, wurde er ausgelacht. Profispieler, Verein, was glaubst du eigentlich, wer du bist, meinte sein Bruder und riss ihm die Visitenkarte aus der Hand. Als Wissam die Karte vor aller Augen in der Hand zerknüllte und in den Mülleimer warf, konnten seine Schwestern sich das Lachen nicht verkneifen. Auch seine Mutter musste lachen. Sogar sein Vater hat gegrinst. Ein paar Wochen später machte Osman einen Spieler aus der gegnerischen Mannschaft lang und wurde für die nächsten drei Spiele gesperrt. Danach ist er nicht mehr hingegangen.

An einer Brücke über dem Kanal bleibt er stehen. Er tupft sich mit dem Ärmel das Kinn ab. Er hat gar nicht gemerkt, dass er blutet.

Auf dem Gehweg stehen eine Frau und ein Mann mit Hund und glotzen ihn an. Glotzen ihn so massivst tsych an, als wüssten sie genau, was passiert ist. Als könnte man es ihm von der Stirn ablesen. Sogar der Köter glotzt.

»Was«, sagt Osman und zieht sich die Kapuze seines Hoodies über den Kopf.

Er hat seine Jacke liegenlassen. Seine gute Picaldijacke. In der sich auch sein gutes Messer befand. Wieso ist er nicht mit Pasci abgehauen.

Osman war immer einer der Schnellsten, aber richtig gut wurde er erst im Panna. Er hat fast jeden Tag geübt, alleine oder mit Pasci, dann immer öfter mit den Größeren, die sich donnerstags an der Yorckstraße treffen und unter der S-Bahn-Brücke Duelle spielen mit zwei Colaflaschen als Tor. Am Ende ist Osman fast immer unter den ersten drei, getunnelt wird er kaum noch.

Vielleicht hat er schon die Polizei gerufen. Vielleicht ist er jetzt enttäuscht von Osman und hat die Polizei gerufen, und die sucht Osman jetzt. Panna ist in anderen Ländern schon viel populärer als in Deutschland, in Holland zum Beispiel oder Dänemark oder Belgien, da machen Leute wie Soufiane Bencok oder Issy Hitman übertrieben Djing, und wenn sie neue Trickse rausbringen, dann will jeder die lernen. Straßenfußball wird in diesen Ländern massivst gefördert, man kann zu Shows gehen und seine Skills zeigen und gegen andere spielen. Da entwickeln schon Jugendliche ihre eigenen Kreationen, hat er alles auf YouTube gesehen, Fünfjährige, die einen Handstand mit dem Ball machen, todestsych.

Seine Schlüssel waren auch in der Jacke.

Er überlegt, Pasci anzurufen.

Er hat gar kein Guthaben, und eigentlich will er den Huso jetzt eh nicht sehen. Wenn Pasci das rauskriegt, ist er am Arsch. Der scheiß Kartoffel kann ja nie seine Fresse halten.

Bald wird es warm, dann kann man wieder den ganzen Tag draußen sein und Trickse üben.

Er versucht es in zwei Kneipen und wird beide Male nicht bedient.

Weil er noch keine 18 ist, sagen sie.

Weil er Araber ist, weiß Osman. Diese Blicke.

Wenn er eine Frau wäre, dann vielleicht. Frauen kommen überall rein.

In der dritten Kneipe schafft er es nicht mal durch die Tür. Man muss klingeln, um reinzukommen. Klingeln, an einer Kneipe, in Neukölln!

Er klingelt. Der Barkeeper reckt den Hals und schüttelt den Kopf. Weißes Hemd, dünner Schlips, Bart, hundertpro zugezogen. Osman rotzt gegen die Scheibe, doch der Knecht hat den Blick schon wieder auf seine Scheiß-Cocktails gerichtet.

Er läuft und stellt sich vor, er hätte einen Ball zwischen den Füßen. Seinen Ball, den schwarz-rot-grünen Street Match von Monta, den er sich letztes Jahr beim Crew Cup im Wedding gekauft hat, nachdem er gegen einen Pannaplayer aus Holland im Cage war, nur so aus Spaß, bester Moment seines Lebens. Er war hochkonzentriert und hat sich gut behauptet. Zwar schob ihm der Holländer am Ende einen massiven Tunnel, danach aber hat er Osman auf die Schulter geklopft und gemeint, Krasse Skills, mach weiter so, und all seine Freunde haben es gehört. Osman ist dann extra los zur U-Bahn, Djing besorgen, um sich den Ball kaufen zu können. Ein Vierer, klar, aber mit besserem Grip als die normalen Vierer, perfekt für Flick-ups und Akkas.

Er zittert. Er hat gar nicht gemerkt, dass er friert. Ihm fällt der Schnell&Sauber am Reuterplatz ein, da haben Pasci und er sich im Winter ab und zu aufgewärmt.

Gelb wie Eiter fällt das Licht durch die Fensterfront auf die Straße. Die Schiebetür knirscht. Er setzt sich auf eine der Bänke. Versiffte Fliesen, feuchtwarme Luft. Auf dem Boden Waschpulverspuren, neben ihm ein Mann. Schnapsfahne, Deutscher, Vollpatient. Langsam hebt der Mann den Kopf: »Ganz schön frisch geworden, was?«

Osman reagiert nicht, und der Miskin sackt wieder in sich zusammen. Er trägt eine Jeanshose mit Löchern, aber keine extra reingemachten oder so. Aus der Hosentasche lugt ein Handy hervor. Osman überlegt, das Handy einzustecken, doch das Ding ist übertrieben eklig und alt.

Die Maschinen summen und piepen. Eine Frau stopft ihre nassen Klamotten in eine Tasche mit Rollen, wie sie seine Mutter zum Einkaufen benutzt.

Die Picaldijacke kann er vergessen, die ist vergiftet.

Und die Haustürschlüssel?

Verloren, muss er sagen.

Baba und Wissam werden ihm kein Wort glauben. Vielleicht war die Polizei schon da und sucht nach ihm. Pasci, der scheiß Kartoffel. Der hat ihn dazu überredet. Wieso ist er nicht mit dem mit. Wieso sind sie überhaupt dorthin.

Ein Mann kommt rein, Anzug, Lederschuhe, Sporttasche über der Schulter, Stöpsel in den Ohren. »Worauf hast du denn Lust, rot oder weiß? ... Ja, ich schau mal, der Weinladen in der Weser müsste eigentlich noch aufhaben ...«

Der Mann beendet das Telefonat. Er zieht ein iPad aus seiner Tasche und geht damit vor den Maschinen auf und ab. Sieht hart nach Djing aus, der Typ, besitzt aber offenbar nicht mal eine eigene Waschmaschine.

Osman versteht das nicht. Was ist los mit den Almans?

Leute wie der wechseln die Straßenseite, wenn er und seine Freunde ihnen entgegenkommen. Leute wie der rufen die Bullen, wenn sie friedlich auf der Straße chillen. Wie letztes Jahr, als sie nachmittags immer auf der Weserstraße rumhingen und warteten, dass der Jugendclub aufmacht. Irgendwann kam ein Streifenwagen vorgefahren. Die Husos aus dem Café nebenan hatten sich beschwert, *Massen an Jugendlichen* würden an der Ecke herumlungern und *die Kunden verscheuchen.* Wir wohnen hier, wir treffen uns immer hier, haben sie den Bullen gesagt, wir machen nichts. Trotzdem wurden sie weggeschickt. Lauft jetzt nicht zusammen die Straße runter, meinte der eine Bulle noch, die Leute haben Angst.

Wovor haben die Leute Angst?

Die haben Djing, denen geht' s gut, wovor haben sie Angst?

Beim Panna braucht man einen guten Instinkt. Es geht darum, den Gegner zu lesen. Das checken die Leute nie. Die Leute denken, es geht nur um Technik. Technik ist wichtig, klar. Aber wenn man zu viele Ground Moves aneinanderreiht und die ganze Zeit die übertriebensten Combos spielt, dann verschwendet man Energie und verliert früher oder später den Ball, und wenn der Ball weg ist, dann ist der Ball weg. Viel wichtiger ist es, sich auf den Gegner zu konzentrieren. Auf die Art, wie er sich bewegt. Man muss ihn dazu bringen, die Beine aufzumachen. Feldfußballer bewegen sich anders, sie sind angespannter, steifer. Ein Pannaspieler ist mehr wie ein Tänzer. Ein guter Pannaspieler ist locker und geht mit dem Gegner mit, achtet auf dessen Reflexe, wie er die Hüfte bewegt und so, wie beim Boxen.

Eine der Maschinen geht in den Schleudergang. Es piept ein paarmal, und der mit dem iPad öffnet die Trommel. Er schaufelt seine Wäsche in die Sporttasche und verlässt den Schnell&Sauber. Der Miskin links röchelt mit geschlossenen Augen vor sich hin. Die Luft ist so dick und feucht, man kann gar nicht richtig atmen. Osman spuckt auf den Boden und steht auf und setzt sich auf eine der Bänke an der anderen Seite des Waschsalons, direkt bei den Trocknern.

Er war immer ein besserer Fußballer als sein Bruder. Sein Bruder war immer neidisch. Dabei weiß er nicht mal, wie gut Osman mittlerweile ist. Er will es auch gar nicht wissen. Wissam findet Panna schwul. Seine Eltern haben auch keine Ahnung. Seine Mutter denkt, ihr Sohn kickt einfach planlos vor sich hin, und Osman lässt sie in dem Glauben. Sie würde es nicht verstehen, und selbst wenn, was würde es ihr bringen.

Wenn er seinen Ball dahätte, er würde die ganze Nacht Trickse üben. Egal, wie kalt es ist oder ob es anfängt zu regnen. Es könnte sogar schneien. Wenn er spielt, vergisst er alles. Dann gibt es nur ihn und den Ball.

Ein weiterer Mann kommt rein. Er sagt, der Waschsalon schließt bald. Er hat kaum noch Haare auf dem Kopf und sieht krass behindert aus. »Raus hier, das ist hier keine Wärmestube«, sagt er zu dem Miskin, dann guckt er Osman an: »Hast du noch 'ne Maschine laufen?«

Will der Spast ihn verarschen?

Sieht Osman aus, als hätte er hier eine Maschine laufen?

Er überlegt, den Knecht umzuhauen. Dann fällt sein Blick auf den Trockner mit der Nummer 38. Irgendein Patient hat seine Wäsche noch nicht abgeholt.

»Ja«, antwortet er, »Moment.«

Er öffnet die Trommel und wühlt in der Wäsche herum. Da ist tatsächlich eine Jacke. Eine Jeansjacke. Osman zieht sie heraus. Na ja, eher ein Hemd. Der Kragen ist noch etwas klamm. Er zieht das Ding über und betrachtet sich in der großen Fensterscheibe. Er sieht jetzt aus wie ein Student.

Der Schnell&Sauber-Mann starrt ihn an. Osman spuckt ihm vor die Füße. Der Spast weicht nicht zurück. Er scheint überhaupt keine Angst zu haben. Vielleicht ist er wirklich behindert.

Osman greift sich noch eine Hose aus dem Trockner, dann verlässt er betont langsam den Waschsalon, bevor er losrennt, dem Miskin hinterher.

»Für mich?« Skeptisch mustert der alte Mann das noch nicht ganz trockene Stoffding. »Na, ob die mir passt, ich weiß nicht.« Dann hellt sich sein Gesicht auf. »Aber wenn nicht, geb ich sie meinem Kumpel, wa? Besten Dank, der Herr!«

Für einen kurzen Moment strömt ein warmes Gefühl durch Osmans Körper. Dann gibt der Alte ihm die Hand. Die Hand ist knochig und schlaff und ganz kalt, als würde da gar kein Blut mehr durchfließen.

Angewidert lässt Osman die Hand los und biegt um die Ecke.

Er lehnt sich gegen eine Häuserwand.

Was jetzt?

Er kann nicht nach Hause. Er müsste klingeln, es gäbe massivst Stress wegen dem Schlüssel, und sein Bruder checkt sofort, dass er Alkohol getrunken hat. Dazu die Verletzung im Gesicht. Alle werden Bescheid wissen, Wissam schlägt ihn tot.

Er zählt sein Djing. Knapp neun Euro.

Vielleicht reicht es für den Eintritt und etwas zu trinken in einem der Clubs drüben in Kreuzberg. Da, wo ihn keiner kennt.

Sein Bruder sagt, man kann als Mann in eine Kneipe hinein-, aber nicht als Mann wieder aus einer Kneipe herausgehen. Aber was weiß sein Bruder schon. Der liegt wahrscheinlich schon wieder auf seinem Scheiß-Teppich und drückt sich die Stirn Richtung Mekka platt. Klau nicht und beschwer dich nicht, meinte er vor ein paar Tagen erst zu Osman, liebe deinen Nächsten und sei dankbar für das, was du hast.

So ein Spast.

Was hat Osman denn?

Befickte acht Euro irgendwas.

Sein Bruder kann ihn mal im Arsch lecken. Alle können sie ihn mal im Arsch lecken.

Es ist Freitagabend, heute will er dabei sein. Heute will er was erleben, genau wie die Studenten und die Touristen, die immer so gut drauf sind. Er will dieselbe Musik hören, dasselbe Bier trinken und dieselben Frauen anglotzen. Einfach so tun, als wäre er einer von ihnen.

Yo, alles gut? Hey my friend, you need something? Marihuana, Hasch, Coke, Spice? Der Fußballplatz, Müllberge, Rauchschwaden. Ein Streit zwischen zwei Männern: Nimm den Scheißköter an die Leine! Ein Rascheln im Gebüsch, vielleicht Ratten, vielleicht ein Ticker. Psst, psst, wie geht's? Kopf zwischen die Schultern und geradeaus weiter, dem unsichtbaren Ball hinterher, raus aus dem Park.

Eine Baustelle, eine Absperrung, ein Bagger. Flackernde Fernseher hinter verschlossenen Fenstern, eine besprühte Matratze: BETONGOLD BALLERMANN, und irgendwo über Mitte oder Friedrichshain ein Feuerwerk, es klingt wie eine Schießerei in Los Santos, scheiß Los Santos, was wollte er da, warum ist er überhaupt da hin, scheiß Amerika.

Die große Straße, der Kreisel, die U-Bahn. Autos, Subwoofer und der Geruch von Gras und Abgasen. Fetzen von Russisch,

Türkisch, Spanisch, Bayrisch. Ein DJ im Döner, Hallo Bittschön, welche Soße?

Kurz aufwärmen im Burger King.

Ein Crunchy Chicken Deluxe, er beisst zweimal ab, dann wird ihm schlecht, und er stopft den Rest draußen in einen orangefarbenen Mülleimer. Auf dem Mülleimer steht *Gib's mir*, Osman tritt dagegen, das Ding platzt auf und kotzt seinen Inhalt auf den Asphalt.

Jetzt hat er noch 3 Euro 31.

Dann sieht er sie. Fünf Studenten mit Lederschuhen und Brillen, die vor einem eingerüsteten Haus an der Ecke stehen und die unterste Etage des Gerüsts als Tisch benutzen. Sie rauchen, sie lachen, sie fühlen sich wohl. Das sind die Richtigen.

Ohne Pasci ist es nicht so einfach. Keiner da, der sie ablenken kann.

Er macht es trotzdem, er kann das auch alleine, er braucht niemanden.

Neben einem Stromkasten eine leere Colaflasche. Im Vorbeigehen hebt er sie auf und schmeißt sie in hohem Bogen in die Luft. Die Flasche zerschellt auf dem Boden, einer der Studenten springt zurück, rennt rückwärts in ihn hinein, tritt ihm auf den Fuß.

»Pass mal auf, wo du hinläufst, ja«, sagt Osman, der Student entschuldigt sich, Osman geht ganz normal weiter.

In einem Hauseingang um die Ecke durchsucht er die Patte. Kaum Bares. Keine 30 Euro. Er nimmt die Scheine raus, steckt sie sich in die Hosentasche und schiebt die Patte durch den Schlitz eines Briefkastens, dann läuft er weiter.

Osman war immer einer der Schnellsten. Beim Panna geht es darum, den Gegner zu lesen. Man braucht einen Vierer-Ball, einen mit gutem Grip.

WENN'S UM GELD GEHT ARSCHKARTE

Der Großeinsatz in Mitte hat's sogar in die Nachrichten geschafft. Ein Brand in einem Hotel, Prenzlauer Ecke Torstraße, das kennt er, da fährt er öfter Leute hin, Künstlertypen und Kreative meistens, Medienfritzen. Er war sogar schon mal drin, an einem nach Kohle und Rauch riechenden Winternachmittag in den späten Siebzigern. Da befand sich unter den Dächern allerdings noch kein Hotel, sondern das Institut für Marxismus-Leninismus der SED. Sie waren mit der ganzen Schulklasse hingefahren, um Wilhelm Piecks ehemaliges Arbeitszimmer zu besichtigen, Pioniergeburtstag, alle die Halstücher um und stolz wie Bolle. Hat ihn als kleinen Piepel schon beeindruckt, der holzvertäfelte Raum, der Ausblick, das ganze imposante Objekt. Erst viel später hat er erfahren, dass das Gebäude Ende der Zwanziger als jüdisches Kaufhaus erbaut worden war. Danach waren die Nazis drin und dann die Partei. Nach der Wende stand es lange leer. Bis in den Nullern diese britische Hotelkette kam und jahrelang saniert hat, um ausgerechnet an diesem geschichtsträchtigen Ort so eine Luxusbude zu eröffnen. Und nun steht das Haus also in Flammen. Muss ein ganz schönes Feuerchen sein, im Radio ist von mehreren Verletzten die Rede. Erst der Cuvrycampus, dann die East Side Mall und jetzt das – so langsam fragt man sich ja schon, wer da zündelt, wer da nach und nach die Stadt abfackelt.

Jetzt allerdings nicht seine Sorge. Seine Sorge ist, er braucht mal wieder einen Fahrgast. Seit fast einer Stunde: totale Flaute.

Fing ja ganz gut an, der Abend, eine Fuhre nach der anderen und quer durch die Stadt, doch nach der Madame kam nur noch eine Acht-Euro-Fuhre zum Engeldamm, ein sich gegenseitig auf der Rückbank ableckendes Pärchen, und seitdem gondelt Bederitzky so durch Kreuzberg und Neukölln, verfährt wertvolles Benzin und wird von Minute zu Minute fickriger. Die Straßen sind voller Menschen, aber niemand winkt ihn ran. Vielleicht weil es aufs Monatsende zugeht. Oder weil die Leute bei dem Wetter lieber laufen oder mit dem Rad fahren. Mittlerweile hat's zwar merklich abgekühlt, 10 Grad sagt die Anzeige, und Regen haben sie für heute Nacht auch noch angekündigt, aber man kennt sie ja, die Berliner: Ein Tag mit Sonnenschein, und sie tun alle so, als wäre Hochsommer, er selbst ist da nicht anders. Kann aber auch sein, dass die Uberfahrer schon wieder alles weggefischt haben, diese kaum zurechnungsfähigen Fahrschüler, die irgendwo den einfachen P-Schein gewonnen haben und die Oranienburger- nicht von der Oranienstraße unterscheiden können. Raus aus der Arbeitslosigkeit, rein in den Prius und die Reisschüssel gleich mal falsch rum in die Einbahnstraße bugsieren, kommse rüber, kommse ran, hier wernse jenauso beschissn wie nebenan.

Er fährt am Tempelhofer Feld lang zur Columbiahalle, aber die Veranstaltung dort scheint noch zu laufen, also weiter den Columbiadamm rauf und am Platz der Luftbrücke vorbei auf die Duden. Nüscht nüscht nüscht. Ist doch kein Zustand, eine leere Taxe in einer Freitagnacht, das macht doch keinen Sinn, wie soll er Hunfeld das erklären?

Diese Schulden. Diese Schuldgefühle ewig, er hat's so satt. Das schlechte Gewissen, das Rumdrucksen und Aus-dem-Weg-Gehen, es steht ihm bis hier.

Zu Hallesaalezeiten fing es an, mit ganz kleinen Beträgen. Hier mal ein zu langer Kneipenabend, da eine Taxifahrt zum Bahnhof, die er sich eigentlich nicht leisten konnte. Fast jedes Wochenende hat er sich ein Bahnticket nach Berlin und zurück gekauft und zwei Nächte bei neuen und alten Kumpels auf dem Fußboden gepennt. Der MDR, das war wie eine kleine DDR für ihn, Behörde, grausam. Der Chef hatte ihn auf Protektion eingestellt, ein Wendehals hoch eins, der mochte ihn nicht, von Anfang an, da konnte Bederitzky machen, was er wollte. Wenn er dageblieben wäre, er wäre innerlich gestorben. Eines Nachmittags, der Chef hatte ihn für einen dummen kleinen Fehler soeben vor versammelter Mannschaft zusammengefaltet, hatte er genug. Er stand einfach auf und ging, und das war's mit seiner Radiokarriere. Auf Nimmerwiedersehen, Halle an der Saale. Er lud seinen Krempel bei seiner Mutter in Hohenschönhausen ab und begab sich auf eine mehrtägige Sauftour. Dann fand seine Mutter eine billige Zweiraumwohnung für ihn am Nöldnerplatz, mit Bauchschmerzen zurück in den Osten, in Hallesaale um die Kaution beschissen worden und erstmal ein fabrikneues Clavinova bestellt, aus Frust und auf Raten. Und so ging es los, seitdem war er nie wieder im Plus. Es ist wie Geschirr, das man nicht spült. Erst ist da ein schmutziger Teller in der Spüle, dann kommt ein zweiter hinzu und der dritte und der vierte, und irgendwann schaust du auf, und deine ganze Küche ist zugemüllt, in Zahlen: 3000 Mark.

Er biegt auf die Wilhelm-Kabus ab, mal am Südkreuz gucken, vor ihm ein Schleicher, er hupt, »Komm in die Hufeisen, Mensch!«, und dreht das Radio lauter. Er hat jetzt Pink Floyd laufen, die *Wish you were here*, eins seiner Alben für die Insel. Die CD legt er meist erst nachts ein, wenn die Straßen schön leer sind, aber er braucht jetzt etwas Vertrautes, etwas, das ihn runterbringt.

3000 Mark, das war die Basis, sein Sumpf, da kam er nie wieder raus. Einmal falsch abgebogen, und das Leben stellt dir für immer ein Bein. Ein paar Jahre war er auf Stütze. Macht was mit einem, vergisst man nicht. Du wirst nicht mehr gebraucht, du fühlst dich nutzlos, überflüssig, ein Klotz am Bein der Gesellschaft. Zwischendurch hat er mal im Call-Center gejobbt, aber das war nichts, dafür war er nicht gemacht, niemand ist dafür gemacht, der Mensch und die Hotline, nicht gerade eine Liebesbeziehung. Hätte er nicht eines Tages Mutter auf das Geld für den Führerschein angepumpt und nach Ablauf der Probezeit gleich den Taxischein gemacht, er wäre wohl komplett abgeschmiert. Es gab Tage und Wochen, da hatte er nichts auf der Naht, keinen müden Pfennig. Preisausschreiben, Rabbattmarken, Nudeln mit Gewürz. Du kannst nirgends hingehen. Nicht in die Kneipe, nicht ins Café, nicht ins Kino. Du lernst keine Frauen mehr kennen und fühlst dich, als wäre das ganze Leben für dich gesperrt. Du vergisst, wie es ist, normal die Straße runterzugehen. Du weißt nicht, welchen Schritt du vor dem anderen machen sollst, du bist immer angespannt, es darf jetzt bloß nichts schiefgehen oder kaputt, immer Oberkante Unterlippe. Wenn er mit Jojo und den anderen nach der Bandprobe was trinken ging, schmiss einer eine Runde, dann der Nächste und der Nächste, und kurz bevor Bederitzky dran gewesen wäre, hieß es: Bin so müde auf einmal, muss in die Falle, tschüssikowski, bis dannimanski. Es wurde geredet. Man hielt ihn für geizig. Pfennigfuchser, Knickstiebel, Krämerseele, klammer Affe. Dann immer wieder zu Mutter, Wanst vollhauen, zu den Kohlrouladensonntagen sowieso, nun aber immer öfter auch unter der Woche. Manchmal gab es noch einen kleinen Schein dazu oder zwei, verschämt zugesteckt, kein Augenkontakt. Du fühlst dich wie ein Kind. Du hast etwas falsch gemacht, du weißt es, und alle anderen wissen es auch, nur gesagt hat keiner was. Du feierst deinen Geburtstag nicht mehr, lädst niemanden ein, schämst dich für deine jämmerlichen Weihnachtsgeschenke. Du machst niemandem mehr eine Freude, bist überall nur eine Last. Du bist gestempelt, nicht vertrauenswürdig. Da bringt es auch nichts, sich zu sagen, dass man ja immerhin nicht verhungern muss oder erfrieren. Es ist nicht der Verzicht, der quält, sondern der Vergleich, und dieses Gefühl war neu für ihn, das war zu DDR-Zeiten anders gewesen. Er fand nicht mehr statt, er zog sich zurück, er vereinsamte, und dann immer das Gefühl, an alledem selbst schuld zu sein, denn am Ende des Tages ist ja immer jeder seines eigenen Glückes Schmied, hüben wie drüben, und Bederitzky hat in beiden Systemen versagt, Planwirtschaft oder Marktwirtschaft, immer zu viel Staat oder zu wenig, hat er damals schon gesagt, ein Hauen und ein Stechen, alle gegen alle, wo gearbeitet wird fallen Hobel, wenn's ums Geld geht Arschkarte.

Am Südkreuz bereits eine Armada Hellelfenbeiner, vier Stück, schön aufgereiht, fünf sogar, Scheibenkleister. Bederitzky zieht an den Kollegen vorbei und umkreist den Hildegard-Knef-Platz. Dass eine große Diva wie die Knef ihren Namen für einen derart trostlosen Ort mitten im Niemandsland hergeben muss, denkt er, auch schon wieder ein Skandal, rote Rosen regnet's hier wohl eher selten. An der Bushalte vorm Haupteingang fährt er rechts ran, um sich eine zu drehen. Er will schon wieder zurück Richtung Kreuzberg machen, da sieht er jemanden auf sich zukommen. Ein Mann, zwei-drei jahre jünger als Bederitzky, sauber gescheitelte Haare, Mantel über dem Arm. Er winkt mit der einen Hand, in der anderen balanciert er eine Serviette mit einem angebissenen Pizzadreieck. Bederitzky stellt die Musik aus und lässt das Beifahrerfenster runter. Der Mann beugt sich hinab.

»Würden Sie auch 'ne weitere Strecke fahren?«

Kann ich eigentlich nicht machen, denkt Bederitzky, den hier abgreifen, keine 50 Meter von den Kollegen entfernt, die sich vielleicht schon seit 'ner Stunde die Beine in den Bauch stehen, außerdem wird im Fahrzeug nicht gegessen.

»Kommt drauf an, *wie* weit«, sagt er.

»Nach Halle.«

»Halle an der Saale?«

»Welches Halle denn sonst.«

»Na, a.T.W.? Das gibt's auch noch. Am Teutoburger Wald, tiefster Westen.«

»Gott bewahre, nein. An der Saale. Bin auf der Durchreise, Zugausfall.«

Bederitzky wirft einen Blick rüber zum Taxistand. Die Kollegen stehen alle mit dem Rücken zu ihm, sie können ihn nicht sehen. Und wenn schon. Hallesaale, das sind an die 180 Kilometer, hat er damals selbst nachgeschaut, in einer dieser endlosen

Nächte beim MDR, Steine im Magen und Heimweh bis unter die Ohren.

»Da muss ich aber in Vorkasse gehen.«

»Was wird das denn in etwa?«

»200 Kilometer hin, Leerfahrt zurück … Ich sag mal: 350 Euro?«

»Kein Problem, hol ich mir von der Deutschen Bahn zurück. Kann ich noch eben aufessen?«

»Ach, steigen Sie ruhig schon ein«, sagt Bederitzky mit einem Blick in den Rückspiegel.

Der Mann öffnet die hintere Beifahrertür und lässt sich auf die Rückbank sinken. Eine Duftwolke breitet sich im Fahrzeug aus. Er muss sich vor kurzem noch frisch einparfümiert haben.

Bederitzky hat das Kartenlesegerät schon in der Hand, dann schaut er ein weiteres Mal in den Rückspiegel und wird nun doch ein bisschen nervös wegen der Kollegen. Der eine lehnt mit dem Rücken an seinem Fahrzeug und lässt den Blick schweifen und – »Wissen'se was, machen wir später, essen'se erstmal auf.«

Der Fahrgast nickt. Bederitzky legt den Gang ein und fährt links vom Platz, verboten, aber egal jetzt, bloß erstmal weg hier. Ein Blick auf die Uhr, es ist viertel zwölf. Wenn er gut durchkommt, ist er um halb drei wieder in der Stadt. Dem Ännchen hat er zwei gesagt, aber die halbe Stunde, so genau wird sie's schon nicht nehmen. Drei Braune ins Handschuhfach, SMS an Hunfeld, *Lieben Gruß an die Kleine und viel Spaß in Tropical Island*, auf den guten alten Bederitzky ist eben Verlass. So eine Strecke hatte er lange nicht. Eine Überlandfahrt, das ist wie Wandertag früher in der Schule, Sechser im Lotto, gibt's nur alle Jubeljahre mal. Und dann auch noch ausgerechnet in jenes von allen guten Geistern verlassene Drecknest, in das er nie wieder einen Fuß setzen wollte.

Tja, komm ich eben beruflich zurück, denkt Heinz-Georg Bederitzky feierlich, wer hätte das gedacht! Und als er die Auffahrt zur Autobahn hochjagt und an die 350 Euromärker denkt und ihm auffällt, dass das ja genau der Betrag ist, den er für den Smaragd aus Kolumbien ausgegeben hat, da kann er sich das Grinsen nicht mehr verkneifen.

DIE VENUSFLIEGENFALLE

»Ich musste meine Geldstrafe bezahlen, ich musste meine Fahrkarte bezahlen, ich musste die Miete zahlen. Ich hab weniger als Hartz 4 gehabt und war kurz davor, aus der Bude geschmissen zu werden. Ja, meinte die Schnalle vom Amt da, Sie gehen doch arbeiten, da kann ich nichts für Sie tun. Ich bin dann echt wohnungslos geworden, Anna! Latsch ich also nochmal zum Amt, wieder zu Frau Schmidt, und weißt du, was die mir anbietet? – Wir können Sie in einem Hostel unterbringen, Viererzimmer, die Nacht für 25 Euro. Ich sag, bitte was, sag ich, haben Sie Kopfschmerzen, haben Sie sich das mal ausgerechnet? Ja, sagt die, da können Sie ja beim Arbeitsamt 'nen Antrag stellen. Ja, und? Ich muss das trotzdem erstmal aus eigener Tasche zahlen!«

»25 Euro pro Nacht? Mal ehrlich Lothar, da werden sie dir ja wohl auch irgendwie die Miete zahlen können.«

»Ich sag, Frau Schmidt, Alter, wissen Sie was, ich flipp hier gleich aus, soll ich Ihnen einen Hocker in die Fresse schmeißen?«

»Das hast du gesagt?«

»Du weißt nicht, wie das ist aufm Amt, Anna. Ich saß da ganz alleine, hatte mir 'ne Nummer gezogen, und dann läuft die Schlampe direkt an mir vorbei. Und ich so: Na Frau Schmidt, kennse mich noch? Da meint sie: Was wollen Sie denn jetze? Ja, sag ich, sind Sie steif oder was? Ich sag, ich wurde rausgeworfen aus dem Hostel, ich wohne jetzt wieder auf der Straße, wie lange wollen wir das Spiel noch spielen, zwei Jahre, drei? Ich wurde mit Junkies und Dealern untergebracht, Anna! Bin ich ein Junkie? Spritz ich oder was? Ich geh jeden Tag rabotten und saß dann abends mit einem HIV-Positiven auf der Bude, und die haben mir noch nicht mal was davon gesagt!«

»Hast du denn keine Familie?«

»Familie ist tot«, murmelt Lothar und zupft an seinem Blaumann.

»Und irgendwelche Freunde, Kumpels?«

»Laurenz. Kollege bei der Umzugsfirma, mein einziger und bester Kumpel. Hat mich aber auch hängenlassen. Ich hätte auf der Couch gepennt, Anna, ich hätte mich aufm Fußboden langgemacht. Tut mir furchtbar leid, sagt er, geht leider nicht. Ich sag, Laurenz, Alter, du bist doch'n Kumpel. Faselt er was von seiner Ollen, die will das nicht, ist ein bisschen speziell, muss ich verstehen, die Weiber, blablabla. Dann hab ich's sein lassen. Hab gesagt, is gut, Laurenz, lass mal, Alter. Man hat ja auch seinen Stolz.«

»Warte mal eben, Lothar, bin gleich wieder da.«

Anna drückt sich an den Süßigkeiten vorbei in den Hinterraum, räumt ein paar Zeitschriftenstapel zur Seite und greift sich eine Kiste Sternburg. Das Sternburg geht immer am besten. Da kann sie in den Kühlschrank stellen, was sie will, alle wollen das Billigbier. Gut, das Augustiner geht auch noch, und das Beck's läuft immer so mit. Aber dieses Craft-Bier, das sie seit einer Weile im Sortiment hat, abstruses Zeug mit Geschmäckern wie Schokolade oder Knoblauch, das liegt wie Blei in den Kühlregalen. Nicht ihre Kundschaft, leider. Sie schleppt die Kiste in den Verkaufsraum und stellt sie neben dem Kühlschrank ab. Dann holt sie eine zweite Kiste aus dem Kabuff, öffnet die Tür des vorderen Kühlschranks und beginnt, die kalten Flaschen zur Seite zu räumen und die noch warmen ganz hinten einzusortieren. Der Kühlschrank kühlt nicht mehr richtig, eigentlich müsste sie den Kältetechniker anrufen und Gas nachfüllen lassen.

»Kann man dir helfen?«

»Danke, Lothar, geht schon.« Anna fährt sich mit der Zungenspitze über die schmerzhaften kleinen Bläschen an ihrer Oberlippe. Stressherpes. Sie hat es kommen sehen, vorgestern früh schon, als sie in diesem fremden dunklen Raum aus ihren Abgründen aufgewacht ist. »Manchmal verstehe ich dieses Sozialrecht nicht«, sagt sie. »Ich meine, es lebt doch keiner freiwillig auf der Straße.«

»Ich war kurz davor, da den Tisch hochzureißen: Was ist, Frau Schmidt, du Schlampe, ich knall dich um!«

»Sag nicht immer Schlampe, Lothar, das ist nicht nett.«

»*Nett?* Ist die etwa nett zu mir? Weißt du, wie ich da saß? Ich dachte, ich bin im falschen Film! Hatte in Gedanken schon die Brechstange in der Hand, damit einmal quer durchs Büro, irgendwann haben sie mich so weit, und dann gnade ihnen Gott!«

Lothar verstummt. Zwei junge Frauen betreten den Laden. Anna steht auf und schlüpft hinter den Tresen. Die eine kauft eine Packung Airwaves Black Mint und Marlboro Menthol White im Softpack für sieben, die andere blättert gelangweilt durch ein britisches Modemagazin. Manchmal fühlt Anna sich wie die Aufpasserin in einer Leihbibliothek. Da kann sie noch so viele *Erst kaufen, dann lesen*-Schilder aufstellen. Lothar nuckelt an seinem Flachmann-Wodka, der Billige von Landwirt, den sie schon lange aus dem Sortiment nehmen wollte. Eine halbe Stunde Probleme abladen für 3 Euro 90, billiger kriegt er es nirgends.

»Ich weiß, ich reg mich manchmal auf, dann werde ich biestig, das tut mir auch leid«, sagt er, nachdem die beiden jungen Frauen den Laden verlassen haben. »Aber du verstehst mich wenigstens, Anna, du hörst mir zu. Weißt du, wann ich Frau Schmidt das erste Mal getroffen hab? Als ich meine Mutter beerdigen wollte, vor vier Jahren oder fünf. Und dann muss ich irgendwann wegen meiner Wohnsituation zum Amt, hab einen Termin bei einer Frau Schmidt, seh die Schrapnelle und denk, ha, ich wusste doch, der Name kommt mir bekannt vor!«

»Schmidt ist jetzt kein so seltener Name, Lothar.«

»Und wo ich das Gesicht gesehen habe – Frau Schmidt, du Hure! 'tschuldige, Anna, aber ist doch wahr.«

»Selbst beim Amt kann man ja Anspruch auf –«

»Frau Schmidt, hab ich gesagt, ganz ehrlich, was soll ich jetzt machen? Jetzt wohn ich wieder auf der Straße, und der Hurensohn vom Hostel schuldet mir noch 50 Euro.«

»Das mit dem Hostel ist jetzt egal.«

»Nee, das ist eben nicht egal! Es geht ums Prinzip!«

»Das ist richtig, aber –«

»Das sind 50 Euro, für zwei Nächte, ich hatte eine ganze Woche im Voraus bezahlt! Und dann wichst mich da so ein Suchti an, verwickelt mich in eine Käbbelei und ich geh mich beschweren, und was machen die? Schmeißen mich raus und geben mir die Kohle nicht zurück. Ey, es ist ein Hostelbesitzer, er schuldet mir 50 Euro, was ist los mit dem, das ist Betrug! Ich durfte da nachts im Vierer nicht mal ein Fenster aufmachen! Irgendein Asi hat da jeden Tag das ganze Klo vollgeschissen, das sah aus, Anna! Und der eine hat sich noch eingemischt, ein Unioner, ein Scheiß-Unioner, der war auf meiner Seite, den hat das genauso angekotzt. Ist mittlerweile wohl auch rausgeflogen. Aber der war auch ein bisschen komisch, Unioner halt.«

»Das bringt aber nichts, sich da immer wieder drüber aufzuregen. Du musst nach vorne schauen, eine Lösung finden, für dich.«

»Und dann sitzen die da zusammen in ihrer verschimmelten Hostelküche, Leute aus aller Herren Länder, die Welt zu Gast bei Freunden!«

»Wie sieht's denn aus mit so 'ner Art Gartenlaube?«

»Ach weißt du, Anna, ich schieb das einfach nur noch vor mir her. Du hast nicht zufällig noch 'n Platz aufm Sofa frei?«

»Haben wir zusammen Schweine gehütet?«

»Hätte ja sein können.«

»Nee, Lothar, beim besten Willen.«

»War doch nur Spaß, Anna«, sagt Lothar, »ich mach doch nur Späßchen«, obwohl sie weiß, dass dem nicht so ist, dass das eine ernstgemeinte Frage war. Und weil Lothar nicht blöd ist, weil er weiß, dass sie das weiß und dass er soeben eine Grenze überschritten hat, genau deswegen überspielt er seine Verlegenheit jetzt mit einem tapferen Grinsen, bevor er sich vorbeugt und sagt: »Du hast da übrigens was im Haar, so was Bläuliches, wollt ich dir die ganze Zeit schon sagen« – im Flüsterton, obwohl außer ihnen niemand im Laden ist.

Reflexhaft fasst Anna sich an den Haaransatz, an die Stelle über der rechten Schläfe, wo heute früh noch eine der Elektroden saß. »Ach das, ja. Müssen die Rückstände von diesem Kleber sein.«

»Was'n für'n Kleber?«

»Egal.«

»Ist irgendwas passiert, Anna?«

»Nee Lothar, alles gut.«

»Sicher?«, sagt Lothar, und als sie darauf nicht reagiert: »Na ja, geht mich auch nichts an. Ich dreh mal 'ne Runde um den Pudding, eine dampfen.«

»Mach das. Aber lass die Jungs vom Hostel in Ruhe.«

»War schön heute. Der Frühling kommt.«

»Und pöbel da draußen nicht die Leute an.«

»Soll allerdings noch regnen heute Nacht.«

»Hast du gehört?«

»Ich pöbel doch nicht, Anna. Ich doch nicht!«

Lothar lacht, öffnet die Tür und zieht sie vorsichtig hinter sich zu, und dann hört Anna, wie sein Gelächter draußen auf dem Gehweg nahtlos in einen Hustenanfall übergeht. Sie schaut ihm ein paar Sekunden hinterher, dann reißt sie eine Stange John Player's auf und schiebt die einzelnen Schachteln in das Zigarettenregal hinter sich an der Wand. Sie fühlt sich wund. Ihre Oberlippe. Ihre Nerven. Und dann diese Kopfschmerzen. Das Hirn drückt ihr von innen gegen die Schädeldecke, als wäre es zu groß für ihren Kopf. Jetzt könnte sie die Cimifuga-Kapseln gebrauchen, die ihre Heilpraktikerin gegen die klimakterischen Beschwerden empfohlen hat, doch die liegen zuhause im Schrank, genau wie das Zorivax. Anna ist heute vormittag direkt aus dem Krankenhaus zum Laden. Wenigstens einen schönen heißen Tee kann sie sich machen.

Du bist Teil des riesigen Lebensorchesters, steht auf dem Etikett des Beutels, Geschmacksrichtung Grüne Harmonie. Sie hängt die Schnur über den Rand des Bechers und schaltet den Wasserkocher ein. Der Becher ist aus dunklem Marmor und hat einen großen Griff, bei dem sie immer an ein Segelohr denken muss. Sie hat ihn an der Karlsbrücke in Prag gekauft, vor gut zehn Jahren, bei einem Teambuildingevent mit der Agentur. Wie viele Umzüge der jetzt schon überstanden hat.

Während das Wasser heiß wird, raucht sie eine Zigarette und sortiert die Post der letzten Tage. Ausschließlich Briefe mit Sichtfenster, andere kriegt sie nicht mehr. Sie ist beim Getränkehändler im Rückstand. Die Gasrechnung ist noch nicht beglichen. Der Winter war kalt. Kalt und teuer. Kann man kaum gegen anheizen, wie die Kunden hier die Kälte reintragen. Nach dem letzten Einbruch hat die Versicherung Anna dermaßen hochgestuft, dass sie sich die Versicherung eigentlich gar nicht mehr leisten kann. Sie ascht ab und wirft einen Blick in den Laden. Eigentlich müsste sie auch ein paar der Zeitschriften aus dem Programm nehmen. Von manchen Ausgaben verkauft sie kein einziges Exemplar, das muss dann alles in die Frühremission. Perlen vor die Säue, sagt der Heinzer immer, und auch wenn sie das nicht gerne hört, wahrscheinlich hat er recht. Was für ein Aufwand. Was für eine Platzverschwendung. Die Boulevardblätter hat sie nach den immer schäbiger werdenden Titelseiten bereits letztes Jahr aus dem Sortiment genommen, ansonsten liest sie aber fast alles, blättert wenigstens mal durch, und sie war immer stolz auf ihre Auswahl. All die internationalen Magazine, die Comics und die Special-Interest-Hefte, Fotografie, Kunst und Musik, Einrichtung und Garten, Lifestyle Hunde Mode Tauchen – manches davon bekommt man nicht einmal in der Bahnhofsbuchhandlung, und irgendwie muss man sich ja unterscheiden. Akzente setzen. Einfach nur überleben, das kann's doch nicht gewesen sein.

Sie schmeißt die Post auf die Computertastatur und betrachtet ihre kleine Collage über der Mikrowelle. Bilder und Schnipsel aus Zeitschriften und Magazinen, das meiste aus der GEO oder irgendwelchen Fotomagazinen ausgeschnitten. Die afrikanische Savanne im Morgenlicht, ein Volkstanz im ländlichen Ecuador und mittendrin eine Postkarte, die die Inga ihr vor vielen Jahren aus Kuba geschickt hat, aus einem dieser Strandurlaube, wegen denen Anna ihre kleine Schwester immer ein wenig verachtet hat und die sie mittlerweile selbst so dringend nötig hätte. Die Inga ist ihr ganzes Leben unten in der Pfalz geblieben. Hat früh geheiratet und Kinder gekriegt. Wie alt müsste ihr Ältester jetzt sein, auch schon Mitte zwanzig? Würde Anna ihn erkennen, wenn er in diesem Moment in den Laden käme?

Früher ist sie viel gereist. Rucksackreisen durch Thailand, Laos und Kambodscha, Kurztrips nach La Gomera und Island, und ihr persönliches Highlight: sechs Wochen Mexiko mit der Anke, auf den Spuren der Maya durch Yucatán, Chiapas und Teile Guatemalas, und hintendran anderthalb Wochen Cocktails und Schnorcheln in einem Resort auf Cozumel. Damals war sie noch in der Agentur und hat gutes Geld verdient. Als sie gekündigt und mit dem Rest ihres Erbpflichtteils den Laden aufgemacht hat, da waren sie noch zu zweit, Anke und Anna. Die Anke hatte die Idee, Anna das Startkapital. Allerdings auch ein paar Bauchschmerzen. Ein Späti, ausgerechnet sie, die Kreative, die Studierte, die Tochter aus gutem Hause? Doch in der Agentur wäre sie eingegangen. Bei ihrer Kündigung schwor sie sich, nie wieder ihr grafisches Talent zu verschwenden, damit Menschen irgendein Mist angedreht würde, den sie überhaupt nicht brauchten. Da verkaufte sie doch lieber Kippen und Bier. Dann aber ist die Anke schon nach wenigen Jahren wieder ausgestiegen, um ein Café in Neukölln aufzumachen. Mittlerweile hat sie noch eine zweite Filiale im Richardkiez eröffnet. Scheinen ganz gut zu laufen, ihre Läden. Anna war lange nicht da. Wann denn auch, sie ist ja immer hier. Also wirklich: Immer. Wie es im Rest der Stadt aussieht, das liest sie in der Zeitung. Die letzten beiden Tage in Mitte kamen ihr vor wie Urlaub.

Die Tage, wohlgemerkt. Die Nächte waren die Hölle.

Es war der Heinzer, der sie auf die Idee gebracht hat, mit ihren Schlafproblemen zum Arzt zu gehen. Als Anna Anfang des Jahres mal wieder ihre Schwester aus einem lichterloh brennenden Haus retten musste und sich ihnen ein grauenhaft entstellter Gnom mit goldlackiertem Schädel und zugenähten Augen in den Weg stellte, der ihre Tritte und Schläge wegsteckte, als wäre er aus Gummi, hatte der Heinzer sie behutsam geweckt und von dieser Radiosendung erzählt, die er ein paar Abende zuvor gehört hatte und in der es um die Verbindung von Albträumen und Parkinsonerkrankungen gegangen war. Gewaltträume müssten nicht zwangsläufig psychische Ursachen haben, hätten die am Radio gesagt, häufig gingen sie auf einen zersiebten REM-Schlaf zurück, und der wiederum könne ein frühes Anzeichen von Morbus Parkinson sein. Anna holte sich einen Termin bei einer Neurologin in Wilmersdorf, von der sie nach einem ergebnislosen EEG in die Schlaf- und Chronomedizin des St.-Hedwig-Krankenhauses in Mitte überwiesen wurde. Dort hat sie die letzten drei Nächte verbracht.

Pünktlich um 19 Uhr am Dienstag fand sie sich im Schlaflabor ein, bezog ihr Zimmer und schlüpfte in ihre Schlabberhose, bevor sie sich in einen *Klebezimmer* genannten Raum begab, wo sie zusammen mit ein paar weiteren Patienten von einer Gruppe Medizinstudentinnen am ganzen Körper verkabelt wurde. Die Vorrichtungen für die Elektroden am Kopf und im Gesicht wurden mit einer bestialisch stinkenden Paste namens Cholodium befestigt, deren Rückstände Lothar zufolge jetzt noch zu sehen sind. Schweigend und mit krampfhaft ins Leere gerichteten Blicken ließen Anna und die anderen vier Patienten die gut vierzigminütige Verkabelungsprozedur über sich ergehen, anschließend zogen sich alle sofort auf ihre Zimmer zurück.

Statt runter in den Hof zu fahren, rauchte sie heimlich am Fenster ihres Zimmers. Sie lehnte sich so weit es ging hinaus, blickte auf die goldene Kuppel der Synagoge und lauschte dem aus einem der dahinterliegenden Gebäude herüberschallenden

Gesang einer Opernsängerin, der neben dem Rauschen der Heizung das einzige Geräusch war.

Man sollte vorm Zubettgehen nicht auf die Uhr schauen, sondern sich dann hinlegen, wenn man müde war, und erst wieder aufstehen, wenn man sich ausgeschlafen fühlte. Wecker waren verboten, und vorm Schlafengehen musste ein Abendprotokoll ausgefüllt werden: *Wie war heute Ihre durchschnittliche Leistungsfähigkeit? Hat es für Sie heute besonders starke Belastungen gegeben? Haben Sie in den letzten vier Stunden Genussmittel zu sich genommen?* Danach war es Zeit für den *Leckerbissen*, wie der für sie zuständige Student die Thermometersonde genannt hatte, die Anna sich rektal einführen musste. Mit der Hose an den Knöcheln lag sie in Embryonalstellung auf dem Bett und schob sich mithilfe von Einweghandschuhen und Vaseline den Schlauch in den After, und erst als sie damit fertig war, bemerkte sie die genau auf ihr Bett gerichtete Infrarotkamera unter der Zimmerdecke.

Sie rauchte noch eine letzte Zigarette, dann schloss sie das Fenster und klingelte nach der Nachtwache, einem weiteren Medizinstudenten, der die Verkabelungsbox mit der Apparatur neben ihrem Bett verband. Ab jetzt müsse sie immer klingeln, wenn sie etwas wolle. »Lieber einmal zu oft klingeln als einmal zu wenig, keine Scheu«, meinte der junge Mann, der eigentlich ganz nett war und sich, falls er ihr ungelenkes Manöver auf dem Monitor drüben im Kontrollraum verfolgt hatte, immerhin nichts anmerken ließ. Zum Schluss senkte er die Stimme und sah ihr gleichermaßen komplizenhaft wie tadelnd in die Augen: »Frau von Bassenheim, ich bin still wie ein Grab, aber der Geruch, der zieht durch den ganzen Flur. Hier oben herrscht striktes Rauchverbot, okay?« Dann wünschte er ihr eine gute Nacht, löschte das Licht und schloss die Tür.

Die erste Nacht schlief sie so schlecht, dass sie fast stolz drauf war. Seht her, ich bin nicht nur aus Jux und Dollerei hier, ich habe wirklich was, ertappte sie sich zu denken, als sie in ihrem stockdunklen und von allen Geräuschen abgeschirmtem Zimmer aus einem anstrengenden Traum hochschreckte und auf die Klingel drückte, um sich entkabeln zu lassen. Es sei noch mitten in der Nacht, meinte der herbeigeeilte Student, Anna solle bitte versuchen, noch etwas zu schlafen, und brockte ihr damit einen weiteren Albtraum ein, in dem ihr Körper als Wirtstier für unzählige Fleischwunden diente, klaffende und wuchernde und schmatzende Löcher, die sich zusammenziehen konnten wie fleischfressende Pflanzen. Sie drosch mit der Faust auf den Klingelschalter, und diesmal war es offenbar spät genug, sie durfte aufstehen. Nach der halbstündigen Entkabelungsprozedur und einer anschließenden heißen Dusche stand sie völlig gerädert vor dem Badezimmerspiegel. Ihr Haar erschien ihr farblos und stumpf, wie das einer Vogelscheuche, und da kam ihr die Idee, sich die Haare zu färben, was sie eine halbe Ewigkeit nicht gemacht hat. Statt nach Hause oder in den Laden zu fahren, suchte sie den Rossmann am Hackeschen Markt auf, entschied sich für eine Packung Country Colors Madagascar und machte sich im Bad ihres Zimmers an die Arbeit, als wäre das Krankenhaus ein Hotel und sie nur zur Erholung dort. Anschließend setzte sie sich in ein Café und las bei einer Quiche Lorraine und einer Kanne Tee in aller Ruhe die Feuilletons und Kulturteile sämtlicher ausliegender Tageszeitungen, bevor sie stundenlang durch die Galerien in der Linienstraße und ein paar Läden mit gebrauchten Designerklamotten zog. Kurz, sie machte all die Dinge, die sie früher ständig gemacht hat, bevor der Laden ihr keine Zeit mehr dazu ließ und lange bevor sie mit dem Heinzer zusammengekommen ist, dessen Sinn für Kunst und Kultur, von seiner Musikbegeisterung mal abgesehen, gegen null tendiert. Abends aß sie einen überraschend guten Linsen-Quinoa-Salat in einem lauten Touristenrestaurant auf der Oranienburger, gönnte sich eine kleine Karaffe Pinot noir dazu, und dann war es auch schon wieder Zeit fürs Klebezimmer.

Von Mittwoch auf Donnerstag schlief sie etwas besser. Nicht gut, aber besser. Schlechter ging ja auch kaum. Sie erwachte gegen neun, verließ das Schlaflabor um zehn und lief zur Weinmeisterstraße, um zum Laden zu fahren, der an diesen drei Tagen nur in den frühen Abendstunden besetzt war, von Andrej, ihrer studentischen Aushilfskraft auf 450-Euro-Basis. Doch statt zur Bahn zu gehen, lief sie aus einem spontanen Impuls heraus an der Haltestelle vorbei und streunte erneut einen ganzen Tag durch Mitte, runter ins Nikolaiviertel, durch die Straßen und Gassen zur Spree und über die Museumsinsel bis zum Gendarmenmarkt und zum Reichstag, dann mit einem weiten Bogen durch das Scheunenviertel wieder zurück. Sie genoss es, völlig planlos durch die Stadt zu flanieren, in die sie vor über 25 Jahren gekommen ist, voller Erwartungen und großer Ideen. Berlin, das war ja ein Versprechen gewesen, der Gegenentwurf zur stickigen Enge zuhause in der Pfalz. Raus aus dem goldenen Käfig mit Hauspersonal, Skiurlaub und Abendgebet, Schluss mit dem Schweigen, dem Dichthalten und Runterschlucken, endlich Remmidemmi, endlich Freiheit, endlich weg von dem Tyrann. Als er seinen letzten Atemzug tat, lag sie gerade auf der Couch der vermutlich letzten klassisch-freudianischen Psychoanalytikerin der Stadt, und als man ihn ein paar Tage später unter die Erde brachte, zappelte sie mit einem dicken Joint in der Hand zu Salsamusik tanzend hinter einem LKW die Gneisenaustraße runter, Karneval der Kulturen, habe die Ehre.

Das Wasser beginnt zu kochen. Anna nimmt einen letzten Zug von ihrer Zigarette, dann drückt sie die Kippe in dem kleinen flachen Zinkaschenbecher aus. Was der Heinzer wohl zu ihrer neuen Haarfarbe sagen wird? Seit er sie am Dienstagabend zum Krankenhaus gefahren hat, haben sie sich nicht gesehen. Gestern Abend rief er kurz an, um zu sagen, dass er sie heute Nacht um zwei am Laden abholen würde, er habe eine Überraschung für sie. Er klang aufgeregt, er hat sogar ein wenig gestottert. Der Heinzer halt. Wenn's nach ihm ginge, wäre das Leben ein langer, ruhiger Fluss. Noch vor zehn Jahren hat sie Typen wie ihn belächelt. Die Uncoolen, die Schwankenden, die latent Überforderten. Früher war sie überheblich und arrogant, sie weiß das. Berufskrankheit. Im Koordinatensystem der Agenturwelt mit ihren Playern und High Achievern konnte einer wie der Heinzer nur als gutmütiger Trampel gelten, unbeholfen, verstaubt, ein Relikt, und auch wenn Anna diese Denkweise und den darin zum Ausdruck kommenden Konkurrenz- und Leistungsdruck schon immer als widerwärtig empfand, es hat ein Weilchen gedauert, sich davon zu befreien. Mittlerweile weiß sie es zu schätzen, dass ihr Freund nicht zu den profilierungssüchtigen Machertypen zählt, die sich permanent marktschreierisch selbst in Szene setzen müssen. Der Heinzer mag nicht unbedingt der sprichwörtliche *Typ zum Pferdestehlen* sein, dafür kann man sich immer auf ihn verlassen. Er ist, wie er ist, und er wird sich auch nicht mehr groß ändern, und auch wenn sie immer noch etwas angefressen ist, dass der Heinzer sich in den letzten Tagen kaum bei ihr gemeldet hat, sie freut sich auf ihn und darauf, dass er sie später hier abholt.

Anna nimmt die Kanne von der Station. Mit einem pumpenden Schwall schießt das dampfende Wasser in den Becher. Annas Brillengläser beschlagen. Sie hat die Kanne gerade zurück auf die Station gestellt, als vorne die Türglocke geht.

Sie sind zu fünft, und sie sind betrunken. Männer, um die 25, rosig und feist. Fußballfans, Manchester United. Der eine hat einen Lautsprecher an seinen Rucksack geklemmt, aus dem laute Technomusik dröhnt. *Didi-di-dip-dididi-dididi-didi-di-dip.* Seine Freunde haben sich überall im Raum verteilt. Der Größte von ihnen räumt eine Wodkaflasche nach der anderen aus dem Wein- und Spirituosenkühlschrank und hält sie in die Luft: »This one? Or that?« Er kann kaum noch stehen.

»Stell die Flaschen zurück, dir fällt gleich was kaputt«, sagt Anna, dann dreht sie sich zu dem mit dem Lautsprecher: »Und du, stell bitte das Ding aus hier im Laden.«

»What? Excuse me, Fräulein?«

Sie wiederholt es auf Englisch. Die Jungs lachen. Die Musik läuft weiter. Sie fangen an, sich über die Preise lustig zu machen. Finden alles grotesk billig. Zwei von ihnen reißen die Arme in die Luft. *Didi-di-dip-dididi-dididi-didi-di-dip.* Als der mit dem Rucksack herumwirbelt und dabei einen ganzen Stapel britischer Indie-Modemagazine abräumt, hat Anna genug. Sie baut sich vor ihm auf und zeigt zur Tür: »Please leave my shop.«

Der Große will noch diskutieren. Anna reißt ihm die Flasche Moskovskaya aus der Hand. Der Große grinst herablassend und versucht, ihr über den Kopf zu streichen. »Calm down, Fräulein, relax!«

»FASS MICH NICHT AN!«, brüllt sie und schlägt seine Hand weg. »OUT! EVERYBODY OUT!!« Sie ballt die Hände zu Fäusten, schiebt die Jungs aus der Tür und knallt die Tür ins Schloss. Auf dem Gehweg hört sie die Typen lachen und johlen. Klippenpisser. Mit dem Billigflieger ins Partyhostel, saufen bis zum Umfallen und zum Ende des Tages noch 'ne schöne Schlägerei, dann war es ein gelungener Abend.

Sie geht zum Kühlschrank und stellt den Wodka zurück. Sie lehnt sich an die Wand, steckt die Hände in die Außentaschen ihres Cardigans und schließt die Augen. Ihr ist heiß und kalt zugleich. Ihr Herz rast. Ihre Oberlippe pocht. Sie spürt noch die Stelle, wo der Widerling sie angefasst hat, riecht seine Fahne und seinen Schweiß. Schwach dringt das repetitive Getrommel des Percussionisten auf der anderen Straßenseite zu ihr herüber.

Anna hat es geliebt, als sie hierherkam. Die Straßenmusik, die Freaks, die kreativen Rebellen. Die Widerspenstigkeit dieser grauen und doch so bunten Stadt. Jetzt würde sie dem Trommelheini am liebsten seine Bongo zu fressen geben.

Sie atmet tief ein und wieder aus, dann bückt sie sich und beginnt, die verstreuten Hefte vom Boden aufzusammeln. Sie hat die Zeitschriften gerade zurück auf den Tisch gehoben und den ersten Stapel mit den Handflächen zu einem eckigen Block justiert, als hinter ihr die Tür aufgestoßen wird. Sie zuckt ängstlich zusammen und fährt herum, doch es ist nur der Typ mit dem dreckig-blonden Wuschelkopf und der John-Lennon-Brille. Nach dem kann sie die Uhr stellen.

»Schönen guten Abend«, sagt er und schaut den Engländern

hinterher, die sich singend und hüpfend auf dem Bürgersteig entfernen. »Ich hätte gern einmal das, was die da hatten.«

Anna schaut ihn an: »Hausverbot?«

Der Wuschelkopf lacht, und Anna entspannt sich ein wenig. »Zwei Sterni, wie immer?«

Er nickt.

Sie reicht ihm zwei Flaschen aus dem Kühlschrank und geht zum Kassieren hinter den Tresen. »Eins achtzig dann bitte.«

Als wenn er das nicht wüsste. Seit gut einem halben Jahr schneit er jetzt mehrmals am Abend hier rein und kauft jedes Mal genau zwei Sternburg. Beim ersten Mal gegen acht, und von da an im Zwei-Stunden-Rhythmus bis zwölf oder zwei. Sie schaut auf die Uhr: 22:03. Passt. Alle paar Tage nimmt er noch Eindrehfilter, die von Gizeh, eine Packung Blättchen, OCB, und Tabak, Javaanse Jongens, der gelbe. Manchmal auch eine Tüte Chips, Crunchips Thai Sweet Chili. Meistens hat er ein paar leere Flaschen dabei. Heute nicht. Er zahlt mit einem Zwanziger. Anna gibt ihm raus und verstaut den Schein in ihrer Gesäßtasche. Seit Anfang des Jahres die beiden vermummten und mit Macheten bewaffneten Heranwachsenden den Laden gestürmt haben, benutzt sie die Kasse nur noch fürs Münzgeld und trägt sämtliche Scheine am Körper.

Der Wuschelkopf nimmt die beiden Flaschen und wendet sich zum Gehen.

»Warum eigentlich immer zwei?«, fragt Anna.

Er hält inne, er scheint zu überlegen. Dann grinst er. »Soll ja perfekt temperiert sein. Kriegt man ja sonst nicht runter.«

»Wohl wahr«, sagt sie, erleichtert, dass er ihre Neugier nicht als übergriffig empfindet. Sie wollte ihn ja auch gar nicht auf sein offensichtliches Alkoholproblem hinweisen, sondern nur wissen, warum immer genau zwei, das dann aber mehrmals am Abend. Erst als er sich verabschiedet hat und Anna sich ihr *Bis später* gerade so eben noch verkneifen konnte, fällt ihr auf, dass seine Antwort überhaupt keinen Sinn ergibt. *Soll ja perfekt temperiert sein?* – Es sei denn, der junge Mann hat keinen Kühlschrank. Oder keine Wohnung. Aber wie ein Obdachloser sieht er nicht gerade aus. Und dass jemand eine Wohnung, aber keinen Kühlschrank hat, davon hat sie noch nie gehört.

Das Wasser brodelt noch. Seit neuestem schaltet sich der Wasserkocher nicht mehr von alleine aus. Der Tee hat zu lange gezogen, den kann man nicht mehr trinken. Sie schüttet ihn ins Waschbecken und pfriemelt einen frischen Teebeutel aus der Schachtel: *Löse ein Problem, und hundert andere verschwinden.* Klingt fast wie der Arzt heute Vormittag.

Nachdem sie anderthalb Stunden in der trostlosen Krankenhauskantine auf den Nachbesprechungstermin gewartet hatte, empfing Dr. Krümpel sie in seinem Büro. Die letzte Nacht war noch einmal richtig schlimm gewesen, die schmatzenden Fleischwunden wieder und auch die goldlackierte Kreatur, ein Worst-Of ihrer Albträume. Der Befund: *Gestörter REM-Schlaf*, wie erwartet. Zu ihren Befürchtungen eine Parkinsonerkrankung betreffend könne man leider erst etwas sagen, nachdem Annas Dopamintransporterdichte gemessen worden sei. Hierzu werde ihr bei einer Hirnszintigraphie in der Nuklearmedizin des Klinikums Friedrichshain eine radioaktive Substanz injiziert und Anna für etwa 45 Minuten *in die Röhre* geschoben. Allein bei dem Gedanken daran wurde ihr ganz anders, doch sie nickte wie ein folgsames kleines Mädchen, mittlerweile nur noch darauf bedacht, so schnell wie möglich das Gespräch zu beenden und in den Laden zu kommen, um sich um das Chaos zu kümmern, dass sie nach zweieinhalbtägiger Abwesenheit dort erwarten würde. Als könnte er ihre Gedanken lesen, nahm Dr. Krümpel seine Brille ab und sah sie an. Mit eindringlicher Stimme sagte er, dass er ihr aber vor allem empfehlen müsse, ihr Schlafverhalten zu ändern oder sich am besten gleich einen anderen Job zu suchen. Zwar gebe es durchaus Früh- und Spättypen, Lerchen und Eulen genannt, doch nachts wach zu sein und tagsüber zu schlafen, das sei für niemanden gut, schließlich sei der Mensch ein tagaktives Säugetier, und gestörtes Schlafverhalten könne zu den unterschiedlichsten körperlichen und psychischen Beschwerden führen, von Depressionen bis Krebs. »Im Grunde«, so drückte er sich aus, »muss ich als Schlafmediziner Ihnen empfehlen, zu leben wie ein Beamter.«

»Wie eine Beamtin«, korrigierte Anna ihn, worauf der Arzt nur bemüht lächelte, »Beamtin, meinetwegen«, und hinzufügte, es könne nicht schaden, mit ihrem Problem zusätzlich einen Psychotherapeuten zu konsultieren.

Sie zieht den Faden des Teebeutels stramm und wickelt ihn um den Griff ihres Bechers. Als wäre sie darauf nicht schon von alleine gekommen. Als hätte ihr das jemals irgendwas geholfen. Sie gießt das Wasser in ihre Tasse und stellt den Wasserkocher aus. Sie will sich kein radioaktives Mittel spritzen lassen. Sie will in keine Röhre, und sie will vorerst auch keine Krankenhäuser mehr sehen. Was sie will, ist in Ruhe ein paar Zeitschriften und Getränke und Zigaretten verkaufen, und dann später zum Heinzer ins Auto steigen und nach Hause fahren und eine Überraschung bekommen und kein Parkinson haben.

Sie hebt ihren Becher an und pustet vorsichtig über den Tee. Die Türglocke. Durch den Vorhang sieht sie jemanden durch den Verkaufsraum huschen. Mitten im Laden bleibt die Gestalt stehen und schaut sich um.

»Komme!«, ruft Anna.

Sie stellt den Becher ab und schlüpft an den Dosen mit Weingummis und Lakritzen vorbei hinter den Tresen.

Der Kunde wartet schon. Ein junger Mann, eigentlich noch ein Bubi. Er hat die Kapuze seines Pullovers über den Kopf gezogen und einen Schal oder ein Tuch ums Kinn gewickelt, so dass nur seine Augen und die Nase hervorschauen. Er tippelt von einem Bein aufs andere. »Zigaretten, bitte.«

»Welche Marke?«, fragt Anna und dreht ihm den Rücken zu.

»Marlboro.«

»Die roten oder Lights?«

»Weiß nicht. Egal. Lights.«

»Softpack oder normal?«

»ALTERSCHLAMPEMACHEINFACHABERSCHNELL!«

Sie schreckt herum. Der Bubi hat sich das Tuch über die Nase gezogen. In der rechten Hand hält er ein Messer. Hektisch fuchtelt er damit herum, als würde er etwas in die Luft malen.

»GIBGELD!« Es klingt mehr nach einem panischen Laut als nach einer Forderung. Anna weiß, das sind die Gefährlichsten: die Ängstlichen, die Unsicheren. Schließlich ist sie mittlerweile Profi. Überfallopferprofi.

In den Beinen fängt es an. Sie drückt die Knie durch, macht sich gerade und spannt die Bauchmuskeln an. Sie hört das Blut durch ihre Schläfen rauschen. Sie versucht, ihre Mimik unter Kontrolle zu behalten. Sie muss ihn kalt erwischen. Nur wenn er sie für schwach und wehrlos hält, hat sie eine Chance. Ihr Blick fällt auf das Messer. Die Klinge ist stumpf und kaum 10 cm lang. Und trotzdem. Es ist immer noch ein Messer.

»Ganz ruhig, okay?«, hört sie sich sagen.

»WASGUCKSTDUNUTTEMACHKASSEAUFSCHNELL!« Der Bubi lehnt sich halb über den Tresen. »GIBGELDHERLOS!«

Anna nickt. Wenige Zentimeter vor ihrer Brust glänzt die Klinge des Messers im Schein der Neonröhre, die sie längst gegen eine etwas angenehmere Lichtquelle austauschen wollte. Vorsichtig lässt sie das Kassenfach aufschießen. Sie atmet tief durch.

Du bist Teil des riesigen Lebensorchesters.

Die roten Flecken in seinem Gesicht. Vielleicht hat er sich heute zum ersten Mal nass rasiert. Das leichte Zucken seines linken Augenlids. Das ganze Leben, das noch vor ihm liegt. Sie spürt das Adrenalin durch ihren Körper jagen.

Löse ein Problem, und hundert andere verschwinden.

Langsam hebt sie die rechte Hand, greift in die Kasse und umklammert das Münzfach.

Das ist jetzt also der Moment, in dem das Szenario, das sie sich so oft ausgemalt hat, endlich Wirklichkeit wird.

II

»Don't cry – work.«

SAG JETZT NICHTS

Erzähl ihm einfach, was er hören will. Sag, dass du mit alldem nie etwas zu tun hattest, bevor du hierherkamst, und dann beantworte geduldig seine Fragen: Name, Alter, seit wann du hier bist und woher du kommst, dass du zwei Brüder und drei Schwestern hast und in einem Dorf weit außerhalb der Hauptstadt aufgewachsen bist, und auf die Frage, was man über dein Land wissen sollte, erzähl ihm die Geschichte, die deine Großmutter dir erzählt hat, als du noch ein Kind warst: Als Gott die Erde schuf, wanderte er über die Erdteile, um seine Schätze zu verteilen, bis er nach Guinea kam, wo er stolperte und all seine Schätze verschüttete, da hebt er die Augenbrauen und nickt und dreht sein kleines Heftchen ins Licht der Laterne und macht sich eine Notiz, die Geschichte scheint ihm zu gefallen, also erzähl ihm auch von dem Satz, den du später auf den Straßen von Conakry immer wieder gehört hast: *Guinea ist ein geologischer Skandal*, womit auf die großen Vorkommen von Bodenschätzen in deinem Heimatland angespielt wurde, Gold, Diamanten, Eisenerz und Bauxit, das von internationalen Firmen abgebaut wird, Firmen, die ihre eigenen Arbeiter mitbringen und kaum Arbeitsplätze für Afrikaner schaffen und Guineas Reichtum nach China oder Russland oder Europa verschiffen, während die Politiker die Hand aufhalten, so zumindest hat man es sich in der Hauptstadt erzählt, und du erinnerst dich noch daran, wie du als Junge mit deinem Vater an den Bahngleisen außerhalb eures Dorfes standest und dieser endlos lange Zug mit Waggons voller Erde vorbeifuhr und du deinen Vater gefragt hast, was der Zug geladen habe und warum er so lang sei und wo er hinfahre, und dein Vater keine Antworten auf deine Fragen hatte und sagte, du sollest nicht so neugierig sein, erzähl ihm, dass dein Vater Goldschmied war und dessen Vater auch und dass du und deine Brüder ebenfalls Goldschmiede werden solltet, und dann erzähl ihm von dem Jahr, als es in eurem See plötzlich keine Fische mehr gab und Farbe, Geruch und Geschmack des Wassers in eurem Brunnen sich änderten, erzähl ihm von den Pickeln und dem Durchfall und den roten Augen und davon, was euch von den immer näher rückenden Bergbaufirmen alles versprochen wurde, sauberes Trinkwasser, Strom, eine Straße, erzähl ihm, wie dein ältester Bruder und du das Dorf schließlich verlassen habt, um auf dem Madina-Markt in Conakry Schuhe und Kleidung zu verkaufen, erzähl ihm von dem Zimmer in dem Haus mit dem Wellblechdach und dem Platz nebenan, auf dem jeden Tag Müll und Autoreifen brannten, erzähl ihm von den Staus und dem Smog und den Stromausfällen und dem schlimmen Husten deines Bruders, erzähl ihm auch, dass du in Conakry zum ersten Mal von den Abneigungen zwischen Fula, Malinke und Susu gehört hast, die Fula seien hinterhältig, hieß es, die Malinke wollten überall die Chefs sein, hätten aber nicht viel im Kopf, und die Susu seien faul und wollten nicht arbeiten, benutz den Begriff *Tribalist War*, den er nicht zu kennen scheint, den er sich wieder notiert, sag, dass es für dich und deinen Bruder in Conakry nur so gerade zum Überleben reichte, so dass ihr nach einem Jahr mit leeren Taschen aus der Hauptstadt zurück nach Hause kamt, wo von der Familie beschlossen wurde, sich im Dorf Geld zu leihen und dich auf die lange Reise nach Europa zu schicken, erzähl von deinen Ängsten und deinen Hoffnungen und beantworte all seine Zwischenfragen, Hauptsache er zahlt, 50 Euro habt ihr abgemacht, nicht schlecht für eine Stunde reden, so viel Gewinn machst du hier mit den Päckchen an einem ganzen Abend nicht, er ist älter als du und gut gekleidet und hat sein Handy zwischen euch auf die Parkbank gelegt, das Handy zeichnet alles auf, ein iPhone, teuer, er schreibt, sagt er, nicht für eine Zeitung, etwas anderes, du hast es nicht genau verstanden, es kann dir auch egal sein, gib ihm einfach deine kleine Vorstellung und erzähl von der langen Reise durch die endlose Wüste, im Treck und in Kolonnen, auf Jeeps und großen Militärlastern, zu Fuß und im Kofferraum eines Taxis, erzähl ihm von den Männern und Frauen, die unterwegs liegen blieben, und von dieser libyschen Stadt namens Bani Walid, in der du und ein paar andere Guineer von einem Landsmann aufgegriffen wurdet, Alpha aus Boké, der schon seit Jahren in Libyen lebte und die Sprache sprach und euch einen Platz zu schlafen und etwas zu essen gab, bis ihr von einem Trupp Warfallahs in Uniformen abgeholt und auf verschiedene Lager verteilt wurdet, und wenn er fragt, was das sind, Warfallahs, dann sag: very bad people, und wenn er sich das aufschreibt und dabei so komisch guckt, als würde er dir nicht ganz glauben, dann lass dich davon nicht irritieren und rede weiter, gib zu, dass es einen Moment gedauert hat, bis dir klarwurde, dass ihr von Alpha aus Boké verkauft worden wart, erzähl von deiner Zelle im Keller unter der Autowerkstatt und von dem fensterlosen Raum, in dem man euch geschlagen und die Telefonnummern eurer Familien von euch verlangt hat, erzähl ihm auch von den Peitschen und den Plastikschläuchen und den Drähten mit Strom, die sie dir an die Hoden hielten, als sie deine Mutter am Telefon hatten, mute ihm das zu, genau das wollen sie doch hören, genau dafür zahlen sie doch so gut, erwähne also auch die Schreie und die Leichen und den Somali mit der hässlichen Narbe im Gesicht, der der Brutalste von allen war und offenbar selbst dort festgehalten wurde, studiere seine Reaktionen, sein betroffenes Gesicht und sein hilfloses Nicken, dann lass es gut sein und mach einen Sprung zu der dunklen Straßenecke außerhalb der Stadt, an der sie dich Wochen oder Monate später, als deine Familie endlich das Lösegeld zusammengekratzt und bezahlt hatte, halbtot und zum Gerippe abgemagert aus dem Kofferraum eines Autos warfen, erzähl ihm, wie du dich nach Tripolis durchgeschlagen und dort auf Baustellen gearbeitet hast, wie oft man dich um deinen Lohn betrogen hat und dass du am nächsten Tag trotzdem jedes Mal wieder an derselben Straßenecke standest, erzähl ihm von den Soldaten und den Milizen und den Asma Boys, für die ihr Westafrikaner Freiwild wart, von der Wut des einen, als er weder Handy noch andere Wertsachen und nicht einen Dinar bei dir fand, wie du ihnen nur knapp und mit einer klaffenden Messerwunde am Oberarm entkommen bist, die sich in den Tagen darauf entzündet hat und jetzt noch manchmal schmerzt, zieh deine Jacke aus und zeig ihm die Wunde und registriere sein leichtes Zurückzucken, weil sie hier Distanz wahren, weil sie es hier als Bedrohung empfinden, wenn man ihnen zu nahe kommt, verscheuch den Gedanken daran, wie es bei ihm zuhause aussieht, wie er wohnt, ob er eine Frau hat und Kinder, das geht dich alles nichts an, das macht dich nur traurig, spul stattdessen weiter dein Programm ab und erzähl ihm, wie du nach sechs oder sieben Monaten endlich das Geld für die Überfahrt nach Italien zusammenhattest, 1000 Dinar für einen Platz auf einem Schlauchboot, schüttle stumm den Kopf, wenn er fragt, ob du schwimmen kannst, und erzähl davon, wie froh du warst, als du Alpha aus Boké auf dem Boot gesehen hast, der dich in Bani Walid zwar betrogen und verkauft hatte, der aber doch immerhin ein wohlhabender Mann mit guten Kontakten war, wenn so einer auf diesem Boot mitfuhr, dachtest du, dann würde schon alles gutgehen, dann wärt ihr sicher, und dann erzähl ihm, wie dieser böse Mann nach etwa 30 Minuten Fahrt grinsend auf ein kleineres Motorboot umstieg, das ihn zurück nach Tripolis brachte, worauf innerhalb kürzester Zeit Boote der libyschen Küstenwache auftauchten, die euch abfingen und in einen Hafen namens Suara schleppten und an die Hafenmiliz übergaben, welche euch wiederum an die Polizei übergab, die euch in ein Lager brachte, das wieder von einer anderen Miliz betrieben wurde und in dem es kein Tageslicht gab und kaum genug zu essen für alle, weil fast täglich ganze Bootsladungen neuer Gefangener eintrafen, erzähl ihm davon, wie du an ein privates Gefängnis weiterverkauft wurdest und dich dort mit Arbeit freigekauft hast und zurück nach Tripolis bist, wo du wieder bei null anfangen musstest und erneut auf die Baustellen bist und betrogen wurdest und es schließlich erst bei der dritten Fahrt übers Mittelmeer klappte, wieder auf einem Schlauchboot, eine zweitägige Überfahrt mit 160 Passagieren, erzähl ihm von dem Mann aus Mali, der direkt neben dir gestorben ist und ins Wasser geworfen wurde, erzähl von dem Leck und von der Rettung durch ein deutsches Boot, erzähl von Italien, von den Polizisten und dem Lager und der Baracke mit dem zerlöcherten Dach, in der du und ein paar Jungs aus Guinea und dem Senegal ein paar Wochen lang untergekommen seid, als ihr Tomaten geerntet habt, erzähl von der Fahrt mit dem Zug nach Deutschland und wie du in diesem Ort namens Kamp-Lintfort gelandet bist, von dem Heim dort, in dem es nichts zu tun gibt außer schlafen und essen und schlafen und essen, weswegen du sooft es geht mit dem FlixBus nach Berlin fährst, auch wenn man dir für jede Woche der Nichtanwesenheit in Kamp-Lintfort das Geld kürzt, erzähl ihm, dass du nicht gewusst hast, dass du in Deutschland nicht arbeiten darfst, dass du gedacht hast, man müsse es nur durch das gefährliche Afrika ins gelobte Europa schaffen, dann werde automatisch alles gut, dann könne man einen Beruf erlernen und sich eine Zukunft aufbauen und Geld nach Hause schicken und gut essen und gut schlafen, vielleicht sogar etwas sparen, um regelmäßig zurück nach Guinea fliegen und die Familie besuchen zu können, du hast ja nicht einmal gewusst, dass man nicht überall in Europa Französisch spricht, aber das hättest du jetzt vielleicht nicht sagen sollen, denn nun lächelt er so komisch, bestimmt hält er dich für dumm, also erzähl ihm, dass du neben Französisch und Englisch auch Fula und Susu und Malinke sprichst, und wenn er wissen will, ob du zur Schule gegangen bist, dann sag nein, du hättest leider nie eine Schule besucht, gib ihm keine Gelegenheit zu der Frage, ob du dann überhaupt lesen oder schreiben kannst, sag stattdessen, dass du nicht verstehst, warum man dich nicht arbeiten lässt, sag, dass du alles machen würdest, auf dem Bau arbeiten, als Maurer oder Dachdecker, Fahrräder reparieren, Anstreicher lernen oder Mechaniker, und dass du diese gefährliche Reise bestimmt nicht auf dich genommen hast, um rund um die Uhr in einem Park zu stehen und verbotene Dinge zu verkaufen, streue immer wieder deutsche Begriffe ein, sag: *Duldung*, sag: *Asyl*, sag: *Lager* und *Residenzpflicht*, *Ausweis*, *Ausweiskontrolle*, *Polizeikontrolle*, zeig ihm deine Papiere mit der Aufschrift *Aussetzung der Abschiebung* und dem dicken roten Streifen, der von links oben nach rechts unten verläuft, dann nimm einen Schluck Cola und sag, dass es hier in Berlin trotz allem besser ist für dich, besser als in Guinea und besser als in Kamp-Lintfort, wo man vor lauter Nichtstun wahnsinnig wird und die Menschen auf der Straße einen nicht grüßen, weil sie keine Fremden mögen oder weil sie Angst haben, erklär ihm, was dieser Park euch bedeutet, dass die meisten von euch nicht hierherkommen, um Päckchen zu verkaufen, sondern um Freunde zu treffen und den Kopf freizukriegen und Musik zu hören, und wenn er fragt, welche Musik dir gefällt, dann erzähl ihm von MHD, der in Frankreich geboren wurde und guineische Wurzeln hat und arm war und jetzt Millionär ist, und da unterbricht er die Aufnahme, und ihr schaut euch ein Video auf YouTube an, *Afro Trap Part 7*, erzähl ihm, dass du gerne tanzen gehst, ins Yaam oder ins Surprise, Clubs, wo du und deine Freunde wie normale Menschen behandelt werdet, erzähl ihm, dass man euch hier in Berlin überwiegend in Ruhe lässt und dass es sogar Leute gibt, die euch helfen, dass in Berlin gute Menschen leben, dass sogar die Polizisten netter sind, und wenn er nun stutzt und nachfragt, ob die Polizisten in Berlin nicht auch oft rassistisch seien oder brutal, dann lächle nur und sag, dass er bestimmt noch nie in Afrika war, und wenn, dann als Tourist, lob die deutsche Polizei, die für alle Menschen da ist statt nur für ein paar wenige mit Geld, sag, dass du nie wegrennst, dass du auf Verlangen immer sofort deinen Ausweis zeigst und allen Anweisungen Folge leistest und die Polizisten niemals provozierst, erzähl ihm, was deine Mama dir beigebracht hat, dass man arbeiten muss und beten und sich von allem Negativen fernhalten, dann wird alles gut, erzähl ihm, dass du hier in Berlin bei Freunden schläfst, mal bei diesen, mal bei jenen, meistens in der Wohnung in Spandau, wo sie offiziell nur zu viert wohnen und wo ihr häufig gemeinsam kocht und esst, Hühnchen und Reis oder auch mal Gerichte wie Banku oder Fufu, wenn jemand beim African Shop war und Gewürze gekauft hat, Cassavablätter oder Kochbananen, erzähl ihm, dass du am Anfang im Park übernachtet hast und auch mal eine Nacht im Hostel, wo du heute Nacht wieder schlafen wirst, weil es dir nicht gutgeht und weil Freitag ist und die Wohnungen deiner Freunde freitags immer besonders voll sind, aber auch, weil du dir von einem Teil deiner Einnahmen etwas leisten möchtest, ein richtiges Bett, nur für eine Nacht, und dann erzähl ihm von der Hütte, die Jibril sich letzten Sommer hinten am Teich gebaut hat, zwischen den Bäumen, geschützt von Gestrüpp und aus lauter Materialien, die Jibril auf der Straße und im Busch gefunden hat, Holz, Plane, Europaletten und Teppiche, sogar eine Matratze hatte er und zwei Schlafsäcke, erzähl ihm, dass er dir dort manchmal etwas auf seinem Gaskocher gekocht und einen Schlafplatz angeboten hat, und wenn er nachfragt, wer Jibril ist, dann nenn Jibril deinen besten Freund und erzähl ihm, dass du ihn auf den Tomatenfeldern in Italien kennengelernt und Monate später hier im Görlitzer Park wiedergetroffen hast, dass ihr euch auf Malinke unterhaltet und dass er in einem Dorf in Bayern gemeldet ist, erzähl ihm von dem Fluchtgrund, den Jibril bei seiner Anhörung in Bayern angegeben hat, ärgere dich im selben Moment darüber, denn nun will er natürlich mehr darüber wissen, aber er wird nichts verraten, also beantworte seine Fragen und erzähl ihm von den Fotos, die bei der Anhörung von Jibril verlangt wurden, Fotos, auf denen er einen Mann küsst, Fotos, die er natürlich nicht hatte, er ist ja nicht lebensmüde, worauf die in Bayern ihm nicht glaubten, während einige der Männer im Heim ihm wiederum nicht abnahmen, dass er den Fluchtgrund nur erfunden hat, um seine Chancen auf Asyl zu erhöhen, dass er ausgegrenzt und misshandelt wurde und schließlich von Bayern nach Berlin geflüchtet ist, sag, dass Jibril nicht mehr der Alte ist, seit er seine Hütte vor ein paar Wochen zerstört vorgefunden hat, und weil er jetzt einfach zuhört und dich ansieht, ohne dich zu unterbrechen oder auf seinen Zettel mit den Fragen zu schielen, erzählt ihm auch von den Gerüchten, die in Jibrils Berliner Community lauter geworden und sogar bis zu seiner Familie in Gambia durchgedrungen waren, worauf sein Vater ihn am Telefon aufforderte, auf der Stelle zurück nach Gambia zu kommen und zu heiraten, eine Frau zu heiraten als Beweis gegen das schändliche und ehrverletzende Gerede, erzähl ihm, wie verzweifelt Jibril ist, dass er nicht weiß, was er machen soll, dass er unter freiem Himmel schläft und immer betrunken ist und Horse Pills kauft bei den Marokkanern vorne an der großen Straße und dann herumschreit und aggressiv wird, dass er dich aus Angst vor seinen Landsleuten im Park nicht mehr sehen will, was schwierig ist, weil die Verkaufsplätze der Gambier direkt neben euren liegen, und wenn er sich nun vorbeugt und fragt, wie die Verkaufsplätze hier aufgeteilt sind, welche Gruppe wo steht oder stehen darf, wenn er also langsam überleitet zu den Fragen, wegen denen er eigentlich hier ist, zu den Dingen, die ihn wirklich interessieren, dann schüttle den Kopf und sag, dass du über all diese Sachen nichts weißt, dass du dich da raushältst und keinen Ärger möchtest, und wenn er nicht lockerlässt und wissen will, wie es zu den Streitereien und Revierkämpfen kommt, von denen er gehört hat, wie der Handel im Park organisiert ist und woher die Päckchen kommen, ob ihr alle aus derselben Quelle verkauft und ob es irgendeine Form von Arbeitsteilung innerhalb der einzelnen Gruppen gibt, dann tu so, als wäre dein Englisch nicht gut genug für dieses komplizierte Thema und speise ihn mit der knappen Information ab, dass hier jeder auf eigene Faust verkauft, füge hinzu, dass du das selbst dumm findest, dass du schon öfter daran gedacht hast, man müsse den Verkauf besser organisieren, sich in Teams aufteilen, in Schichten arbeiten, dass davon aber niemand etwas hören will, weil niemand hier dem anderen traut, nicht einmal die Angehörigen der einzelnen Volks- oder Sprachgruppen untereinander, es sind einfach zu viele, die von einem Tag auf den anderen verschwinden, und wenn er schließlich fragt, wie du es selbst mit Drogen hältst, dann beteuere, dass du keinen Alkohol trinkst und auch kein Kokain nimmst oder Speed oder Horse Pills, und wenn er nachfragt, ob du Gras rauchst, dann senk den Blick und sag, ja, manchmal, und wenn er fragt, ob du Muslim bist, dann tu so, als hättest du die darunterliegende Frage nicht verstanden, und erzähl ihm, dass du heute in der Moschee warst, wie jeden Freitag, dass du danach ein Foto von dir mit der Moschee im Hintergrund gemacht und das Foto nach Hause geschickt hast, wo es jetzt durchs ganze Dorf gehen und man stolz auf dich sein wird, seht her, unser Sohn, der ist jetzt im reichen Europa und hat eine gute Arbeit und eine Gemeinde, und wenn er dann immer noch keine Ruhe gibt und fragt, ob deine Familie weiß, was du hier machst, dann sag nein, sag einfach nein und dass du ihnen erzählt hast, du arbeitest als Koch in einem Restaurant, was deine Mutter und deine Schwestern anfangs lustig fanden, ihr kleiner Moussa in einer Küche, was ihnen aber im Grunde ganz egal ist, solange du regelmäßig Geld nach Hause schickst, mit dem sie die Schulden abbezahlen können, die sie schließlich vor allem wegen dir haben, die lange Reise, das Lösegeld, erzähl, dass dein Vater gestorben ist, während du in Libyen warst, dass du dich nicht von ihm verabschieden konntest und dass nun auch noch deine Tante krank ist und sterben wird, falls du nicht mehr Geld für ihre Krankenhausrechnungen und Medikamente schickst, erzähl ihm, dass deine Mutter und deine Geschwister dir nicht glauben, wenn du ihnen sagst, wie teuer und kompliziert das Leben in Europa ist, dass sie es für eine Ausrede halten, die du erfindest, um weniger Geld nach Hause schicken zu müssen, sie können nicht verstehen, wie traurig und wütend und krank dieses Leben dich an manchen Tagen macht, das ist viel zu weit weg für sie, also beißt du die Zähne zusammen und behältst auch deine ständige Müdigkeit und die Bauchschmerzen für dich, die dich seit Wochen plagen, die Übelkeit und das Erbrechen, das Jucken deines Körpers und die Tatsache, dass du manchmal tagelang nichts essen kannst, und wenn er nun sein besorgtes Gesicht auflegt und deine Augen erwähnt und dich fragt, ob du mal bei einem Arzt warst, dann sag, dass du bald wieder für ein paar Tage nach Kamp-Lintfort zurückmusst, um dein Geld abzuholen, und dort vielleicht einen Arzt sehen kannst, und dann erzähl ihm auch, dass du trotz all dieser Schwierigkeiten niemals nach Afrika zurückgehen wirst, weil es kein guter Ort für dich ist, weil du dort keine Zukunft hast und nicht so sein kannst, wie du bist, sag ihm, dass du dich umbringen wirst, sollten sie jemals versuchen, dich abzuschieben, dass du im äußersten Notfall deine Zunge verschlucken wirst, eine Methode, von der Jibril dir erzählt hat und von der du hoffst, dass dein Freund sie niemals selbst anwenden wird, erzähl ihm, dass du manchmal nachts wach liegst und dir das mit der Zunge wieder und wieder durch den Kopf gehen lässt, man kann es nicht üben, man kann es nur einmal machen, aber man kann sich innerlich darauf vorbereiten, und wenn es so weit ist, wirst du es schaffen, denn wenn du eins weißt, dann, dass du in Europa sterben wirst, und wenn er dich jetzt ganz erschüttert anschaut, ohne dir aber seine Hilfe anzubieten, weil sie ja nie helfen können, diese vornehm gekleideten Europäer mit ihren vielen Fragen und ihren Zetteln und Stiften und Kameras und iPhones, dann sag, dass du jetzt los musst, die Stunde ist um, du hast schon zu viel von dir preisgegeben, also sag jetzt nichts mehr, lass ihn mit der Geschichte machen, was er will, nimm die 50 Euro und geh los und bring deine restlichen Päckchen an den Mann.

EINE DATSCHE IM WALD

»Das ist ja furchtbar, Anna.«

»Es war schon das zweite Mal dieses Jahr, ich, ich ...«

»Das kann echt nicht wahr sein. Was ist denn genau passiert, geht's dir gut?

»Ob's mir gutgeht, fragst du mich?«

»Ich meine, körperlich? Bist du verletzt?«

»Besudelt fühle ich mich, Heinzer, am ganzen Körper besudelt.«

»Aber du wurdest nicht verletzt?«

»Dann ist alles gut, ja? Wenn ich kein Messer im Bauch habe, dann ist alles gut?«

Bederitzky schert vor einem mit Graffiti übersäten DHL-Sprinter ein und wirft einen Blick auf die Rückbank. Sein Fahrgast, der stark Parfümierte, schaut angestrengt aus dem Fenster. Sie sind noch im Stadtgebiet, kurz vor der Avus.

»Anna, hör zu, ich bin gerade auf der Autobahn, ich habe einen Fahrgast nach Halle.«

»Nach wo?«

»Nach Halle. An der Saale.«

»Welches ARSCHLOCH will denn JETZT nach HALLE AN DER SAALE!«

Hektisch dreht Bederitzky die Lautstärke seines Headsets runter, obwohl das jetzt auch schon egal ist. »Ich setz den da ab und komm danach sofort zu dir.«

»Und wann wäre das etwa? Zum FRÜHSTÜCK vielleicht?«

»Soll ich die Fahrt etwa abbrechen?«

»Mach doch, was du willst, Heinz-Georg! Machst du ja eh!«

Sowenig Bederitzky die Verballhornung seines Vornamens anfangs auch mochte, es ist immer ein schlechtes Zeichen, wenn Anna ihn *Heinz-Georg* nennt, ein ganz schlechtes Zeichen. Von hinten ertönt die Stimme des Parfümierten.

»Lassen Sie gut sein, ich nehme mir einen anderen Wagen.«

Wie der mieft, was ist das?

Bederitzky schüttelt beschwichtigend den Kopf.

»Danach kann ich sofort Feierabend machen«, sagt er zu Anna. »Geh du nach Hause, leg dich ein bisschen hin, ich komm dann direkt zu dir.«

Holzig, wie eine alte Datsche im Wald. Etwas süßlich aber auch, und das alles gemischt mit einer Spur saurem Schweiß.

»Erzähl DU mir nicht, was ICH MACHEN SOLL!«, ruft Anna. »Ich hab für heute genug von TYPEN, die mir sagen, was ich ZU TUN ODER ZU LASSEN HABE!«

»Also wir könnten dann die nächste Ausfahrt runter –«

»Anna, du bist vielleicht ein bisschen durchein –«

»Heinz-Georg, ich brauch das gerade nicht, tschüs.«

»Jetzt beruhig dich doch mal. Was ist denn jetzt eigentlich passiert?«

» – «

»Hallo? Anna?«

»Da vorne, Kurfürstendamm können Sie abfahren«, sagt der Parfümierte, »da werde ich ja wohl irgendwo –«

»Nix«, erwidert Heinz-Georg Bederitzky und wirft sein Handy auf den Beifahrersitz. »Wir fahren jetzt schön nach Halle an der schönen Saale.«

Er zieht an der Ausfahrt vorbei und wirft einen Blick zum Handschuhfach, in dem das Kästchen mit dem Ring liegt, *das feine Stück*. Ich tu das ja auch für dich, Ännchen, denkt er. Dann setzt er den Blinker und biegt ab auf die 115 nach Süden.

EINS ZWEI POLIZEI

Hauptkommissar Thomas Schüngelmann dirigiert den Wagen an den auf Grün wartenden Autos vorbei auf die Kreuzung. Er lässt die Sirene aufheulen und biegt rechts in die Schlesische Straße ein. Beim Burger King hastet eine Fußgängerin über die Straße und hält sich die Ohren zu.

»Da vorne!«, sagt Christina und zeigt auf ein zwischen Brillengeschäft und Bäcker eingeklemmtes Ladenlokal auf der rechten Seite. Schüngelmann parkt den Wagen auf der Radspur. Christina drückt die 7 und will die Beifahrertür des Ford Galaxy öffnen. In der Tür klemmt aber noch das Kabel des Blaulichts, so dass sie die Tür erst wieder schließen, das Fenster herunterlassen, das Blaulicht vom Dach nehmen, es unter dem Sitz verstauen und das Fenster wieder hochfahren lassen muss, bevor sie aussteigen kann. Anfängerfehler. Die junge Kollegin fährt heute das erste Mal in Zivil. Mit leicht geröteten Wangen springt sie aus dem Wagen und läuft los Richtung Spätkauf. Schüngelmann steigt aus und pfeift sie zurück.

»Wir bleiben immer zusammen, ist das klar?«

»Jaja.«

»*Jaja* heißt *Leck mich am Arsch*. Du musst auf mich warten. Außerdem guckt deine Waffe raus.«

Christina schaut an sich hinunter. Ihre Wangen werden noch ein bisschen röter. Sie schiebt das Holster nach hinten und ihren Parka darüber.

Schüngelmann zieht sich in aller Ruhe seine Jacke über, dann folgt er Christina zu dem Spätkauf, vor dem eine Frau in einer grünen Strickjacke steht, die hektisch an ihrer Zigarette saugt, neben ihr ein fertig aussehender Kerl mit Stoppelglatze und Blaumann. SPÄTI ANKA, steht auf dem Ladenschild. Auf dem Fußboden des mit Kühlschränken, Zeitschriftenstapeln und überquellenden Regalen vollgestopften Ladens liegen lauter Geldstücke, an der Tür kleben Sticker: *Refugees Welcome*, *Miethaie zu Fischstäbchen*, *You own a car not the street*. Christina zückt ihre Marke. Thomas Schüngelmann lässt seine stecken. Er wendet sich an die Frau.

»Sie sind die Besitzerin dieses Spätkaufs?«

Die Frau nickt. Sie ist Ende 40, Anfang 50. Blass, Brille, Drogeriehaarfarbe. Aubergine, würde Schüngelmann sagen, seine Ex-Frau hat das eine Weile getragen. Schon das allein wäre ein Scheidungsgrund gewesen.

»Und Sie haben auch die Polizei gerufen?«

»Wer denn sonst?«

»Überfall«, sagt der Mann. *Hardt Umzüge*, steht auf der vorderen Tasche seines Blaumanns.

»Schon wieder?«, fragt Schüngelmann.

»Waren Sie beim letzten Mal auch hier?«, antwortet die Aubergine.

»Ich war auf jeden Fall schon mal hier. Was ist passiert?«

»Das Übliche. Junger Mann. Fragt nach Zigaretten, und als ich ihm den Rücken zuwende: *Geld her, du Schlampe.*«

»Wann war das?«

»Gerade eben.«

»Wann genau, meine ich?«

»Zehn Minuten? Viertelstunde?«

»Der ist längst über alle Berge«, sagt der Penner im Blaumann. Der sieht nicht nur fertig aus, das ist ein Penner, denkt Schüngelmann, Arbeitskleidung hin oder her, er riecht nach Verzweiflung und Schnapsregal ganz unten. »Wie vonner Tarantel gestochen ist der weg. Hat ja auch gut einen mitgekriegt.«

»Lass mich das mal machen, Lothar«, sagt die Aubergine.

»Wie war noch gleich Ihr Name?«, fragt Schüngelmann.

»Von Bassenheim«, antwortet die Aubergine.

»Wie, der hat einen mitgekriegt?«, will Christina wissen.

»Ich hab den erwischt. Hab dem eine verpasst«, sagt die Aubergine, Frau von Bassenheim, und erst als sie einen letzten schnellen Zug von ihrer Filterzigarette nimmt, fällt ihm auf, dass sie zittert.

»Womit haben Sie ihm eine verpasst?«, fragt Schüngelmann, weil er hier die Befragung macht, nicht Christina.

»Mit dem Münzfach.«

»Sie haben den Täter mit dem Münzfach attackiert?«

»Das Münzfach aus der Kasse?«, fragt Christina, ebenfalls bass erstaunt.

»Der hat ja wohl erst einmal mich attackiert!«

»War er bewaffnet?«

»Messer. Müsste noch drinnen liegen.«

Sie lassen sich den Tathergang schildern. Als der Täter das Geld verlangte, habe sie zunächst so getan, als würde sie mitspielen, erklärt die Aubergine. Sie habe in die Registrierkasse gegriffen und das Münzfach umschlossen, doch statt es anzuheben und zu den Scheinen zu gelangen, habe sie dem Täter die Hartplastikeinlage mit voller Wucht ins Gesicht geschlagen, worauf er das Messer fallen gelassen habe und getürmt sei.

»Sauber«, entfährt es Schüngelmann.

»Ich hatte vor, ihn einzuschließen. Damit endlich mal einer geschnappt wird. Die kommen ja immer schön davon, weil die Polizei immer so lange braucht.«

»Wir kommen, so schnell es geht, das können Sie uns glauben«, sagt Christina.

»Ja, in Dahlem bestimmt, oder in Zehlendorf. Aber hier?«

»Dann mal zum Täter«, wechselt Schüngelmann das Thema. »Können Sie den beschreiben?«

»Ausländer«, sagt der Blaumann. »Türke oder Araber. Hat mich fast übern Haufen gerannt. Noch keine 18, Kapuze aufm Kopp, richtiger Kanakenbengel.«

»Na na na«, sagt Schüngelmann, doch zu seiner Überraschung nickt die Frau.

»Stimmt aber. Stimmt leider genau.«

Christina schaltet sich ein. »Jetzt beruhigen wir uns alle mal ein wenig, okay?«

»Wie, was, BERUHIGEN!«, ruft die Frau aufgebracht. »Ich hab so was von die Schnauze voll! Es war der sechste Überfall in zwei Jahren, und immer sind es diese kleinen Paschas!«

»Aber das kann man ja nicht verallge–«, beginnt Christina, wird aber von der Aubergine unterbrochen:

»Wissen Sie was? Ich habe '93 in Bonn gegen den Asylkompromiss demonstriert! Ich hab mein Leben lang grün gewählt, war schon als Schülerin in Wackersdorf und später mehrmals im Wendland und …«

»Das hat mit dem vorliegenden Sachverhalt jetzt überhaupt nichts zu –«

»… hab vor über sechs Jahren in der Agentur gekündigt, weil ich keine Lust mehr hatte, mich von den Mackern im Büro herumkommandieren zu lassen. Jetzt habe ich meinen eigenen Laden und werde von gesichtsbeflaumten Bubis schikaniert, die längst in ihren Betten liegen oder Hausaufgaben machen oder ihren Schwestern beim Abwasch helfen sollten, denen aber nie jemand gesagt hat, wo es langgeht, nur weil ihnen ein kleines Pimmelchen zwischen den Beinen herumbaumelt! Ich bin 51 Jahre alt, ich steh hier sieben Tage die Woche, zwölf Stunden, vierzehn, fünfzehn, weil es sonst nicht reicht! Jede Nacht falle ich todmüde ins Bett und schlafe schlecht und stehe am nächsten Tag wieder auf, weil das jetzt nun mal funktionieren muss! Und dann kommen diese KLEINEN PISSER hier rein und BEDROHEN mich und FASSEN MICH AN – wissen Sie, wie sich das ANFÜHLT? Wie VERGEWALTIGT werden, SO FÜHLT SICH DAS AN! Ich hab mich KRANK hierher geschleppt, mit GRIPPE und mit FIEBER, heute bin ich direkt aus dem KRANKENHAUS in den Laden, und dann muss ich mich von diesen MUTTERSÖHNCHEN als *SCHLAMPE* BESCHIMPFEN und HERUMSCHUBSEN und ANGRABSCHEN lassen, IN MEINEM EIGENEN LADEN, AM HELLLICHTEN TAG?«

Es ist fast elf Uhr abends und seit Stunden dunkel, könnte Thomas Schüngelmann jetzt einwerfen, doch er ist völlig baff. Auch Christina starrt die Frau einfach an, mit großen Augen und offenem Mund. Bevor einer von ihnen etwas sagen kann, grummelt der Blaumann:

»Diese kleinen Muselmanen. Bevor'se das erste Mal abspritzen, ham'se schon zehn Dinger gedreht.«

»So, Sie gehen jetzt mal ein paar Schritte zur Seite«, sagt Schüngelmann, »zu Ihnen kommen wir gleich.«

Der Blaumann trollt sich Richtung Straße. Mit trübseligem Blick lehnt er sich gegen ein parkendes Auto und zieht einen Flachmann aus der Hosentasche. Die Aubergine ist blass wie die Wand. Sie zittert jetzt am ganzen Körper.

»Christina, ruf die Kripo. Raub gegenwärtig, Täter flüchtig. Und schau mal drinnen, ob du das Messer findest«, sagt Schüngelmann, und zu der Aubergine, der er sanft an den Ellbogen fasst: »Frau von Bassenheim, wir setzen uns mal jetzt kurz da vorne hin, okay?«

»PACK MICH NICHT AN«, ruft sie, lässt sich dann aber doch von ihm zur Bank führen. Sie setzt sich. »Hast du 'ne Kippe?«

»Nichtraucher, tut mir leid.«

»Meine liegen drinnen. Könnt ihr mir die holen? Oder sonst welche aus dem Regal.«

»Christina«, ruft Schüngelmann und reckt den Hals, »bring mal Zigaretten mit!«

»Welche Sorte denn?«, antwortet Christina aus dem Laden.

»MIR DOCH SCHEISSEGAL WELCHE SORTE!«, brüllt die Aubergine, und als Schüngelmann sich zu ihr umdreht, ist sie bereits halb von der Bank gerutscht. Er springt auf und packt sie bei den Schultern, bevor sie mit dem Kopf auf den Rand eines steinernen Blumenkübels knallen kann. Der Blaumann macht ein paar Schritte auf sie zu. Schüngelmann bedeutet ihm, stehen zu bleiben. Er bugsiert die Frau zurück auf die Bank und setzt sie gerade hin. Sie hyperventiliert.

»Christina, Plastiktütchen!«

Seine junge Kollegin erscheint in der Ladentür. In der einen Hand hält sie eine Schachtel Lucky Strike, in der anderen, in einem umgestülpten Einmalhandschuh, ein Schweizer Taschenmesser. Ein läppisches Schweizer Taschenmesser. »Was?«

»Wir brauchen eine Beatmungsmaske, schnell.«

»So was haben wir doch gar nicht dabei?«

»Ja eben, deshalb brauche ich eine Tüte von drinnen, Plastik oder diese kleinen weißen Papierdinger für Zehnpfennigteile, falls es so was gibt. Und leg das Messer wieder hin, lass das die Kollegen von der SpuSi machen.«

»Geht auch so was?« Christina zieht ein Bündel Einmalhandschuhe aus der Tasche ihres Parkas.

Schüngelmann hebt die Augenbrauen. Die Kleine ist gut ausgestattet, und sie denkt mit. Er nimmt einen der Nitrilhandschuhe entgegen und stülpt der Aubergine die Öffnung über Nase und Mund, so dass sie rückatmen kann. Dünne Haarsträhnen hängen ihr ins Gesicht. Sie hat eine Schrunde an der Oberlippe, und dann bemerkt er auch die dicken Schuppen in ihrem Haar.

»Ich krieg keine Luft …«

»Alles gut, das wird gleich wieder.«

»Aber ich …«

»Shhh, ganz ruhig. Hören Sie mir zu. Sie atmen jetzt bitte ein. Anhalten anhalten anhalten, sehr gut, und jetzt wieder aus. Sie atmen gerade 40 mal in der Minute. Wir atmen normalerweise zehn- bis zwölfmal in der Minute. Wir müssen erstmal sehen, dass Sie runterkommen und ein bisschen Kohlendioxyd ins Blut kriegen.«

Die Aubergine nickt. Langsam beruhigt sich ihre Atmung. Schüngelmann nimmt den Handschuh von ihrem Gesicht und rückt ihr die Brille zurecht. Ein fettiger Fingerabdruck bleibt auf dem linken Glas zurück.

»Bleiben Sie noch einen Moment so sitzen. Gleich ist alles wieder gut.«

»Meine Hände kribbeln so doll, und meine Brust …«

»Das ist normal, das geht gleich wieder weg.«

»Ich … Ich hab noch nie jemanden geschlagen.«

»Machen Sie sich keinen Kopf, Sie haben sich nichts vorzuwerfen. Die Kripo ist unterwegs. Die Kollegen nehmen den Sachverhalt auf und schauen nach Fingerabdrücken. Sollen wir einen RTW rufen?«

»RTW?«

»Die Feuerwehr? Sanitäter?«

Die Aubergine schüttelt den Kopf. »Nein, ich … Ich muss arbeiten, der Laden war zwei Tage zu, ich …«

»Oder irgendwen anders?«

Sie überlegt. »Ich rufe meinen Freund an, der kommt vorbei.«

*

Sie verlassen die Wache durch den Vordereingang und gehen die Treppen runter. »Muss noch kurz was erledigen«, sagt Schüngel, »geh schon mal zum Wagen.«

Noch kurz was erledigen, das kommt ihr bekannt vor. Wie schon zuvor bei dem VUPS mit dem BMW-Fahrer und der Essensauslieferin hat er Christina auch bei der Spätkaufgeschichte den ganzen Papierkram machen lassen. Während sie die Vorgangsnummer angelegt und den Bericht geschrieben hat, ist Schüngel die ganze Zeit mit seinem Kaffeebecher auf dem Gang auf und ab gelaufen und hat irgendwelche Telefonate geführt. Nun geht er geradewegs auf einen Typen zu, der auf der anderen Straßenseite auf ihn zu warten scheint.

Sie öffnet den Ford Galaxy mit ihrem Zweitschlüssel, doch statt einzusteigen, lehnt sie sich gegen die Beifahrertür und wirft einen Blick rüber zu den beiden Männern. Der Fremde ist eine ganze Ecke jünger als Schüngel, so um die 30. Blonder Bart, Undercut, grüne Bomberjacke, rote Doc Martens. Er sagt etwas, über das sie beide lachen. Dann sieht sie, wie er in die Innentasche seiner Jacke greift und Schüngel einen länglichen weißen

Umschlag reicht, den der, ohne hineinzuschauen, in die Seitentasche seiner Cargohose schiebt.

Kurz glaubt sie, sich versehen zu haben.

Aber nein, sie hat sich nicht versehen.

Sie holt ihr Handy raus und macht ein schnelles Foto. Die Männer wechseln noch ein paar Worte, dann verabschieden sie sich per Handschlag. Während Schüngel auf sie zu kommt, drückt Christina auf ihrem Handy rum, um Beschäftigung zu simulieren. Schüngel öffnet die Fahrertür und steigt ein.

»So, weiter geht's.« Er startet den Motor und lässt das Beifahrerfenster ein Stück herunterfahren. »Christina? Wollen wir dann mal?«

Sie öffnet die Tür und setzt sich in den Wagen. Schüngel fährt los. Er wendet in der Puttkamerstraße und rollt auf der Friedrichstraße Richtung Norden. Christina zieht den Gurt heraus und schnallt sich an. Unauffällig mustert sie ihren Kollegen. Der Umschlag steckt nicht mehr in seiner Hosentasche.

»Wer war'n das gerade?«

»Der Typ? Das war Jacques-Marcel.«

»Bekannter von dir?«

»Hatte mal beruflich mit ihm zu tun.«

»Der sah gar nicht aus wie ein Jacques-Marcel.«

»Deutschfranzose. Vollwaise, schwierige Kindheit. Hunger?«

Schüngel hält ihr eine BiFi hin. Christina schüttelt den Kopf. »Danke.«

»Ach, du isst ja kein Fleisch, sorry, vergessen. Aber Rocky könntest du eine mitbringen, der freut sich bestimmt!«

»Mein Hund kriegt keine BiFi, viel zu würzig.«

»Der arme Rocky.« Schüngel macht ein mitfühlendes Gesicht, dann reißt er mit den Zähnen die Verpackung auf und schiebt sich seine Salami rein. »Mmh«, brummt er, »du weißt ja gar nicht, was du verpasst!«

Sie biegen von der Friedrichstraße auf die Rudi-Dutschke, fahren am GSW-Hochhaus vorbei und dann auch am Springergebäude. Schüngel kaut. Die kurzen, grauen Haare an seinen

Schläfen heben und senken sich. Dann schluckt er. Die Stille im Wagen ist kaum zu ertragen. Was hat dieser Typ dir gerade gegeben?, will sie fragen, traut sich aber nicht.

»Und du hattest also beruflich mit ihm zu tun. Mit Jacques-Marcel.«

»Hab ihn eingebuchtet, ja.«

»Was hatte er denn ausgefressen?«

»Der ist Kokstaxi gefahren für einen der Clans.« Schüngel knüllt die BiFi-Verpackung zusammen und stopft sie in die Tasche seiner Jack-Wolfskin-Jacke. »Keine große Nummer, aber smart. Hat sich auf einen Deal eingelassen und uns ein bisschen was erzählt, Namen, Adressen, Hintergründe. Der Junge war Gold wert. Gibt es ja nur ganz selten, dass einer von denen singt. Jetzt arbeitet er wieder in seinem alten Beruf. Rate mal als was.«

»Keine Ahnung. Fußballhooligan?«

»Friseur.«

»Verarsch mich nicht.«

»Doch! Der Kerl schneidet Haare, und angeblich gar nicht schlecht. Als Dealer war er auch gut, kann man nicht anders sagen. Wir hatten den wochenlang observiert, und er ist ständig zu seinem Bunker in der Lindenstraße, Nachschub holen.«

»Die Lindenstraße hier um die Ecke?«

»Genau. Eins dieser Wohnsilos da unten, achtzehn Stockwerke, auf jedem Stockwerk x Wohnungen, und in einer davon war sein Bunker. Da war sein Gold drin, das hat er richtig beschützt. Der war so vorsichtig, du wusstest gleich, da muss ordentlich was rumliegen. Konntest du an seiner Körpersprache ablesen, am ganzen Verhalten. Meine Schweine erkenne ich ja am Gang. Wir haben nur nicht rausgekriegt, welche Wohnung das war. Die Ticker bleiben ja nie lange in ihrem Bunker, das ist rein-raus-weiter, und du kannst dem ja nicht einfach hinterlaufen. Wenn der dich sieht, dreht er sich um und geht weg, und dann war's das, dann hast du's vermasselt, dann weiß er Bescheid und du bist verbrannt. Und dann kam mir die Idee: Phosphormatten! Musste ich erstmal beantragen. Richtig gebettelt habe ich. Wir haben den abgehört, wussten, irgendwann heute Nacht geht er zum Bunker, haben die Fußmatten ausgetauscht und gewartet, und nach ein paar Stunden kommt Jacques-Marcel an und geht rein. Wir mit Schwarzlicht hinterher, die Wohnung gefunden und draufgehauen, Kokain, Pillen, Bargeld, Bäm. Das war wie bei James Bond, richtig geil.«

Christina wendet sich Schüngel zu, signalisiert Interesse. »Wann war das?«

»Muss ein paar Jahre her sein. Als ich noch beim LKA 4 war.«

Sie nickt. Sie wartet. Die Leute erst einmal von sich aus erzählen lassen. Nicht bedrängen, dann reden sie von alleine. Weil sie die Stille nicht aushalten. Weil sie es nicht ertragen, dass da etwas in der Luft hängt und niemand danach greift. Sie fahren die Oranienstraße runter. Vor der Ampel am Aldi Moritzplatz kommen sie zum Stehen. Schüngel öffnet eine zweite BiFi. Er drückt sich die Wurst direkt aus der Pelle in den Mund. Ein Radfahrer fährt an ihnen vorbei und bei Rot über die Ampel.

»Ich war da ja fast zehn Jahre«, sagt Schüngel, als die Ampel auf Grün springt. »Beim LKA, meine ich.« Er schluckt und fährt an, langsamer jetzt. Hat es nicht mehr so eilig. »Ich hatte mir richtig was aufgebaut. Gutes Team, große Erfolge. Eine Zeitlang war ich an den ganz dicken Fischen dran. Manche habe ich so lange abgehört, ich hab praktisch mit denen gelebt. TKÜ rund um die Uhr, morgens mittags abends nachts, immer TKÜ TKÜ TKÜ. Einige der Clanchefs kannte ich mit der Zeit in- und auswendig, ihre Sorgen, ihre Probleme, die anderen Geschäftszweige. Rotlicht, Schutzgeld, Wettbüros, Immobilien, Unterbringung von Flüchtlingen, gibt ja kaum etwas, wo die nicht dabei sind.« Vorm Kreisverkehr setzt er den Blinker und biegt ab auf die Prinzenstraße. »Und das sind ja nicht nur reine Informationen, die du da bekommst. Das ist auch viel Privates. Eheprobleme, Frauengeschichten, das ganze Elend. Was ich mir da alles angehört hab, Christina, du machst dir kein Bild. Zweitfreundin, Drittfreundin, Telefonsex, den ganzen Mist. Aber da musst du durch, da musst du dranbleiben. Du musst dich in den

Kerl hineinversetzen, immer denken, wie er denkt. Dann hast du nur noch das eine Ziel: ihn hochnehmen, mit so viel Rauschgift wie möglich. Das war immer mein Auftrag: möglichst hohe Haftstrafen. Du verbeißt dich da drin, und das musst du auch. Wir haben zu der Zeit auch viel Lokale gemacht, Diskotheken und so, das hat richtig Bock gebracht. Die haben ja oft Hausdealer, die an bestimmten Orten stehen und verkaufen. Da bist du rein, alles flachgemacht, 500 Leute nach Hause geschickt und die Ticker rausgepickt. Manchmal haben wir drei Läden in einer Nacht dichtgemacht, richtig losgeschlagen, gute Mengen sichergestellt und dem Haftrichter gleich mehrere Verdächtige auf einmal präsentiert. Und dann kommen auch deren Chefs in die Bredouille. Das sind die Momente, wo sie sich mal zeigen, die dicken Fische, da werden sie nervös. Das sind ja nur ein paar Familien, die das hier kontrollieren, und die Familien sind streng hierarchisch strukturiert. Wer da die Strippen zieht, das ist kein Geheimnis. Wenn es richtig eng wird, ruft einer von denen auch mal auf der Dienststelle an und beschwert sich, und du denkst: Ah, sprechen wir uns also mal persönlich, Herr Oberboss, wenn du wüsstest, was ich alles über dich weiß.«

Jetzt zeigt er aber wirklich ein hohes Redebedürfnis, denkt Christina. *Anerkennungsbedürfnis*, nannten sie das auf der Hochschule. Sie kennt das von sich selbst. Natürlich tut sie das, als Berufsanfängerin. Bei einem alten Hasen wie Schüngel hingegen hätte sie damit nicht gerechnet. Nicht in dieser Form. Gerade die älteren Kollegen kriegen ja meist die Zähne nicht auseinander. Sie sind müde und überarbeitet, machen Dienst nach Vorschrift und haben verlernt, outside the box zu denken. Christina aber will etwas lernen, deshalb hat sie sich ja diesen Abschnitt ausgesucht, einen der stressigsten Berlins. Und das trotz des Gependels aus Marienfelde, das sie mit ihrem Hund manchmal vor echte Probleme stellt. Besonders seit ihre Großmutter es am Meniskus hat und keine großen Runden mehr mit Rocky gehen kann. Zu Anfang war sie bei einer Hundertschaft. Hat ihr nicht gefallen. Die Gruppendynamiken, der Korpsgeist, die intellektuelle Unterforderung. Drei Jahre lang hat man sich im Studium mit den krassesten Sachen auseinandergesetzt, Psychologie, Politikwissenschaften, Englischmodule, Strafrecht, und dann geht's endlich los, und man ist das kleine Licht in der Truppe. Nach einem Jahr ist sie zum Chef: Du, ich fühl mich hier nicht wohl, ich würd gern näher am Menschen arbeiten, kann ich mal auf einer Wache hospitieren? Ja, in Kreuzberg, meinte der, Abschnitt 53, näher am Menschen geht nicht, viel Spaß! Und den hatte sie tatsächlich. Nach einem Monat hat sie fest gewechselt. Das war Anfang des Jahres. Auf dem Abschnitt wurde sie erst einmal gewarnt: *Bei dem pass auf, der spielt ein falsches Spiel. Der da legt alles auf die Goldwaage, die da arbeitet nicht sauber, und der ist ein fauler Sack.* Über Thomas Schüngelmann hieß es: *Hochnäsig.* Auch mal: *Verbittert. Hält sich für den Supercop, weil er mal Drogen gemacht hat beim LKA.* Und so ganz lässt sich das nicht von der Hand weisen. Schüngel ist ihr Bärenführer und zuweilen etwas belehrend. Sie spricht ihn mit Spitznamen an, er sie mit ihrem Vornamen, gerne auch mal vorm Bürger, und oft wird er dabei etwas onkelig. Meistens ist er einsilbig und verschlossen. Aber bestechlich?

»Klingt, als wärst du selbst auf Droge gewesen«, sagt sie und bereut den schnoddrigen Unterton sofort.

»Nein, das war einfach nur Spaß.« Schüngel überlegt. »Oder nicht mal Spaß, eher Instinkt. Das Jagen, jetzt habe ich ihn, dieser Moment, wo du ihm die 8 um den Arm machst, klick und bäm und weiter.« Er schaut sie an, sucht Zustimmung. Er scheint ihre Bemerkung nicht als Angriff empfunden zu haben. »Die Kollegen hatten da so ihre Kicks, die haben dann auch mal gefeiert. Ich nicht. Ich war immer schon beim nächsten Sachverhalt. Manchmal musste ich mir sagen: Komm Thomas, jetzt lass ihnen die Freude. Da bin ich dann mal mitgegangen auf ein Bier, um die Stimmung in der Truppe aufrechtzuerhalten. Aber im Kopf war ich immer schon woanders, beim Nächsten.«

»Du vermisst das, Schüngel.«

»Manchmal ja, das geb ich zu. War halt was anderes als blaublütige Ökotanten aufzufangen, die nach einer rassistischen Tirade vor ihrem Kiosk in Ohnmacht fallen.«

»Die Spätifrau? Ich fand die eigentlich okay. Ich konnte die verstehen.«

»Natürlich kann man die verstehen. Darum geht's doch nicht, Christina.«

»Eigentlich war sie auch eher Feministin.«

Schüngel seufzt. »Ich kann das alles nicht mehr unterscheiden.«

»Sie hat sich in der Wortwahl vergriffen, klar. Die war noch voll im Fightmodus, als wir da ankamen, meinst du nicht?«

»Die war okay, die war im Sonstwasmodus, die will die Welt retten, alles schön und gut. Aber sie hat keine Ahnung, wie diese Welt funktioniert. Das war eine klassische *Alternaive*. So haben wir die früher genannt: *alternaiv*. Kommt aus dem Schwarzwald oder von der Mosel oder wo auch immer die herkam in die große Stadt, geht nach Kreuzberg, sitzt da in ihrer heilen Multikultiwelt, und wenn das alles nicht so funktioniert, wie sie sich das zusammengeträumt hat, dann rutscht ihr ganz schnell mal ein *Kanake* raus. Weißt du, was los wäre, wenn einem von uns so etwas passiert? Einmal so ein Wort auf den Lippen, und du hast sofort ein Verfahren am Hals.«

»Das mit dem *Kanaken* hat der alkoholisierte Bürger im Blaumann gesagt, nicht die Frau.«

»Aber sie hat's gedacht. Da kann sie sich noch so viele Refugeesticker an die Fensterscheibe klatschen, die versteht nicht, was hier los ist. Überfallen und mit 'nem Messer bedroht werden, das ist nicht schön, glaub ich sofort. Aber selbst wenn wir den Täter gekriegt hätten, das ist doch Pipifax. Du hast das Messer ja gesehen, das war ein Schweizer Taschenmesser, halb verrostet und uralt. Damit kannst du dir die Zehennägel saubermachen. Ich hab Jugendliche in dem Alter gesehen, 15, 14, 13, die hatten Macheten dabei und –«

»Ich weiß nicht«, unterbricht ihn Christina. »Ich find's ärgerlich, dass wir nicht eher da waren und den Täter …«

»Die Polizei kommt immer zu spät, haben sie euch das in Friedrichsfelde nicht beigebracht?«

»... und den Täter gepackt haben.«

»Und dann? Bringen wir ihn zu seiner Familie. Mama weint, Papa zimmert ihm eine, und von seinen Brüdern kriegt er noch 'nen Orden. Das ist sinnlos, das bringt alles nichts. Weißt du, was da los war auf der Schlesischen, während wir da rumstanden und Frau von Dingenskirchen beruhigt haben? Was da in 300 Metern Umkreis alles abging?«

»Ja, weiß ich doch.«

»Da wird angetanzt, da wird geklaut und gedealt, alles ganz offen. Seit die ganzen Läden da sind, hat das völlig überhandgenommen. Die Diskotheken, die Hostels, die Partytouristen. Wo gefeiert und Geld ausgegeben wird, da tummeln sich auch die, die ein bisschen mitverdienen wollen. Das ist eine riesige Szene, mit Verflechtungen in alle Richtungen, Taschendiebstahl, Bettlerbanden, organisierte Kriminalität, Russen, Rocker, Araber, Albaner, alles. Da müsste man wenn dann richtig draufhauen.«

»Warum machen wir das nicht?«

»Weil das nicht unsere Aufgabe ist, Christina. Wir gurken hier schön gemütlich durch die Gegend und holen dem Bürger die Katze aus dem Baum.«

»Hab ich in über zwei Monaten Streife noch nie gemacht, Katzen aus dem Baum holen.«

»Unsere Katzen sind halt die Ladendiebe.«

»Und unser Baum heißt Rewe am Kotti?«

»So sieht's aus! Ich mein, guck dir das an hier. Kotti, Görli, drüben die Hasenheide – Wir haben verloren, Christina. Wir haben verloren, da macht keiner was. Ab und zu mal eine Aktion für die Zeitung, damit der Bürger das Gefühl hat, der Staat greift durch. Aber alles völlig kopflos. Nimm die ganzen Brandstiftungen in letzter Zeit. Die Polizei tappt da völlig im Dunkeln. Ich weiß das, ich kenn ja noch ein paar Leute in den oberen Etagen. Die sind komplett ratlos, das merkt man denen an.«

»Glaubst du, die hängen zusammen? Die Brandstiftungen?«

»Du etwa nicht? Nur weil es keine Bekennerschreiben gibt? Bürogebäude, ein Einkaufszentrum und jetzt ein Hotel – die Message ist ja wohl eindeutig: Anti-Gentridingsbums, Wem gehört die Stadt, Investoren abschrecken, diese Schiene.«

»Was man ja erst einmal –«

»Ein Wunder, dass es bisher keine Toten gab! Da müsste ein richtig gutes Team ran, aber stell das mal zusammen, auf die Schnelle, und das bei unserem Krankenstand. Die Polizei ist ja so schon ständig am Limit, und das ist auch politisch so gewollt. Wir wurden systematisch kaputtgespart. Nach fünf Jahren Dienst sind die meisten doch kurz vor Burnout. Was du in einem guten Team aber brauchst, sind motivierte Beamte. Motivierte Beamte und eine starke Führung. Meine Kollegen haben mich immer gefragt, ob ich 'ne Macke habe. Die mussten mitziehen, die waren auf mich gepolt, aber sie hatten nicht das Feuer, verstehst du? Manchmal hatten sie auch Bammel, teilweise zu Recht, kann ich ihnen nicht verdenken. Am krassesten war diese Silvesternummer, als wir –«

Schüngel bricht ab, denn die ELZ gibt über Funk einen Auftrag raus: Unzulässiger Lärm, Kohlfurter Straße, keine 300 Meter entfernt.

Christina beantwortet den Ruf. »Lotto 321. Wir übernehmen das.«

Entsetzt schaut Schüngel sie an. »Was machst du da, was soll das?«

Sie zuckt mit den Schultern. »Ist doch gleich ums Eck.«

»Christina, wir fahren in Zivil! Lärmbeschwerden sind nicht unsere Aufgabe!«

»Wir haben doch eh nichts Besseres zu tun.«

»Das ist Pipifax, Christina! Das ist Katzen aus dem Baum holen!« Schüngel schüttelt den Kopf. Dann setzt er den Blinker. »Eine UL, Christina, ich fass es nicht …«

*

»Wer hat Sie denn überhaupt gerufen?«

»Jemand aus dem Haus.«

»Und wer genau?«

»Das tut hier nichts zur Sache.«

»Hat dieser Jemand zufällig gesagt, was genau zu laut ist?«

»Na, die Musik und das Getrampel.«

»Ah«, lacht der junge Mann, »danke für den Hinweis. Der Drachen von unten also, hab's mir schon gedacht.«

Schon wieder wechselt Christinas Gesichtsfarbe ins Rötliche. Sie versucht, es mit einer Grimasse zu überspielen. Tja, da hat der Frechdachs vor ihr sie schön ausgetrickst. Schüngelmann unterdrückt ein Grinsen. Gibt halt ein paar Dinge, die lernt man erst an der Front.

»Wir möchten Sie bitten, die Lautstärke ab jetzt unten zu halten«, sagt Christina unnötig förmlich, »es ist schon nach zwölf.«

»Feigling«, sagt ein zweiter junger Mann, der hinter dem anderen in der Wohnungstür erschienen ist. Er grinst und neigt den Kopf zu dem Inhaber der Wohnung, wahrscheinlich zweites Semester Kulturwissenschaften. »Seine Nachbarin, meine ich.«

Sie sind beide angetrunken, aber noch im Rahmen, nichts Wildes. Es riecht nicht einmal nach Gras in der Wohnung. Der Geräuschkulisse zufolge sind es maximal zehn Personen.

»Wir haben schon leiser gemacht«, sagt Student eins. »Ist das okay so?«

»Wenn das so bleibt, ja«, antwortet Christina.

Student zwei mustert sie von oben bis unten, dann baut er sich mit gekreuzten Armen vor ihr auf. »Kannst du mich mal verhaften?«

»Das mache ich schon, wenn ich es für angebracht halte.«

»Du hast doch bestimmt auch Handschellen zuhause.«

Christina reagiert nicht auf den anzüglichen Spruch und das schmierige Grinsen. Die Kleine hat ein dickes Fell, denkt Thomas Schüngelmann, kann man nicht anders sagen. Nur das mit der Autorität, das kriegt sie noch nicht so hin. »Wenn wir nochmal wiederkommen müssen, nehmen wir die Lärmquelle mit«, versucht sie den Studenten zu drohen. Niedlich. Finden auch die Studenten.

»Welche Lärmquelle?«, fragt der eine und lacht. »Mich?«

»Die Stereoanlage, oder was das ist.«

»Das dürft ihr doch gar nicht ohne richterlichen Beschluss«, sagt der andere.

Niemand in Deutschland hat Angst vor der Polizei. Nur wollen die Frischlinge das oft noch nicht einsehen.

»Und ob wir das dürfen«, sagt Christina. »Betretungsrecht.«

Die Studenten lachen.

»Wollt ihr euch nicht lieber um richtige Verbrecher kümmern?«, fragt Student eins.

»Das würden wir ja gerne machen, wenn Leute wie Sie uns nicht ständig davon abhalten würden«, sagt Christina.

Student zwei zwinkert ihr zu. »Also wenn du Lust hast, kannst du nachher nochmal vorbeikommen, wir machen hier noch ein bisschen.«

»Schönen Abend noch«, sagt Christina und dreht sich um.

»Hauptsache, das bleibt leise«, fügt Thomas Schüngelmann hinzu und beugt sich in die Tür. »Und gewöhnt euch mal ein paar Manieren an, wenn ihr mit einer Dame redet«, knurrt er, dann folgt er Christina die Treppen hinunter.

*

Gott, war das peinlich. Wie sie sich von diesen Typen aufs Glatteis hat führen lassen. Wie die mit ihr umgesprungen sind. So frech, so respektlos. Sie konnte richtig spüren, wie ihr das Blut ins Gesicht schoss. Sie muss das in den Griff kriegen. In der Theatergruppe, die sie während ihrer Unizeit besucht hat, hatte sie dieses Problem nie, und auch im Studium oder im Alltag hat sie sich nie als sonderlich unsouverän oder unbeholfen wahrgenommen. Wo kommt das plötzlich her, und was kann man dagegen tun? Am schlimmsten aber war Schüngels Spruch zum Schluss. Dass er wirklich glaubt, sie vor solchen Aushilfshipstern in Schutz nehmen zu müssen. Auf dem Weg zum Wagen muss er sie dann auch gleich darüber belehren, *Typen wie die* in Zukunft lieber zu duzen, *auf Augenhöhe* mit ihnen zu reden, das nehme ihnen *den Wind aus den Segeln*, gesiezt zu werden hingegen empfänden sie *paradoxerweise* als *unverbindlich* und *von oben herab*, gerade hier *in den Szenekiezen* erlebe man das *am laufenden Meter*, »ist so, musst du mal drauf achten«, sagt er und nimmt ihr gleich zweimal das Versprechen ab, heute Nacht keinen einzigen *Katze-im-Baum-Einsatz* mehr anzunehmen. Er scheint ernsthaft sauer, sich in einer Zivilschicht mit so einem *Pipifax* abgeben zu müssen, und Christina kann sich von Minute zu Minute besser vorstellen, dass ihr Kollege sich mit dieser rechthaberischen Art während seiner Beamtenlaufbahn nicht nur Freunde gemacht hat.

»Warum hast du eigentlich beim LKA aufgehört?«, wechselt sie nur scheinbar das Thema, als sie wieder im Auto sitzen und die Kohlfurter runter Richtung Kottbusser Brücke fahren.

»Das ging nicht mehr.«

»Wieso nicht?«

»Ich war auf. Gereizt, verspannt, Schlafstörungen. Meine Ehe war längst im Eimer, und irgendwann dann die Sache mit meinem Sohn. Ich musste einfach die Reißleine ziehen.«

»Was war mit deinem Sohn?«

Schüngel ziert sich. Er will sich bitten lassen. Sie tut ihm den Gefallen:

»Tschuldigung, musst du natürlich nicht erzählen, wenn es zu privat ist.«

»Nee, schon okay.« Schüngel schaut in den Rückspiegel, als würde ihn dort etwas ablenken. Dann richtet er den Blick wieder auf die Straße. »Ich hatte wochenlang TKÜ gemacht, super Sachverhalt mit mehreren Beteiligten. Hab mir dann ein paar Jungs genommen und zugeschlagen. Ein Bunker in einer Souterrain-Wohnung in Wilmersdorf, BTM bis unter die Decke, bisschen Bargeld, vier oder fünf Festnahmen. Dann mach ich spätabends Feierabend und fahr nach Hause, nach einem 14-Stunden-Tag, und da sitzt mein Sohn mit seinen Hausaufgaben am Küchentisch und sagt: Papa, wenn du nicht aufhörst, dann geh ich zurück zu Mama.«

»Wie alt?«

»Mein Sohn?«

»Ja?«

»Da war er 15. Jetzt wird er 17. Will auch Polizist werden. Der hat zu der Zeit bei mir gewohnt. Kam mit seiner Mutter nicht zurecht. Er ist dann letztes Jahr trotzdem zurück zu meiner Ex Frau, aber das ist 'ne andere Geschichte. War 'ne schöne Zeit, als er bei mir war. Nur, ich hab zu viel gearbeitet. Wenn mir langweilig war oder ich den ganzen Tag nichts gerissen hatte, dann habe ich mich irgendwo hingestellt und gewartet. Hatte so meine Spots. Die Aral an der Kaiser-Friedrich-Straße, die Shell am Hohenzollerndamm. Da scheppert's, das kannst du dir nicht vorstellen. Kokstaxen am laufenden Band, vor allem zum Wochenende hin, donnerstags, freitags, samstags. Gibt ja diese Stoßzeiten, da musst du nie lange warten. Manchmal hast du Glück und es fliegt eine Tasche von A nach B. Meistens aber steigt ja der Kunde beim Dealer ein, und sie drehen eine Runde um den Block. Ich sehe, da steigt einer ein, steigt 100 Meter weiter wieder aus, alles klar, der Fahrer hat Stoff dabei. Fahr ihm hinterher, winke ihn raus, finde ein paar Gramm. Viele Polizisten freuen sich dann. Aber ein paar Gramm, das ist kein Erfolg, dafür kriegt der keine Haftstrafe. Du musst das Auto auseinandernehmen, die Verstecke finden oder den Bunker. Du erkennst die Typen, die einen eigenen Zugang zum Bunker haben. Meistens haben sie Schlüssel, bei denen die Nummern rausgekratzt sind. Dann weißt du, das ist einer, der kommt ans Gold. Einer hatte mal einen Zettel mit einer Adresse dabei. Da habe ich nachts um eins einen mündlichen Beschluss gekriegt, bin zu der Adresse und hab 'nen richtig dicken Beutel Koks im Ofen gefunden. Jackpot. Aber so dumm sind natürlich die wenigsten. Die Aral an der Schlesischen ist auch beliebt, da, wo wir vorhin waren, kurz hinter dem Kiosk von der Blaublütigen.«

»Und dann?«

»Dann war es vorbei. Von einem Tag auf den anderen. Weil, du kannst den Job nicht anders machen. Du kannst das nicht nebenbei machen, du brauchst dieses Feuer. Mit Familie geht das eigentlich gar nicht. Wenn du einen Drogendealer aus der mittleren oder oberen Schiene überwachst und du weißt, heute Nacht ist die Übergabe, auf die du seit Wochen oder Monaten scharf bist, dann kannst du nicht sagen: So, Feierabend, ab zu Frau und Kind, ich schick da mal ein paar Kollegen hin. Also, kannst du schon, klar. Aber dann bringt das alles nichts. Dann sitzt du zuhause auf deinem Sofa und machst dir Sorgen, dass die Kollegen das versemmeln. Und sie werden es versemmeln. Weil die den nicht kennen. Die kennen den nicht so, wie du ihn kennst. Bestes Beispiel, die Sache mit Jacques-Marcel. Der hat uns so viele wertvolle Tipps gegeben, der hat einen Namen nach dem anderen rausgehauen. Ich konnte das gar nicht alles selbst verfolgen, musste das teilweise abgeben. Und dann hast du da diese ungeduldigen Kollegen, die scharf sind auf den schnellen Erfolg und zu früh und unbedacht zuschlagen, so dass außer 'ner läppischen U-Haft nichts dabei rumkommt. Und nicht zu vergessen, es gab auch korrupte Kollegen. Hab ich selbst erlebt, dass da ein Anruf kam: Ey, hast du den und den, du musst den sofort wieder freilassen, der ist unschuldig. Wo ich dann vor den eigenen Kollegen zum Richter geflüchtet bin, mit 'nem Verdächtigen hinten im Auto: Nee Partner, kannste vergessen, den rück ich nicht wieder raus.«

Der Kollege hat also doch ein Gewissen. Oder will er sie nur provozieren? Will er sie testen, ist das hier ein Spiel? Sie fahren die Kottbusser Straße hoch und in den Kreisel. Am Eingang zur U-Bahn stehen drei Afrikaner, Kügelchen in der Backe, sieht sie von hier. Schüngel wirft einen Blick rüber und fährt daran vorbei, als wäre es ihm egal. Hat er aufgegeben? Von der Leidenschaft für den Beruf wie in seinen legendären LKA-Zeiten ist hier jedenfalls nichts zu spüren.

»Wie ist es denn mit deinen Kollegen von damals?«, fragt Christina, als ihre Schweigsamkeit und das Rattern im Kopf ihr bereits selbst verdächtig erscheinen. »Siehst du die noch manchmal?«

»Die meisten sind durch. Ausgebrannt. Während meiner zehn Jahre beim LKA habe ich bestimmt 40, 50 Männer verbraten.«

»Ausschließlich Männer?«

»Ausschließlich Männer.«

»Warum?«

»Was soll ich sagen, Christina. Die können halt mehr ab. Und sie kriegen keine Kinder. Das mag hart klingen, aber ist so. Wobei ich immer drauf geachtet habe, dass auch die Männer möglichst keine Familie haben, zumindest keine kleinen Kinder. Singlemänner waren am besten, Typen mit Hunger und was zu beweisen. Natürlich landen so auch immer ein paar Knalltüten im Team, mit denen du dich privat keine drei Minuten unterhalten kannst. War mir in dem Moment aber egal. Ich hab die gnadenlos ausgenutzt, da kannte ich nichts. Wer nicht mehr mitziehen konnte, wer ausgebrannt war, der musste gehen. Wenn du Erfolg haben willst, dann geht das nicht anders, dann musst du dein Ding durchziehen.«

Christina nickt. Allmählich wird ihr angesichts von Schüngels Geltungsdrang ein wenig unwohl. Dieses Rumgemackere die ganze Zeit. Seine Kompromisslosigkeit hat aber auch etwas Faszinierendes. Wie überzeugt er zu sein scheint, das Richtige zu tun, als Polizist automatisch auf der richtigen Seite zu stehen und einer von den Guten zu sein. Was, wenn er tatsächlich nicht ganz sauber ist, eigenes Fehlverhalten aufgrund einer völlig verzerrten Selbstwahrnehmung aber gar nicht mehr erkennen kann? Könnte sie das, einen Kollegen in die Pfanne hauen? Was, wenn es andere Kollegen gibt, die davon wissen? Will sie sich mit dem ganzen Abschnitt anlegen und zur Nestbeschmutzerin werden, als die Neue, als die Junge, als Frau?

»Und wie viele hast du eingesackt?«

»Eingesackt? – 'ne Menge. 'ne ganze JVA kannst du damit vollmachen.«

»Und was hast du dann verbrochen, dass du ausgerechnet auf diesem Abschnitt gelandet bist?«

»Hier ist wenigstens was los«, sagt Schüngel, und nach einer Pause: »Na ja, ich hatte auch Ärger mit dem Chef. Ich war ja nie fest beim LKA. Die haben mich ja nur ausgeliehen. Und dann ziemlich lange dabehalten. Nach dem Vorfall mit meinem Sohn wollte der Chef mich nicht gehen lassen. Da hieß es: Noch ein halbes Jahr, die letzten Sachverhalte abarbeiten, den Übergang organisieren. Der Chef hatte mich zu seinem persönlichen Berater aufgebaut, ich hab dem ja oft gute Presse beschert. Ich wurde protegiert und bin da mitgelaufen wie seine Zofe. Wenn ich dann am 1. Mai die Uniform anziehen musste, da habe ich gemerkt, wie sich die Kollegen von mir abgewandt haben. Je erfolgreicher ich war, desto mehr Neid gab es. *Der will was werden*, hieß es, und das ist das Schlimmste, was sie über dich sagen können. Als ich dann die Reißleine gezogen habe, bin ich umso tiefer gefallen. Von einem Tag auf den anderen hatte ich keine Freunde mehr. Hätte wohl doch mal öfter mit den Jungs ein Bier trinken gehen sollen. Ich wurde degradiert. Sie wollten mich bestrafen mit dieser Kreuzbergnummer, schön nach ganz unten. Also immer schön mit den Jungs ein Bier trinken gehen, merk dir das.«

»Alles klar, Vatti«, sagt Christina und lacht. »Sobald ich beim LKA bin, fang ich sofort damit an!«

Schüngel bleibt ernst. »Du bist noch jung, Christina, du kannst noch alles machen. Aber überleg's dir gut. Ich weiß ja nicht, wie das bei dir ist mit Kindern, Familie und so. Das muss man sich vorher genau überlegen, wie tief man da reingehen will. Diese Sesselfurzer alle, Schichten runterreißen, Feierabend, Wochenende, Urlaub, das bringt nichts. Die werden unkonzentriert, die verlieren ihren Fokus. Wenn man das richtig machen will, dann muss man vorbereitet sein, körperlich und mental. Du musst dir ein gutes Team zusammenstellen. Einen, der rennen kann. Einen, der überwachen kann, und einen, der gut schreiben kann. Nur so hast du eine Chance. Die Großen, die Clanchefs, die richtig dicken Fische, die sind uns meilenweit voraus. Der Türke, hinter dem ich so lange her war, der ist immer noch da. Der ist Millionär, aber hey, der ist besser als wir, der sitzt eiskalt vor dir. Irgendwann hat er mich frühmorgens mal abgehängt. An der Ampel steht er plötzlich neben mir, kurbelt das Fenster runter und sagt: Sie können für heute Feierabend machen, Herr Schüngelmann. Der ist irre, der ist der Beste.«

»Die haben da beim LKA einen guten Mann verloren, Thomas.«

»Ja, was heißt guten Mann verloren«, tut Schüngel bescheiden. »Ich hab ja auch nur mit Wasser gekocht. Manche haben's einem auch zu einfach gemacht, vor allem diese Nulpen aus den Kokstaxen. Wenn du Lust hast, stellen wir uns später mal an die Aral auf der Schlesischen und gucken uns das an.«

»Klar, warum nicht.«

»Das war ein Scherz, Christina«, sagt Schüngel. Aber er sagt es so, als wäre er sich da selbst nicht ganz sicher.

*

Der Punkt hinter dem Spion verdunkelt sich. Dann wird ein Schlüssel im Schloss gedreht. Langsam öffnet sich die Tür. Der Kopf einer Frau erscheint. Mitte 60, ledrige Haut, nervöser Blick.

»Polizei?«, fragt sie, an Schüngelmann gewandt.

Er nickt. Er lässt Christina die Befragung machen.

Sie weist sich aus und fragt, worum es geht.

»Da ist eine Frau im Haus, die gehört hier nicht hin«, sagt die Alte.

»Wie, die gehört hier nicht hin?«, fragt Christina.

»Die ist seit einem Monat da. Die wohnt direkt über uns auf dem Dachboden und parkt ihr Auto immer irgendwo anders, nie direkt vorm Haus. Mein Mann hat auch schon Angst.«

»Was hat Ihr Mann damit zu tun?«

»Die bedroht meinen Mann. Die flüstert ihm was zu. Die steht im Treppenhaus und flüstert, wenn er an ihr vorbeiläuft.« Die Alte kommt etwas näher und atmet ihre Bierfahne in den Hausflur. Aus ihrem löchrigen Kittel quillen Speckrollen, ihre von Krampfadern überzogenen Beine sehen aus wie Landkarten. Landkarten mit ziemlich vielen Flüssen. »Ich war ja neulich im Krankenhaus, da war sie sogar in unserer Wohnung. Mit meinem Mann, dem alten Schwein.«

»Wollen Sie sagen, dass diese Frau die Liebhaberin Ihres Mannes ist?«

»Kann sein, dass da was läuft. Mein Mann ist ein altes Schwein. Den hab ich im Griff, aber die Frau muss hier raus. Die kann doch nicht einfach auf dem Dachboden wohnen und uns terrorisieren.«

»Haben Sie das mal der Hausverwaltung mitgeteilt?«

»Ich bin mit denen ein bisschen im Streit, die helfen mir nicht. Ich hab ja auch schon eine ganz kratzige Stimme, hören Sie das? Das ist, weil diese Frau Gas in unsere Wohnung leitet, über Schläuche. Das ist gefährlich!«

Schüngelmann hält die Nase in die Luft. Er kann keinen Gasgeruch erkennen. Es gibt in diesem Treppenhaus auch keinen Zugang zu einem Dachboden, und die tatsächlich reichlich kratzige Stimme der Alten in der Wohnungstür erzählt eher die traurige alte Geschichte von jahrzehntelangem Ketterauchen und Starkstromalkoholismus.

»Haben Sie die Polizei gerufen oder Ihr Mann?«, will Christina wissen.

»Das war mein Mann, das Schwein.«

»Ist Ihr Mann denn da?«

»Ja, der ist drinne, im Schlafzimmer.«

»Den würden wir dann gerne mal sprechen.«

»Dem geht's aber nicht gut.«

»Wir möchten den jetzt aber trotzdem gerne mal sprechen.«

Die Alte lehnt die Tür gegen den Rahmen. Drinnen Gemurmel, dann Gepolter. Es dauert einen Moment, bis ihr Mann auftaucht. Groß, hager, fleckiges Unterhemd. Eingefallene Wangen und ein ausdrucksloser Blick aus erloschenen Augen. Er schiebt sich durch den Spalt und hält sich von innen an der Klinke fest. Anders als seine reizende Gattin hat er keine Fahne.

Christina fragt ihn, was es seiner Meinung nach mit dieser Dachbodenbewohnerin auf sich hat.

Der Mann wirft einen langsamen Blick über die Schulter, dann beugt er sich vor. »Ach, meine Frau«, sagt er und wischt sich mit der rechten Hand vorm Gesicht hin und her.

»Sie meinen, Ihre Frau bildet sich das nur ein?«

»Die sieht viel, wenn der Tag lang ist.«

»Sag denen, was los ist, Jochen!«, ruft die Alte aus der Wohnung. Sie muss direkt hinter der Tür stehen.

»Es ist alles gut, Vera.«

»Erzähl ihnen das mit dem Gas, du Dreck!«

»Wir haben Besuch, Vera. Die Herrschaften wollen sich nur ein wenig unterhalten.«

Thomas Schüngelmann hat genug gehört. Er nimmt Christina zur Seite: »Das wär's, Abflug.«

»Warte mal eben, Schüngel«, sagt Christina und wendet sich wieder dem Mann zu. »Sie haben doch die Polizei gerufen«, sagt sie mit gesenkter Stimme. »Fühlen Sie sich von Ihrer Frau bedroht?«

»Noch nicht«, antwortet er nach einigem Zögern.

»Was heißt das, *noch nicht*?«

»Nicht mehr.«

»Bedroht sie Sie?«

»Ich weiß nicht. Die Vera hat's auch nicht leicht.«

»Sag den Bullen, was los ist, du Dreck, du alter Dreck, du!«, ertönt es von drinnen.

Christina schaut Schüngelmann an. In einer Bewegung hebt er die Hände und Augenbrauen und formt mit den Lippen das Wort *plemplem*. Doch seine junge Kollegin lässt nicht locker.

»Dürfte ich nochmal kurz mit Ihrer Frau sprechen?«

Dieser Tatendrang, denkt Thomas Schüngelmann, dieses Engagement, beeindruckend.

Zögerlich öffnet der hagere Alte die Tür: »Bitte.«

Eine fette Katze flüchtet ins Wohnzimmer. Die Alte steht im Flur und weicht einen Schritt zurück.

»Frau …«, Christina wirft einen Blick auf das Klingelschild, »Frau Barley, wie Sie sich mir darstellen, wirken Sie ein bisschen krank. Ich mache Ihnen das Angebot, wir können Sie in die Klinik bringen.«

Oh nein, bitte nicht, denkt Schüngelmann.

»Vera, ich glaube, das wäre gar keine schlechte –«, beginnt der Mann.

»Damit du hier mit deiner kleinen Freundin …?«, brüllt seine Frau und macht einen Schritt nach vorne. »DU ALTER DRECK DU!«

Die Frau versucht, ihrem Mann eins mit der Rückhand zu geben. Christina wirft sich dazwischen. In einer einzigen Bewegung, so schnell kann Schüngelmann gar nicht gucken, hat sie das wulstige Handgelenk der Frau umklammert und ihr den Arm auf den Rücken gedreht. Die Alte kreischt wie von Sinnen, »Das ist TERROR! Wir werden VERGAST! Ihr steckt doch ALLE UNTER EINER …«, bis Christina sie an der Wand fixiert und die Handfesseln vom Gürtel zieht. Schüngelmann will seiner Kollegin helfen, doch die braucht gar keine Hilfe, also schirmt er den Mann ab, der nur apathisch dasteht, als ginge ihn das alles überhaupt nichts an.

»Wir schreiben später einen Bericht an den sozialpsychiatrischen Dienst«, sagt Christina über die Schulter, und zu der keuchenden Alten, ganz ruhig und direkt ins Ohr: »Und Sie kommen jetzt mit uns ins Krankenhaus, Frau Barley.«

*

Diese Unaufmerksamkeit. Als hätte er den Begriff *Häusliche Gewalt* noch nie gehört. Dass ein Mann Opfer einer Frau werden kann, so etwas kann sich ein alter Soldat wie Schüngel wahrscheinlich gar nicht vorstellen. Wie er auch immer da steht, so breitbeinig in seiner Cargohose, den HAIX-Stiefeln und der Funktionsjacke, dazu der akkurate Kurzhaarschnitt, die stramme Haltung und der Knopf im Ohr – sogar in Zivil sieht ihr Bärenführer mehr nach Bulle aus als so mancher Kollege in Uniform. Wie der mal erfolgreich Drogendealer observiert haben soll, es ist ihr ein Rätsel, und als sie die Psychotikerin im Urban abgeliefert haben und wieder in den Wagen steigen, nimmt sie allen Mut zusammen.

»Was war denn eigentlich in dem Umschlag?«

Schüngel schaut sie an. »Welcher Umschlag?«

»Den dieser Jacques-Marcel dir gegeben hat.«

»Du meinst den hier?« Schüngel zieht den länglichen Umschlag aus dem Ablagefach in der Tür und wedelt damit in der Luft herum. »Schon mal was vom Briefgeheimnis gehört?«

»Beantworte doch einfach meine Frage.«

»Denkst du vielleicht, ich –« Entrüstet lacht Schüngel auf. »Im Ernst? Der war gut.«

Christina hält seinem Blick stand. Schüngel hört auf zu lachen.

»Also gut, willst du sehen? Hier.«

Der Umschlag ist nicht verschlossen. Mit spitzen Fingern schiebt sie ihn auf und schaut hinein. Zwei längliche Karten. Sie zieht sie heraus. Es sind Eintrittskarten für ein Sportevent in der Amazon-Arena. Mixed Martial Arts, nächstes Wochenende.

»Wusste nicht, dass du auf Kampfsport stehst.«

Schüngel seufzt theatralisch. »Tja Christina, es gibt einiges, was du nicht von mir weißt. Und offenbar so einiges, was du mir zutraust.«

*

Bei der behämmerten Alten und ihrem scheintoten Gemahl hatte Christina einen guten Riecher. Da hat sie ihn sogar ein klein wenig an sich selbst als Polizeischüler erinnert, damals, als er sich von den däumchendrehenden Kollegen an der Hasenheide hat absetzen lassen und alleine losgetigert ist, um Verbrecher zu fangen, voller Energie und Ideale. Auch dass sie ihn auf die Sache mit dem Umschlag anspricht, rechnet er ihr hoch an. Die meisten würden sich das nicht trauen. Der Verdacht dahinter ist natürlich reichlich absurd. Andererseits, was er schon alles erlebt hat.

»Keine Sorge, ich kenne die Geschäftsanweisung zur Annahme von Belohnungen und Geschenken«, versichert Thomas Schüngelmann seiner eifrigen jungen Kollegin. Er zwinkert ihr zu, dann startet er den Wagen. Christina sagt keinen Ton, und um ihre Gesichtsbombe nicht vollends zum Platzen zu bringen, verzichtet er darauf, zu ihr rüberzuschauen, bis er den Wagen auf die Urbanstraße dirigiert und das Gefühl hat, sie nun genug gegrillt zu haben. »Und wegen Jacques-Marcel, ich mochte den Jungen. Der hatte 'ne beschissene Kindheit. Hab ihn neulich bei einer Boxveranstaltung im Tempodrom wiedergetroffen, am Bierstand. Wir haben uns nett unterhalten, und dann hat er mir von den MMA-Karten erzählt und gesagt, dass er nicht hingehen kann, und mir seine Nummer gegeben. Falls du's genau wissen willst, die Karten für die Veranstaltung hat Jacques-Marcel zum Geburtstag bekommen. Ich habe sie ihm abgekauft. Gehe ich mit meinem Sohn hin, der ist großer Kampfsportfan, der flippt aus. Zufrieden, Frau Kommissarin?«

»Ich –«

»Das Geld für die Karten habe ich Jacques-Marcel übrigens per PayPal überwiesen. Wenn du das überprüfen willst, hol dein Handy raus, ich geb dir meine Zugangsdaten.«

»Sehr witzig, Schüngel. Ich hab ja nicht wirklich gedacht, dass du …«

»Doch, hast du, und das ist auch in Ordnung«, sagt Schüngelmann, und er meint es auch so. Wenigstens schaut sie hin. Und hört zu. Sie ist wissbegierig und auf zack und macht das Maul auf. Sie will eine gute Polizistin werden, und davor zieht er seinen Hut. Die Frage ist nur, wie lange sie durchhält. Realistisch betrachtet ist auch die größte Motivation chancenlos gegen die vielen kleinen Rückschläge und Enttäuschungen, die noch auf sie warten. Wenn Christina nicht rechtzeitig den Absprung von der Streife schafft, wird sie in ein paar Jahren genauso abgehangen und mürbe sein wie alle anderen. Besser man macht sich da keine falschen Hoffnungen. Schüngelmann hat schon zu viele wie sie kommen und gehen sehen.

Zurück auf dem Abschnitt lässt er sie den Bericht schreiben und holt sich einen Kaffee. Aschgraue Kollegengesichter auf dem Gang, zerschossene Hüllen einst ambitionierter Männer und Frauen, die sich eingerichtet haben in dem erwartungslosen Warten einer Beamtenlaufbahn: *Na, allet schick, sicher und selbst, muss ja.* Dann schnell wieder raus und zurück auf den Wagen.

Eine Schlägerei am U-Bahnhof Moritzplatz, unten auf dem Gleis. Das Pfefferspray hängt noch in der Luft, doch es ist niemand mehr da, nicht einmal der Geschädigte selbst oder die Zeugin, die die 110 gewählt hat. Nur ein alkoholisierter Amerikaner mit tränenden Augen, der zu Tathergang oder den Täterbeschreibungen nichts sagen kann, dann aber Schmerzensgeld zu wittern scheint und Anzeige gegen Unbekannt erstatten will.

Also zum x-ten Mal an diesem Abend die Oranienstraße hoch, den Wagen parken, die Treppen rauf, Anzeige fertigen und die Videoaufnahmen bei der BVG anfordern. Wieder die grauen Kollegengesichter, wieder runter, und als er in den Wagen steigt, fängt er an zu rechnen, wie viele Jahre er noch muss.

Na wunderbar. Jetzt hat es also auch ihn erwischt.

Er startet den Wagen und wirft Christina einen Blick zu. »Jetzt vielleicht doch mal an der Schlesischen gucken, was da so los ist?«

*

Durch das Schaufenster erkennt sie eine Silhouette, die im flackernden Schein von mindestens einem Dutzend Teelichtern in der Mitte des Raums auf dem Boden kniet. Die Tür ist verschlossen. Christina klopft gegen die Scheibe. Die Silhouette bewegt sich. Auf allen vieren rutscht Frau von Bassenheim zur Tür und dreht den Schlüssel im Schloss.

Ein schwaches Blinzeln aus glasigen Augen: »Ach, ihr seid's«, dann krabbelt sie zurück an ihren Platz. Als hätte sie Schüngel und Christina erwartet. Als wären sie alte Bekannte, die hier regelmäßig reinschneien. Mit gespitztem Mund und einer ausladenden Geste lässt Schüngelmann Christina den Vortritt. *War schließlich deine Idee, nochmal hier anzuhalten*, will ihr Bärenführer damit wohl sagen. Christina macht einen Schritt in den Laden. Die Luft steht, es riecht nach Marihuana, und irgendetwas ist anders. Verdutzt schaut sie sich um. Frau von Bassenheim hat den halben Verkaufsraum umgeräumt. Die Tische mit den Auslagen sind in die Ecken geschoben, vor die Kühlschränke, die hinter den aufgetürmten Zeitschriftenstapeln nur noch zu erahnen sind. Die nun freie Fläche auf dem Boden ist von Zeitungen, Magazinen und Werbebeilagen übersät, dazwischen kniet mit Schere und Prittstift die Spätifrau und schiebt irgendwelche Schnipsel hin und her. Christina räuspert sich.

»Darf ich fragen, was Sie hier machen?«

»Collage, sieht man das nicht?«

Ihre bekiffte Collage hat einen Durchmesser von etwa ein mal zwei Meter und scheint direkt auf dem Boden zu kleben, zumindest ist unter den Fotos und Zeichnungen und Textfragmenten keinerlei Unterlage zu erkennen. Gerade kürzt sie die Schlagzeile *Kriminalität im Innenstadtbereich leicht gesunken* um die letzten beiden Wörter und ersetzt diese durch das knallige *GÜNSTIGER* aus einem Media-Markt-Prospekt. *Kriminalität im Innenstadtbereich GÜNSTIGER*. Aha. Sie klebt den Slogan unter eine flatternde Deutschlandfahne, die im Dekolletee eines Models steckt, das bereits mit neuen, viel zu großen Augen und einem Stoppschild als Mund ausgestattet wurde.

Christina beugt sich vor. »Frau von Bassenheim, geht's Ihnen gut?«

»Mir geht's prima, danke.«

»Wirklich alles in Ordnung?«

»Sicher. Bei euch?«

Sogar Süßkramverpackungen und Chipstüten hat sie geöffnet und zerschnitten, das gruselige Klongesicht des Kinderschokoladejungen mit den strahlendweißen Zähnen findet sich gleich mehrfach auf dem düsteren Kunstwerk. Die Augen sind allesamt ausgestochen, und als Christina näher hinsieht, erkennt sie, dass all diese schauderhaften Fratzen auf Frauenkörpern kleben, die widerum von zahlreichen Mündern und Gebissen übersät sind. Ein albtraumhaftes und verstörendes Horrorszenario, das sie sofort an sexuellen Missbrauch denken lässt.

»Wo ist denn Ihr Freund?«

»Wer?«

»Sagten Sie nicht vorhin, Ihr Freund würde vorbeikommen und Sie abholen?«

»Ach, der, ja. Wie der Heinzer immer sagt: Das Leben ist ein Fass Pralinen.«

Christina wirft Schüngel einen Blick zu. *Fass Pralinen? Heinzer?*

»Frau von Bassenheim, es ist schon sehr spät jetzt. Vielleicht sollten Sie nach Hause gehen und sich hinlegen«, sagt Christina. »Wir könnten Ihnen ein Taxi rufen.«

»Ha! Taxi! Der war gut, Jungs!«

Jungs?

Die Spätifrau kichert leise vor sich hin und schiebt einen weiteren Mund-und-Zähne-Schnipsel auf dem Boden hin und her. Dann verstummt sie und hebt den Kopf. Ihre Brille ist auf die Nasenspitze gerutscht, die Haare hängen ihr wirr ins Gesicht.

»Ich mach das hier noch eben fertig. Läuft gerade so gut. Wie findet ihr's denn?«

*

»Früher war die Tankstelle genau hier, wo wir jetzt stehen. Es war die älteste Tankstelle Berlins. Glaubst du nicht? Stimmt aber. Ende der Zwanziger gebaut. Nach der Wende hat Aral das ganze Gelände gekauft und die neue Tanke dahingesetzt, die alte aber stehenlassen, Denkmalschutz. Deswegen steht auch das Vordach hier noch. Ich find's ja auch ganz schick. Ist dir kalt? Ich stell mal den Muschitoaster an. Verzeihung, das sagt man bestimmt nicht mehr so bei euch Feministen.«

Thomas Schüngelmann knufft seine Kollegin in die Seite, dann dreht er die Sitzheizung auf. Auf dem kurzen Weg vom Späti hierher hat es von einer Sekunde auf die andere heftig zu regnen begonnen. Die Scheinwerfer des Ford Galaxy sind ausgeschaltet. Sie haben die gesamte Tankstelle im Blick und auch die Wege zur Autowaschanlage hinten. Ein großer Dünner im Trainingsanzug läuft an den Zapfsäulen vorbei und auf die Tankstelle zu. Sein Trainingsanzug besteht komplett aus der amerikanischen Flagge. Eine Frau mit einem blauen Ikeabeutel auf dem Kopf schiebt ein Lastenfahrrad voller Flaschen unter das Vordach der Tanke. Sie stellt das Rad neben den Zapfsäulen ab, an denen bereits jemand steht. Ein Jugendlicher, Türke oder Araber. Er trägt nur ein dünnes Hemdchen über seinem Pullover. Sogar aus zehn Meter Entfernung kann Schüngelmann sehen, wie sehr er friert.

»Meinst du, es war okay, sie dazulassen?«, fragt Christina.

»Die Aubergine? Was blieb uns anderes übrig.«

»Das sah ja schon ein bisschen nach Schock aus. Nicht dass sie eine PTBS entwickelt.«

Schüngelmann schaut sie an. »Sag mal, musstet ihr euch im Studium eigentlich auch noch mit so altmodischem Kram wie Tatbestandskatalogen und Gesetzbüchern auseinandersetzen, oder nur noch mit diesem Psychogedöns?«

»Vielleicht brauchte sie Hilfe.«

»Du kannst die Leute nicht zu ihrem Glück zwingen, Christina.«

»Glück? Was denn für ein Glück? Die war hilflos und völlig

im Arsch. Hast du dir ihre Collage angesehen, all diese verunstalteten Körper? Und was ist mit diesem ominösen Freund, der sie angeblich abholen wollte? Vielleicht gibt's den gar nicht!«

»Das mag sein, aber das geht uns alles nichts an. Es lag keine Eigen- oder Fremdgefährdung vor, und wenn's ihr nun mal Spaß macht, bis ultimo in ihrem Laden zu hocken und zu kiffen und irgendwelche Zeitungsschnipsel aneinanderzupappen, dann ist das ihre Sache. Das war 'ne Kreative, sah man doch gleich. Für viele ist das ja auch so 'ne Art Therapie. *Kunsttherapie*, gibt's doch, oder nicht? *Alternaive Kunsttherapie*, wär doch was, zweites Standbein.« Schüngelmann lacht. »Da könnte sie Kurse anbieten, wenn das mit dem Späti mal nicht mehr läuft.«

Christina lacht nicht mit. Sie lässt ihren Kopf gegen die Kopfstütze fallen und seufzt hörbar auf. »Sollen wir nicht zurückfahren zum Abschnitt?«

»Ich dachte, du willst noch was erleben.«

»Ganz ehrlich, Schüngel, mir ist stinklangweilig.«

»Geduld, Christina. Man braucht Geduld. Und Sitzfleisch. Das lernst du auch noch. Ich geh mir mal drinnen einen Kaffee holen. Willst du auch was? Einen schönen heißen Capu, oder was zu naschen?«

Sie scheint zu überlegen. »Gummibärchen«, sagt sie schließlich, ohne ihn anzuschauen.

*

Gummibärchen? Wieso denn jetzt Gummibärchen? Sie isst fast nie Weingummi, schon gar nicht nachts und bestimmt keine Sorten, die Gelatine enthalten! Wieso lässt sie sich von Schüngel nicht gleich ein Fünferpack Bi-Fi mitbringen, und warum hat sie seinem Geprolle und den abschätzigen Bemerkungen über Frau von Bassenheim so wenig entgegenzusetzen? Warum sagt sie nichts, wenn er Frau von Bassenheim als *Blaublütige* verspottet, als *Aubergine* und *Alternaive*? Oder ist sie nur müde? Wird sie jetzt kleinlich, reibt sie sich auf?

Das darf ihr nicht passieren. Wenn sie gute Arbeit machen und in dem Männerverein Polizei langfristig etwas zur Veränderung beitragen will, wird sie einen verdammt langen Atem brauchen.

In spätestens einer Stunde sitze ich erstmal in der Bahn nach Hause, versucht sie sich zu beruhigen, während sie Schüngel hinterherschaut, der mit eingezogenem Kopf an zwei Männern vorbei auf die Tankstelle zuläuft. Der eine ist stämmig und trägt eine Windjacke, bei dem anderen handelt es sich um den Zweimetermann mit dem halbironischen Oberlippenbart und dem USA-Trainer, der gerade aus der Tanke gekommen ist. Sie begrüßen sich mit High Five und lachen. Der Jugendliche, der neben der alten Frau vorne bei den Zapfsäulen steht, hat sich eine Zigarette angezündet. Sollte er nicht machen, auf der Tankstelle rauchen, doch sie hat jetzt keine Lust, sich darum zu kümmern. Vor allem hat sie keine Lust auf Schüngels Sprüche von wegen *Pipifax* und *Katzen aus dem Baum holen*.

Sie dreht den Regler der Sitzheizung runter und wirft einen Blick rüber zum Verkaufsraum. Drinnen sieht sie Schüngel mit einem dampfenden Becher auf die Kasse zugehen. Die beiden Männer sind bei dem Bankomaten neben dem Eingang stehen geblieben. Der mit der Windjacke zieht Geld, der Lange bewegt seine Beine zu einem imaginären Beat und wühlt dabei in einem Portemonnaie herum.

Hier passiert heut nichts mehr, denkt sie noch, da meldet sich über Funk die ELZ. Notfallsanitäter brauchen an der Diskothek Lobotomy Unterstützung. Christina schaut auf. Das Lobotomy ist direkt da vorne, keine 50 Meter entfernt. Sie kann das blaue Flackern des Rettungswagens sogar sehen.

Sie beantwortet den Ruf und öffnet die Wagentür. Sie setzt die Füße auf den Boden und fischt den Schlüssel aus der Jackentasche. Sie spürt, dass sie angestarrt wird. Einer der beiden Männer am Geldautomaten, der Lange im Trainingsanzug. Mit weit aufgerissenen Augen fixiert er eine Stelle oberhalb ihres Bauches. Christina schaut an sich hinunter. Ihr Parka hat sich in dem Anschnallgurt verfangen, das Holster ihrer Dienstwaffe lugt hervor. Schon wieder, denkt sie verärgert, und als sie wieder aufschaut, sieht sie den Langen im Affenzahn über die Tankstelle Richtung Straße sprinten.

LAMPENSTADT

Seit dem unschönen Telefonat mit dem Ännchen herrscht im Fahrzeug angespanntes Schweigen. Bederitzky schaltet das Radio ein und wechselt auf CD. Langsam und bedrohlich baut sich das Intro von *Shine On You Crazy Diamond 1–5* auf.

»Das habe ich ja lange nicht gehört«, sagt der Mann auf der Rückbank, als nach ein paar Minuten David Gilmours Gitarre erklingt.

Bederitzky schaut in den Rückspiegel. »Sie kennen das?«

»Na hören Sie mal. Wer kennt das denn nicht? Pink Floyd, Klassiker.«

»Wohl wahr«, sagt Bederitzky. »Hab die sogar mal live gesehen. Mit das beste Konzert, das ich je erlebt habe.«

»Wann war das?«

»Kann ich Ihnen genau sagen, wann das war: 16. Juni 1988, Reichstag Westseite, Platz der Republik. Ich hatte ein paar Wochen zuvor erst rübergemacht, deswegen erinner ich mich daran. Mit der Nummer hier haben sie das Konzert eröffnet. Mir haben die Knie geschlottert, das könn'se mir glauben, war ein großer Moment, und nicht nur für mich«, sagt Bederitzky und denkt an die Frau, die damals neben ihm stand und der schon bei den ersten Tönen dicke Tränen die Wangen runterkullerten. Die Frau kam aus Zehlendorf, und da wusste er: Das ist wirklich was Besonderes gerade, das ist auch im Westen nicht normal, und ich bin dabei, wer hätte das gedacht! »Das Konzert hatte ja im Vorfeld schon große Wellen geschlagen«, fährt er fort, glücklich, endlich einen Fahrgast zu haben, mit dem man sich über Musik unterhalten kann. »Die Partei hat ja allen Ernstes versucht, den Auftritt zu verhindern. Wegen der Vibrationen könnten in der Charité Patienten zu Tode kommen und was weiß ich. Mumpitz, klar. Aber die Bässe muss man tatsächlich noch in ganz Ostberlin gespürt haben.«

»Hätte ich gerne miterlebt«, sagt der Parfümierte. »Ich hab die Band nie live gesehen, nur im Fernsehen. Dafür war ich bei Bruce Springsteen, an der Radrennbahn in Weißensee.«

»Nicht Ihr Ernst!«

»Müsste derselbe Sommer gewesen sein.«

»Na sicher, das war nur ein paar Wochen später. Ich konnte nicht mehr hingehen, weil ich ja plötzlich ausreisen durfte. Oder in dem Fall: *musste.*«

»Ironie des Schicksals.«

»Könn'se laut sagen! Das waren noch Zeiten, oder? Da hat das alles noch was bedeutet. Sie sind gebürtiger Hallenser?«

»Ja. Hab aber in München studiert und war dann 'ne ganze Weile im Ausland.«

»Beruflich?«

»Genau.«

»Verstehe«, sagt Bederitzky. »Und gehen Sie noch häufig auf Konzerte?«

»Nicht häufig genug, fürchte ich. Gestern Abend waren wir mit ein paar Geschäftspartnern in einem Jazzclub in Charlottenburg, ganz gemütlicher Laden. Die Band war auch gut, ein Quintett, eher so Free Jazz.«

»Gestern Abend?«

»Genau.«

»Ach so.«

»Wieso?«

»Ich hatte das vorhin so verstanden, dass Sie auf der Durchreise sind und gerade erst in Berlin angekommen waren.«

»Ja, nee, also«, nuschelt der Parfümierte. »Ich war vorgestern schon in der Stadt, hatte heute aber noch einen Termin außerhalb. In Hannover.«

»Ach so«, sagt Bederitzky. Unauffällig dreht er das Radio leiser und drückt auf Eject. Er legt seine Demo-CD ein und spricht währenddessen weiter, damit sein Fahrgast gar nicht erst auf die Idee kommt, ihn zu fragen, warum er denn jetzt die Musik wechselt. »In Halle war ich ja auch ein paar Jahre, Anfang der Neunziger, kurz nach der Wende. Hatte mich da beim MDR beworben, als Toningenieur. Ich hab mich zu Ostzeiten schon fürs Radio interessiert, war ja immer schon musikbegeistert, klassischer Blueser war ich gewesen, könn'se sich das vorstellen? Ich hatte damals einen Kumpel beim Funkhaus in der Nalepastraße. Der hat mich mal mitgenommen, Paradies, sag ich Ihnen, da wollte ich auch hin, aber ging nicht. Ich hab ja Elektromechaniker gelernt, bei der NARVA, damals VEB Berliner Glühlampenwerk, in Fachkreisen auch *Betrieb Geiler Weiber* genannt.« Bederitzky schaut in den Rückspiegel und lacht. »Weil da wegen der Hitze so viele leichtbekleidete Frauen am Fließband standen.«

Der Parfümierte ringt sich ein Lächeln ab. Wohl einer von der verklemmteren Sorte, denkt Bederitzky und skippt vor zu Track 3, Arbeitstitel *Lampenstadt*, passt ja gerade.

»Den Markennamen NARVA gibt's immer noch, aber das Kombinat wurde nach der Wende abgewickelt, oder umgewandelt oder wie die das nannten, mussten viele gehen, zack, auf die Straße und tschüssikowski, üble Geschichte. Sowieso, eine einzige Sauerei, wie das alles abgelaufen ist, wie der Osten geplündert und ausgeblutet wurde, meine Meinung. Und als sie dann '91 den Rohwedder von der Treuhand weggemacht haben …«

»Ja?«, horcht der Parfümierte auf.

»Also, die Tränen sind mir da nicht gekommen«, sagt Bederitzky, worauf ihm von der Rückbank bedeutungsvolles Schweigen entgegenschlägt. So ein Ach-von-der-Sorte-bist-du-also-Schweigen. »Ich bin jetzt kein Terroristenfreund«, beeilt er sich zu sagen, »nicht dass Sie mich falsch verstehen, aber …« Er beendet den Satz nicht. »Na jedenfalls, in Halle, das war keine gute Zeit für mich. Meine Freunde hatten mich alle schon gewarnt, *Hallesaale, das alte Drecknest, was willst'n da!*«

»Das war aber reichlich verallgemeinert«, antwortet der Parfümierte, jetzt mit so einem pikierten Unterton.

»Na klar war das verallgemeinert. Aber trotzdem was dran, oder nicht? Ich fand's furchtbar dort. Nach gut einem Jahr bin ich zurück nach Berlin. Und Sie, was machen Sie in Halle?«

»So dies und das.«

»Selbständig?«

»Ja.«

»Und Sie leben wirklich gerne dort?«

»Die Stadt hat sich ziemlich gemacht. Beziehungsweise gab's da schon immer schöne Ecken.«

»Na, wenn Sie das sagen.«

»Was soll das heißen?«

»Ich mein nur. Hab das halt anders in Erinnerung. Aber ich glaub Ihnen natürlich.«

»Das ist schön, dass Sie mir glauben«, blafft der Fahrgast. Ist der jetzt ernsthaft eingeschnappt, oder was? Konnte ja keiner ahnen, dass ein solcher Lokalpatriot in ihm steckt, wo er doch die ganze Zeit rumtönt von wegen München und Ausland und Free Jazz in Charlottenburg. Er beginnt, in den Taschen seines Mantels herumzukramen. »Stört's Sie, wenn ich eine rauche?«

Bederitzky überlegt. Er hätte ebenfalls Lust auf eine Zigarette. Der Geruch im Wagen ist ihm persönlich wurstschnuppe und Hunfeld sowieso, der quarzt ja selber wie ein Loch. Aber die Fahrgäste werden immer empfindlicher, im Fahrzeug rauchen, geht eigentlich nicht.

»Oder wir halten kurz am nächsten Parkplatz.«

»Schon gut«, sagt Bederitzky, »rauchen Sie nur.«

Jetzt bloß nicht anhalten. Erstmal Strecke machen, das muss jetzt mal ein bisschen ratzfatz gehen hier. Die 10 ist gerade zur 9 geworden, er fährt konstant 150, die Bahn ist frei, mit etwas Glück könnte er es tatsächlich bis um halb drei zum Ännchen schaffen. Er dreht die Musik lauter und feuert seinen Spruch ab:

»Die CD hat ein Fahrgast hier vergessen.«

»Grauenhaft«, sagt der Parfümierte und steckt sich eine an.

»Finden Sie?«

»Sie etwa nicht? Erst Pink Floyd, und dann dieser Schrott?«

»Schrott? Hm. Seh ich anders. Aber passt ja dann wunderbar zu unserem Fahrtziel, oder?«, sagt Bederitzky mit einem tapferen Lächeln, bemüht, sich die Kränkung nicht anmerken zu lassen. Langsam und gleichmäßig dreht er die Musik wieder runter. Er fragt den Parfümierten, was er raucht.

»Cabinet.«

»Die braunen?«

»Die roten.«

»Die guten alten Cabinet, hab ich ewig nicht geraucht. Haben Sie da noch eine übrig?«

Wortlos reicht der Parfümierte ihm eine Zigarette nach vorne. Bederitzky bedankt sich und zündet sie an. Er nimmt einen Zug und öffnet das Fenster hinten links, nur einen Spalt weit.

»Gar nicht schlecht«, sagt er nach ein paar Zügen. »Riecht auch gleich viel besser im Fahrzeug.«

»Ist mir nicht aufgefallen, dass es hier schlecht gerochen hat.«

»Bevor Sie eingestiegen sind nicht.« Bederitzky grinst in den Rückspiegel. »Mit Verlaub, Sie haben sich ganz schön eingedieselt.«

»Hm«, sagt der Mann und schaut aus dem Fenster.

»Neulich meinte ein Fahrgast, dass Hunde während der Fahrt den Kopf aus dem Autofenster halten, weil sie den Geruch von Menschen auf so engem Raum nicht ertragen«, probiert er die Stimmung wieder aufzulockern. »Die Bellos lassen sich da schön den Fahrtwind um die Schnauze wehen, denkt man ja immer, aber angeblich ist es das gar nicht. Hunde finden nämlich, dass wir Menschen stinken. Meinte mein Fahrgast. Hatte ich auch noch nie von gehört. Also ich meine … Ich wollte nicht sagen, dass Sie – « Er stockt. »Fiel mir nur gerade so ein.«

Von der Rückbank: Kein Ton mehr.

Ich rede mich hier um Schlips und Kragen, denkt Bederitzky, ich rede viel zu viel, das kommt nicht gut an bei den Fahrgästen, ich merk das doch, da ist schon den ganzen Abend der Wurm drin, bestimmt wegen dem Ännchen, also wegen dem Ring und der Wohnung, das macht mich ganz fickrig alles, ich bin viel zu stramm aufgezogen heute.

Sie rauchen und fahren die leere A9 runter. Links und rechts dunkler Nadelwald, in der Ferne das rhythmische Blinken von Windrädern und vor ihm der Mercedesstern, wie ein Zielfernrohr auf Halle an der Saale gerichtet. Dass er nach ihrem Anruf vorhin nicht gleich umgedreht und zu ihr gefahren ist, das wird sie ihm doch nicht ernsthaft übel –? Zugegeben, es war nicht die feine –, wahrscheinlich hätte er –, aber das Ännchen soll sich mal nicht so –, das Ännchen ist doch –, außerdem: 350 Euro! Er denkt an das neue Klavier und die Kaution und seinen Dispo und Hunfeld, und ihr geht ja nach drei Abenden im Krankenhaus nun auch noch der halbe Freitagabend durch die Lappen, da wäre es doch Wahnsinn gewesen, sich diese Fahrt entgehen zu lassen!

Kurz hinter Beelitz beginnt sein Magen zu knurren. Im Handschuhfach liegt ein Tütchen M&Ms, Notfallration, aber das will er jetzt nicht rausholen, vor Kunden essen, das macht man nicht, außerdem hat er Knast auf etwas Richtiges. Jetzt 'ne schöne Curry, denkt er, als er das Schild sieht, Rasthof Fläming, 5 Kilometer. Aber nein, weiter. Alles für dich, Anna, alles für uns, und er denkt daran, wie er sie das erste Mal gefahren hat, damals bei der Blinddarmsache, wie sie sich gegenseitig zum Lachen gebracht haben, als das Ännchen auf seine Frage, warum sie denn extra zum HNO-Arzt nach Charlottenburg fahre, ganz selbstverständlich geantwortet hat, dass sie ausschließlich zu Ärzten im alten Westen gehe, und er daraufhin meinte: Wie dumm für die Ossis in der Charité, wenn sie mal eine schöne Leiche brauchen. Fand sie gut, das mit der *schönen Leiche*, da hat sie gelacht, und als er sie in der Bleibtreu absetzte, nahm er all seinen Mut zusammen und gab ihr seine labbrige Karte, obwohl klar war, dass sie mindestens eine Liga über –, »Falls Sie mal wieder einen Chauffeur brauchen«, hat er gesagt, und sie hat was mit *Chauffeur* und *Charmeur* geantwortet und gelacht, ach Ännchen, denkt er, gut, dass ich dich –, gut, dass dir bei dem Überfall nichts –, du wirst mir diese Hallesaale-Chose hier doch jetzt bitte nicht –, ich tu das ja auch für –, und dann ballert er an Fläming West vorbei, mit so einem ganz mulmigen Gefühl in der Magengegend, das auch nicht allein vom Hunger kommen kann.

DIE HARMLOSEN, DIE SCHAMLOSEN UND DIE ZAHNLOSEN

»Tach Spätschicht.«

»'n Abend, Sheriff.«

»Irgendwas Besonderes heute?«

»Paar Walk ins. Hab die auf die 9 und die 16 verteilt. Eine Buchung ist noch offen, die beiden Österreicherinnen für die 14. Sind bisher nicht aufgetaucht, haben aber auch nicht gecancelt.«

»Ist gut.«

»Die Birne der Schreibtischlampe ist kaputt.«

»Hab 'ne neue mitgebracht.«

»Und die Club Mate ist alle.«

»Ich weiß.«

»Also da sind noch drei im Kühlschrank, aber im Keller ist nichts mehr. Cola geht auch langsam zur Neige.«

»Ja, ist klar, hab schon nachbestellt.«

»Ach, und Cindy hat sich wieder einfach in die 7, Bett 4 gelegt. Hat aber ihre Sachen noch in der 6.«

»Bewohnt die jetzt zwei Betten?« Sheriff klopft sich den Staub von der Hose, nimmt seinen Stetson ab und wirft ihn auf den Red-Bull-Kühlschrank. »Kann sie ja gerne machen, aber dann muss sie auch für zwei Betten zahlen.«

»Sie sagt, sie will in der 6 bleiben, aber sie geht erst zurück, wenn Daniel aufhört, sie mit Deo zu besprühen. Angeblich sollst du das regeln.«

»Ich soll das regeln? Das ist ein Hostel hier, kein betreutes Wohnen!«

Lasse zuckt mit den Schultern und beginnt, am Reißverschluss seiner Kapuzenjacke rumzunesteln. Sie können's gar nicht erwarten, hier wegzukommen, besonders am Wochenende. Da sitzen sie auf glühenden Kohlen, schnell zur Perle oder zum Macker oder direkt in die Kneipe oder den Club, was weiß er denn, wo die alle hinwollen.

»Und was haste Cindy jetzt gesagt?«

»Dass ich mit dir spreche.«

»Du kannst so was nicht einfach der Nachtschicht übergeben, wo sind wir denn hier?«

»Aber Cindy ist doch Stammi. Ich weiß ja nicht, was ihr da für Absprachen habt.«

»Jedenfalls nicht die Absprache, dass sie lustig von Zimmer zu Zimmer ziehen kann.«

»Die war eh komisch drauf heute.«

»Noch komischer als sonst?«

»Sie hat ihre Haare abgeschnitten.«

»Na und?«

»Die ganze Rapunzelmähne, ab!«

»Und was hat sie damit gemacht?«

»Wollte sie nicht sagen.«

»Vielleicht verscherbelt.« Sheriff lacht. »Kriegt man ja locker drei Perücken raus.«

»Ganz beieinander wirkte die Gute heut jedenfalls nicht.«

»Wenn die Gute noch ganz beieinander wäre, würde sie nicht seit Monaten hier im Achter wohnen und sich das Bett vom Jobcenter bezahlen lassen«, sagt Sheriff. Er zieht seine Lederjacke aus und wirft sie auf den Stapel leerer Bierkisten neben dem Kühlschrank, stopft sein T-Shirt in die Hose und zieht die Hosenträger stramm. »War's das dann?«

»Der Grieche in Zimmer 9, Bett 3 hat gefragt, ob ihn morgen um sieben jemand wecken kann. Hab einen Vermerk für die Frühschicht ins Protokoll gemacht.«

»Viel Glück«, sagt Sheriff. »Die Frühschicht übernimmt Udo.«

Lasse schaut ihn an. »Der Chef übernimmt eine Schicht?«

»Ja, ausnahmsweise.«

»Hier vorne, am Counter?«

»Ja doch! Sonst noch was?«

»Sonst alles ruhig. Das Geld ist auch schon gezählt.«

»Das Geld zähle ich, mein Lieber. Setz dich mal hin, du kommst schon noch früh genug auf die Mama.«

»Wohin?«

»AUF DIE MAMA. Auch noch schwerhörig?«

»Was ist mit meiner Mama?«

»Deine Alte, Herrgott. Oder hast du keine? Bist du einer, der von hinten sticht? Schön Dienstboteneingang, brauner Salon?«

»Ach so, nee. Kannte nur den Ausdruck nicht, *auf die Mama.*« Lasse kichert gestellt. Arschkriecher. Schleimscheißer.

»Kannst ruhig sagen, wenn du vom anderen Ufer bist, hab ich nichts dagegen. Hier kann jeder machen, was er will. Jedenfalls solange er keine Faxen macht. Einen Gast in zwei verschiedenen Betten wohnen lassen zum Beispiel.«

»Cindy hat ihr eigenes Bettzeug mitgenommen. Ich hab der ja nicht nochmal neues Bettzeug gegeben.«

»So weit kommt's auch noch. So, und jetzt hörst du mal auf, auf die Uhr zu schielen, und setzt dich da hin. Deine Schicht geht bis Punkt zehn, es ist fünf vor.«

Widerwillig lässt Lasse sich in den Bürostuhl sinken. Sheriff schiebt sich am Kühlschrank vorbei hinter den Counter. Der Schreibtisch ist mit Zetteln übersät. Notizen, Notfallnummern, Mitarbeiterkontakte und eine länger und länger werdende schwarze Liste. Er klickt sein Schlüsselbund von der Gürtelschlaufe und schließt den Geldschrank auf. Erst zählt er die Scheine, dann die Münzen. Lasse hockt mit einer Arschbacke auf dem Rand des Bürostuhls, starrt auf den Monitor und trägt die Zahlen in die Exceltabelle ein.

»Achtzehn Fünfer.«

»Yo.«

»Dreiunddreißig Zweier.«

»Yo.«

»Vierundzwanzig Einer.«

»Jupp.«

Passt alles, und trotzdem sind da zwei Dollar Differenz in der Exceltabelle. Sheriff stöhnt. Erstmal die Getränke zählen. Bier, Red Bull, Club Mate, Cola, Fanta, Sprite, Apfelschorle, Wasser mit, Wasser ohne, Malzbier. Beim Malzbier hat Lasse sich verzählt. Er hat im Bestand zwölf Flaschen eingetragen statt elf, dabei sieht man das doch: In zwei Reihen stehen sie da. Wenn die eine Reihe länger ist als die andere, muss es eine ungerade Zahl sein, das rafft man doch!

Daniel kommt aus der Küche in die Rezeption. »Moin Sheriff.«

»Tach Daniel, alles im Lack?«

»Läuft, Sheriff, läuft.«

»Wohin des Weges?«

»Bierchen holen.«

»Oder zwei, was?«

»Oder zwei«, sagt Daniel und grinst. Das Deckenlicht reflektiert auf seiner Nickelbrille, die Haare stehen ihm wirr vom Kopf ab. Er sieht aus, als wäre er gerade erst aus dem Bett gefallen, dabei geht er jeden Nachmittag ein paar Stunden arbeiten, irgendwas mit Computerspielen in Mitte.

Daniel verschwindet durch die Tür nach draußen. Sheriff nimmt Lasse die Mouse aus der Hand und korrigiert die Zahl in der Exceltabelle. Jetzt stimmt auch die Kasse wieder. Er schaltet um zu den Überwachungskameras. Unten im Keller lehnt Papa Mundip mit zwei weiteren Blackies am Billardtisch, sie rauchen und lachen und hören Musik. Neben ihnen am Kickertisch stehen zwei junge Frauen und kickern. Was Sheriff durch diesen Monitor schon alles gesehen hat. Vögelnde Gäste, Speed ziehende Gäste und Gäste, die sich gegenseitig mit Rasierschaum einsprühen und die Eier rasieren. Dabei sind die Kameras nicht gerade versteckt angebracht.

»So, dann hätten wir's«, sagt er zu Lasse. »Schönen Feierabend, und Gruß an die Mama.«

Oder an den Stecher, denkt er, als er vor der Tür steht, sich eine seiner Dannemann Moods aus dem Etui nestelt und zusieht, wie Lasse auf seinem mintgrünen Damenfahrrad zwischen dem Partyvolk auf der Schlesischen Straße verschwindet.

Seine beschlagenen Absätze klappern auf den Fliesen, als Sheriff die Küche betritt. An einem der Tische sitzen die beiden Rucksackisraelis aus der 3, die er gestern Nachmittag eingecheckt hat und die erstmal den halben Kühlschrank mit ihrer Hafermilch und ihren veganen Aufstrichen vollgepackt haben. Sie schauen auf, grüßen mit einem knappen Nicken und wenden sich wieder ihren Handys zu. Am Herd stehen zwei Nordafrikaner und wärmen ihren Eintopf von gestern auf, irgendeine marokkanische Spezialität mit Knoblauch, Ingwer und jeder Menge Kreuzkümmel, das Aroma zieht durchs ganze Haus. Offenbar hat Lasse vergessen, vorm Schichtwechsel die Sicherung für den Herd rauszudrehen.

Verdammte Spätschicht. Eier schaukeln und auf Kumpel mit den Insassen machen, so kriegt man seine acht Stunden auch rum. Sheriff hätte gute Lust, den Schwachmaten rauszuschmeißen. Aber geht nicht, weil Udo erst letzte Woche jemanden gefeuert hat, diesen bebrillten Bücherwurm mit der Schiebermütze, der die ganze Nacht auf schöngeistiger Portier gemacht und zugesehen hat, wie der Aufenthaltsraum im Keller sich in einen gottverdammten Coffee-Shop verwandelte. Vor ein paar Wochen gab es nachts einen Wasserrohrbruch in der ersten Etage, ein paar Gäste mussten den Bücherwurm darauf aufmerksam machen und selbst Pfannen und Töpfe unterstellen, während er nur dumm danebenstand und an seiner Mütze rumgezupft und zehn Minuten gebraucht hat, das Wasser abzustellen und die Feuerwehr zu rufen. Als er dann noch diesen Schluckspecht von der Umzugsfirma nicht in den Griff bekam, der abends in Gegenwart einer halben Schulklasse rumbrüllte, seine Zimmergenossen seien durchweg *Aidsjunkies* und *Drogendealer*, woraufhin am nächsten Morgen die besorgte Lehrerin an die Bürotür klopfte und den *Geschäftsführer* sprechen wollte, da ist Udo endgültig die Hutschnur gerissen. Natürlich hat Udo den Bücherwurm nicht eigenhändig rausgeschmissen. Auch nicht den versoffenen Möbelpacker. Die Drecksarbeit überlässt er ja immer Sheriff.

Der Bücherwurm nahm es einfach hin. Als hätte er den Job gar nicht nötig. Hat sich weder beschwert noch verteidigt, der aufgeblasene Stiesel. Der Möbelpacker hingegen hat einen Riesenaufstand gemacht und behauptet, er bekomme noch das Geld für zwei Nächte zurück. Dabei war im System alles auf null. Sheriff bescheißt doch keinen um 50 Dollar. Sheriff bescheißt überhaupt niemanden, die Zeiten sind vorbei. Aber er lässt sich auch nicht verarschen, also hat er den Süffel rausgeschmissen, und zwar hochkant.

Ein Klopfen an der Tür. Dann die Klingel. Vor der Tür steht ein junger Afrikaner. Sheriff hat die Tür vor seinem Rundgang verriegelt. Er öffnet sie, schiebt mit dem Fuß den Stopper runter und drückt den Hebel im Schloss wieder nach unten. Der Blackie ist Anfang 20, frisch rasiert und hat ganz gelbe Augen. Krank, oder stoned? Wortlos und mit gesenktem Blick zeigt er seine Zimmerkarte vor, dann geht er an Sheriff vorbei zu den Zimmern. Das Gesicht hat Sheriff hier schon mal gesehen. Steht der nicht auf der schwarzen Liste? Beim Klauen erwischt oder so?

Er zwängt sich hinter den Counter und sieht im System nach. Jibril Jobateh aus Gambia, am frühen Abend von Lasse eingecheckt, in eins der beiden Sechzehner. War der Typ nicht letztes Mal noch aus Guinea?

Sheriff hat es ihnen allen eingebläut, jedem Einzelnen, in Udos Worten. Dass das hier kein Asylantenheim ist oder die Bahnhofsmission. Auch nicht der psychiatrische Notdienst oder ein Freudenhaus oder die verdammte Lebenshilfe. Dass sie hier eine gewisse Verantwortung haben, zuallererst denen gegenüber, die schon drin sind. Ein zahnloses Drogengerippe ohne Schuhe hat Sheriff gestern erst weggeschickt, und die Nacht davor einen alten Polacken mit prallgefüllten Alditüten, der aussah, als hätte er sich eingenässt und auch so roch, und zwar fünf Meter gegen den Wind, den konnte er doch niemandem aufs Zimmer legen. Aber den Studenten ist das egal, die würden noch den letzten vermilbten Kinderschänder einchecken, wenn er nur traurig genug aus der Wäsche guckt.

Im Posteingang sieben unbearbeitete Buchungsanfragen, fünf davon auf Deutsch. Gut. Obwohl: Gar nicht gut, dass die internationalen Gäste im Verhältnis immer weniger werden. Und wenn international, dann immer seltener Vorabbuchungen von normalen Berlintouristen, sondern halbgeduckte Walk-ins, die keinem Flugzeug entstiegen, sondern mit dem Schlauchboot oder per pedes oder in irgendwelchen Schlepperbullis in dieses Land von fließend Milch und Honig gekommen sind. Falls Udo hier nicht bald mal ein bisschen was investiert, werden sie auch noch die letzten normalen Gäste verlieren.

Die Eingangstür schwingt auf, und schneller als sein Schatten ist Sheriff auf den Füßen.

Es ist nur Daniel. Er nickt und geht auf die Kellertreppe zu, zwei Halbe in der Hand. Den einen hat er zwischen Zeige- und Mittelfinger geklemmt, den anderen zwischen Ring- und kleinen Finger. Seine Mollekralle.

»Deine Mutter hat angerufen«, sagt Sheriff. »Du solltest vor zwei Stunden im Bett sein.«

Daniel bleibt vor der Kellertreppe stehen. »Ich hab mit meiner Mutter seit sechs Monaten nicht geredet.«

»Ach komm, war nur Spaß. Wir haben Bier hier. Warum gehst du immer um den halben Block zum Späti?«

»Ja, Berliner Pilsner, schönen Dank.«

»Und was hast du dir da wieder Exquisites geholt? Ah, Sterni, lecker! Kennst du eigentlich den Unterschied …«

»… zwischen einem Sternburg und 'ner Pussy?« Daniel verdreht die Augen. »Die Pussy schmeckt nur am Anfang nach Pisse.«

»Hab ich schon mal erzählt, was?«

»Einmal, Sheriff, einmal?«

»Was taperst du da immer rüber? 1,80 der Halbe ist dir wohl zu viel?«

»Es läppert sich, Sheriff. Kleinvieh macht auch Mist. Paar Häuser weiter kostet es nur die Hälfte.«

»Ja, das gute Sterni.«

»Das ist bestimmt nicht schlechter als eure Berliner Gülle da. Außerdem muss ich hier ab und zu mal raus.«

»Du bist Insasse, du musst nirgends hin. Obwohl, nur rüber zum Späti, das zählt wohl noch als Hofgang. Oder hast du ein Auge auf die Lady geworfen?«

»Welche Lady?«

»Die vom Späti?«

»Sheriff, die ist mindestens 50.«

»Bin ich auch, na und?«

»Die könnte meine Mutter sein.«

»Die ist halt schon ein bisschen länger jung als du. Du bist in die verknallt, gib's zu.«

»Du bist ja pervers, Mann.«

Sheriff lacht. »Hab auch nie was anderes behauptet.«

Daniel öffnet eine Flasche mit der anderen und schnippt den Kronkorken in den Plastikmülleimer, der zwischen den zerschlissenen Kunstledersofas steht. Er nimmt einen tiefen Schluck, dann stellt er sein Bier auf den Counter und beginnt, sich eine seiner streichholzdünnen Zigaretten zu wickeln. Daniel kommt ursprünglich aus den Prärien oben im Nordwesten. Eines frühen Abends im Spätsommer stand er hier in der Tür, einen halbvollen Eastpakrucksack auf dem Rücken und einen altmodischen Koffer in der Hand: »Haben Sie noch ein Bett frei, so für 'nen Monat?« Seitdem verlängert er wochenweise. Und zahlt immer in bar. Ein Walk-in, der nicht mehr weggeht. 32 Jahre alt, Schufa-Eintrag bis nach Tegel, findet keine andere Wohnung, sucht wohl auch gar nicht mehr.

»Ich würde mich ja einmal am Abend eindecken und die

Kannen hinten in den Kühlschrank stellen«, sagt Daniel mit in den Mundwinkel geklemmtem Eindrehfilter. »Würde ich liebend gerne tun, aber weißt du, was dann passiert? Dann sind die weg, und zwar schneller, als du gucken kannst.«

»Soll ich eine Sicherheitsfirma engagieren, die auf dein Bier aufpasst?«

Daniel nimmt den Filter aus dem Mund. »Gar keine schlechte Idee.«

»Dann kriegst du deine Pofe im Achter aber nicht mehr für 12, Daniel. Schon mal drüber nachgedacht? Personal, das kostet, da muss ich die Preise erhöhen.«

»Udo zahlt doch eh nur den Mindestlohn.«

»Was Udo zahlt oder nicht zahlt, das hat dich nicht zu interessieren.«

»Aber du stehst hier nicht für den Mindestlohn, oder? So als Co-Chef, oder … Was bist du hier eigentlich genau?«

»Daniel, halt die Backen. Freu dich über dein billiges Bett, freu dich über dein billiges Bier und freu dich darüber, dass dein Schwarm gleich nebenan arbeitet«, sagt Sheriff. Dann beugt er sich rüber zum Monitor und versucht, das halsbrecherische Englisch einer Buchung aus Frankreich zu entschlüsseln.

Daniel hat fertig gewickelt. »Ich geh kurz runter, eine rauchen.«

»Da sind zwei heiße Bräute am Kicker.«

»Ich weiß. Ich glaub, die sind lesbisch. Außerdem sind die Rastamänner da schon dran. Hast du das mit dem Brand mitgekriegt?«

»Wo, hier?«

»Nein, in Mitte. Da steht ein Hotel in Flammen. Das Soho-House.«

»Ach du Scheiße. Die sollen bloß nicht alle herkommen.«

»Sheriff, es ist das Soho-House. Da wohnt Brad Pitt, wenn er in Berlin ist. Der legt sich wohl eher mit 'ner Penntüte auf den Alex, als ausgerechnet hierherzukommen.«

»Wie lange geht das schon mit diesen Bränden, Daniel? Vier Monate, fünf? Und immer die richtig dicken Hütten.«

»Es geht etwas vor sich«, sagt Daniel geheimnisvoll.

Sheriff schaut ihn an. »Ich saß hier am Counter, als die neuen Bürogebäude drüben abgefackelt sind. Dann die East Side Mall, jetzt ein Hotel. Kann doch kein Zufall sein.«

»Nichts ist Zufall. Da draußen ist einiges los.«

»Kann man wohl sagen«, antwortet Sheriff mit Blick auf den Streifenwagen, der gerade mit Blaulicht und Sirene die Schlesische Straße runterbrettert. Dann klemmt er sich wieder an die Tastatur. Diese verdammten Franzaken. Dass die nie in ganzen Sätzen schreiben können.

Er hat gerade die letzte Mail beantwortet, als zwei Ladies reinkommen, beide mit einem Handgepäcktrolley in der Hand, beide blutjung und von erniedrigender Schönheit, die eine dunkelhaarig, die andere blond. Die Österreicherinnen für die 14. Ihr Flug aus Wien hatte Verspätung. Sheriff lässt sich ihre Ausweise zeigen, bucht sie ein, gibt ihnen die Zimmerkarten und geht zum Schrank, um zwei Sätze Bettlaken und Bezüge rauszuholen, während er ihnen die Küchenregeln erklärt.

»Nach zehn wird nicht mehr gekocht, Lebensmittel in den Kühlschrank, was nicht mit Namen beschriftet ist, wird weggeworfen.«

Die Dunkelhaarige wirft einen angewiderten Blick in die Küche. »Keine Sorge, wir essen lieber auswärts.«

Die Blonde lacht, und dann stehen plötzlich drei Typen in Jogginghosen und T-Shirts in der Rezeption, Bierflaschen in der Hand: »Können wir uns hier mal kurz aufwärmen?«

Bevor Sheriff antworten kann, kommt einer der Rucksackisraelis an den Counter und sagt, dass das Wi-Fi nicht mehr geht, ob Sheriff den Router vielleicht mal aus- und wieder einschalten könne, während die Österreicherinnen ungeduldig von einem Fuß auf den anderen tippeln und die Jogginghosenjungs es sich mit ihrem Bier auf den Sofas bequem machen.

»Jetzt mal eins nach dem anderen hier!«, brüllt Sheriff. »Ihr da«, er zeigt auf die Jungs, »raus, das ist hier keine Wärmehalle! And you«, wendet er sich an den Rucksackisraeli, »try again in fünf Minuten.« Er zieht das Kabel aus dem Router und steckt es wieder ein, dann begleitet er die Ösibräute zu ihrem Zimmer, wo er ihnen die Bezüge und Laken überreicht und die Betten zeigt, eins oben, das andere unten, »Klos und Duschen sind auf dem Gang, auch da nichts stehen oder liegen lassen, wird alles sofort weggeworfen, selbst wenn –«, er beugt sich zu der Dunkelhaarigen und schnuppert, »selbst wenn es sich dabei um das Shampoo einer attraktiven jungen Lady handeln sollte.«

Die Dunkelhaarige weicht zurück und wirft ihrer Freundin einen hilfesuchenden Blick zu. Sheriff ergötzt sich noch einen kurzen Moment an der Vorstellung des Angstschweißes in ihren Höschen, dann lässt er sie ohne ein weiteres Wort stehen und marschiert wieder nach vorne. Er schließt die Schränke, quetscht sich hinter den Counter, wirft einen Blick auf die Überwachungskameras und zieht einen seiner Zigarillos aus dem Lederetui, doch als er aufschaut, stehen schon wieder die jungen Dinger vor ihm.

»Die Betten sind aber ur grindig«, sagt die Blonde.

»Da san richtig dicke Flecken auf den Matratzen«, nölt die Dunkelhaarige.

»So ist das eben bei Matratzen«, sagt Sheriff, »dafür gibt's ja die Bezüge.«

»Meins hat a Loch«, sagt die Dunkelhaarige und hält zum Beweis ihr Laken in die Luft. Sie macht einen Schmollmund und klimpert mit den Augen. Ihr enger Pullover spannt über ihren festen kleinen Brüsten. Das Laken hat tatsächlich ein Loch, ein winzig kleines ganz am Rand, ein Löchlein. Die Ösibraut merkt, wie er ihr auf die Titten glotzt, und presst sich das Laken gegen die Brust. »Der Boden ist auch voi grindig.«

»Und in dem Bett am Fenster liegt einer, der röchelt so komisch«, plärrt die Blonde.

»Menschen machen Geräusche im Schlaf«, antwortet Sheriff, »und die Putzfrau kommt morgen vormittag.« Er reißt der Dunkelhaarigen das Laken aus der Hand und gibt ihr ein neues aus dem Schrank.

»Haben's nicht noch ein Doppelzimmer?«

»Doppel gibt's hier nicht, Einzel auch nicht. Vierer ist das Kleinste, hab aber keins mehr frei.«

Unschlüssig schaut die Dunkelhaarige ihre Freundin an, welche aber abgelenkt ist. Halb fasziniert, halb ängstlich blickt sie dem Blackie mit den gelben Augen hinterher, der sich so still und leise rausschleicht, wie er reingekommen ist. Im Gang hackt jemand auf der Tastatur des Hostelcomputers herum, in der Küche klappern die Löffel der Nafris auf ihren Suppentellern. Die Ösibräute verziehen sich, Sheriff lässt sich in den Bürostuhl fallen. Er wischt sich den Schweiß aus dem Nacken und legt den Kopf an die Sessellehne, dann lässt er die Finger knacken, ganz langsam, einen nach dem anderen. Wenigstens das Internet scheint wieder zu gehen.

*

Der einst fröhliche Anstrich des Hostels ist verblasst, an einigen Stellen blättert der Putz ab. Auf dem Sims im zweiten Stock verwest seit Wochen ein Taubenkadaver. Das Skelett ist unter dem Kot der Artgenossen begraben, eine aus Knochen und Scheiße gebackene Skulptur. Da müsste eigentlich mal jemand hoch, denkt Sheriff, aber nicht er, er nicht, warum nicht Udo, lustige Vorstellung.

Nach einer guten Stunde im Aufenthaltsraum hatte Daniel genug von der privaten Reggaeparty, die die Gang um Papa Mundip allabendlich da unten veranstaltet. Nun stehen Sheriff und Daniel draußen und rauchen. Der Mond steckt genau zwischen zwei Wolken. Tumb lächelnd schaut das Pfannkuchengesicht auf die Stadt hinab. Verdammte Säufersonne, denkt Sheriff, elende Hurenleuchte, und er sagt: »Geiler Mond.«

»Ja«, antwortet Daniel. »Fragt sich nur, wer den da hingesetzt hat.«

»Wie, da hingesetzt?«

»Man muss ja erstmal konstatieren: Der Mond sollte nicht da sein. Der Mond ist mathematisch betrachtet nicht möglich. Es gibt mehr Hinweise dafür, dass der Mond *nicht* da ist, als dass er da ist.«

»Versteh ich nicht«, sagt Sheriff. Die Asche seines Zigarillos rieselt auf das Gitter über dem Kellerfenster. Es riecht schon wieder verdächtig nach Spliff. Dann buffen die Blackies wenigstens am Fenster, denkt er. Wenn sie um zwei oder drei noch da sind, wird er eine Ansage machen und durchlüften, dann ist der Geruch verzogen, bis Udo um sechs zur Frühschicht kommt. Falls er kommt. Falls er sich wirklich dazu herablässt, sich an vorderster Front die Hände schmutzig zu machen. Sheriff kann es sich immer noch nicht vorstellen.

»Es ist unmöglich für die Erde, etwas so Großes in einer so nahen Umlaufbahn zu halten. Der Mond entfernt sich jede Dekade einen Zentimeter oder so. Das ergibt keinen Sinn. Der Mond sollte nicht da sein. Er ist zu groß. Also, woher kommt der Mond?«

»Weiß ich nicht, Daniel. Aber du wirst es mir mit Sicherheit gleich sagen.«

»Jemand hat ihn da hingesetzt. Ist doch klar. Die Mainstreamwissenschaft redet nicht darüber, aber wenn ich solche Ungereimtheiten entdecke, dann schaue ich mir die Mathematik an. Du kannst mit Mathematik nicht streiten, Mathematik hat entweder recht oder eben nicht. Jemand muss den Mond da hingesetzt haben, vor Hunderttausenden von Jahren.«

»Ist das so«, sagt Sheriff.

»Das ist so«, sagt Daniel. »Zieh dir rein, was die Apollo-Astronauten gesagt haben und fast jeder Space-Shuttle-Astronaut, all die Russen, die Generäle, die Piloten.«

»Was sagen die denn?«

»Neil Armstrong ist zum Islam konvertiert.«

»Ja und?«, fragt Sheriff.

»Na ja«, sagt Daniel.

»Woher weißt du das alles?«

»Ich lese.«

Sheriff wirft Daniel einen belustigten Blick zu. Wenn der Halodri mittags zu seinem Computerjob nach Mitte fährt, lässt er seinen Koffer unten im Getränkelager einschließen, und voller ist der seit letzten Sommer nicht geworden – eine Bibliothek ist da eher nicht drin.

»Hauptsächlich im Internet«, sagt Daniel. »Da gibt's 'ne Menge interessanter Filme bei YouTube, musst du dir mal anschauen. Es gibt Kulturen, die Millionen von Jahren älter sind als unsere. Nimm die ägyptischen Pyramiden. Die große Pyramide ist aus 22 Millionen Steinen gebaut, und keine zwei Steine gleichen sich. Die Ägypter haben Steine bewegt, die 50 Tonnen wiegen oder mehr. So etwas können wir heutzutage nicht, schon gar nicht 500 Kilometer durch die Wüste.«

»Ich weiß nicht, ob ich dir folgen kann«, sagt Sheriff, dann sieht er Cindy in ihrer ausgebeulten Windjacke um die Ecke schleichen. Hängende Schultern, der Blick auf den Boden gerichtet. Tatsächlich, ihre Haare sind ab. Sie trägt jetzt so eine Art Bob, einen absurd schief geschnittenen allerdings – einen Friseur scheint sie da nicht rangelassen zu haben.

»Cindy, was ist los, bist du unter den Rasenmäher gekommen?«

Sie hebt den Blick. »Hallo Sheriff«, piepst sie und kaut auf ihrem Lippenpiercing herum. Sie sieht aus wie erschlagen. »War nur ein bisschen spazieren.«

Nach Papa Mundip und Daniel ist Cindy mittlerweile der längste Stammgast hier. Sie ist noch keine 30, und manchmal benimmt sie sich wie eine 12-Jährige. Das Bett im Hostel hat ihr eine Sachbearbeiterin beim Jobcenter besorgt; eine *Klientin* brauche wegen eines *nicht-selbstverschuldeten Wasserschadens* in ihrer Wohnung kurzfristig ein Bett, meinte die damals am Telefon. Erst sollte Cindy nur für zwei Wochen bleiben, dann für einen Monat, mittlerweile wohnt sie fast ein halbes Jahr hier. Ihr rotblondes Pferdehaar war arschlang und ihr ganzer Stolz. Stunden konnte sie damit zubringen, ihre Haare zu bürsten und sie zu einem dicken Zopf zu flechten. Was sie wohl geritten hat?

Cindy wirft Daniel einen verschüchterten Blick zu und nickt kaum merklich in seine Richtung. Statt ihren Gruß zu erwidern, setzt Daniel sein Sterni an. Mit gierigen Schlucken saugt er die halbe Pulle leer. Cindy senkt den Blick und geht rein.

»Du bist in der 6, ja?«, ruft Sheriff ihr hinterher.

Vorm Counter bleibt sie stehen. Sie verharrt einen Moment in dieser Position, dann dreht sie ihren Oberkörper kraftlos zur Seite. »Natürlich, Sheriff.«

»Nicht in der 7.«

»Ist gut, Sheriff«, sagt sie und verschwindet mit schlurfenden Schritten um die Ecke.

»Was ist denn mit der los, ist die auf Valium?«

»Das ist Artemis, die Mondgöttin«, sagt Daniel. Er ext sein Bier, stellt die Flasche zu der anderen auf den Boden und entlässt einen stattlichen Rülpser, bevor er seinen Vortrag wiederaufnimmt. »Laut National Geographic waren da also diese Affenmenschen, die sich über Millionen von Jahren kaum weiterentwickelt haben. Und dann passiert in einer Zeitspanne von 40 000 Jahren unfassbar viel. Dieselben Affenmenschen bauen plötzlich Pfeilspitzen, Pyramiden, sie erfinden die Archäologie, die Geometrie und die Mathematik. Und da kommt das Chromosom Zwei ins Spiel. Alle reden ständig über Neanderthaler und Cro-Magnons, aber niemand redet über die Schimpansen. Dabei ist der Schimpanse das dem Menschen am nächsten verwandte Tier, das sagt dir jeder Biologe. Der Unterschied: Schimpansen haben 24 Chromosomenpaare, Menschen nur 23. Wir haben eins zu wenig. Und guck uns mal an: Wir haben unsere Haare verloren, jetzt müssen wir Kleidung tragen. Ohne Kleidung könntest du nicht überleben. Wenn du einen Monat nackt im Wald wärst, du bekämst überall Infektionen von den Schrammen. Wir Menschen können Infektionen aber nicht gut bekämpfen.«

»Warte mal kurz«, sagt Sheriff. Ein Mann und eine Frau gehen an ihnen vorbei und auf die Eingangstür zu. Sie die typische Kreuzbergerin, Ende zwanzig, ungeschminkt, kurzes schwarzes Indianerhaar, er eher der Bodybuildertyp, ein paar Jahre älter, breites Kreuz, Armyschnitt. Beide sind ganz in Schwarz gekleidet. »Kann man euch helfen?«

»Arbeitet ihr hier?«, sagt die Squaw, guckt dabei aber Daniel an, nicht Sheriff.

»Ich nicht, der da ja«, sagt Daniel.

»Verkauft ihr Bier?«

Sheriff lässt seinen Stummel auf den Boden fallen und zermalmt ihn unter der Stiefelspitze. »Wir sind ein Hostel.«

»Aber ihr verkauft doch Bier«, sagt die Squaw mit einem Blick auf den Kühlschrank neben dem Counter. »Ist das nur für Gäste?«

»Nein, das ist für alle.«

»Was gibt es denn?«

»Berliner. Eins achtzig die Kanne.«

Die Squaw verzieht den Mund. »Nur Berliner?«

»Wenn euch die Auswahl hier nicht passt, geht rüber zum Späti«, sagt Sheriff, der seit fünf Jahren nur bleifrei tankt und sich an den Geschmack von anständigem Gerstensaft kaum erinnern kann.

»Der Späti ist dicht«, antwortet die Squaw.

»Wieso ist der Späti dicht?«, fragt Daniel.

»Keine Ahnung. Die Frau sitzt da drin, aber der Laden ist dunkel und verrammelt.«

»Hast du gehört, Daniel?« Sheriff grinst. »Willst du nichtmal nach deiner Liebsten gucken? Vielleicht braucht sie Hilfe.«

»Die war vorhin schon so komisch«, sagt Daniel. »Wollte mich irgendwie ausquetschen.«.

»Inwiefern ausquetschen?«, fragt der Bodybuilder.

»Egal«, sagt Daniel, und zu Sheriff: »Ich geh mal Bier holen.«

»Ja, nimm die beiden Schimpansen hier mit«, antwortet Sheriff.

»Schimpansen also«, sagt die Squaw zu ihrem Begleiter.

»Alder, wo hamsen dich rausgelase?«, kläfft der in breitestem Hessisch.

»Das willst du gar nicht wissen«, sagt Sheriff, und das will der aufgepumpte Wicht wirklich nicht. Früher, in den guten alten Zeiten, haben Hühnerdiebe wie der schon was an den Laden gekriegt, bevor sie auch nur auf die Idee kommen konnten, den Larry zu machen. Und jetzt muss Sheriff solchen Flachpfeifen Betten vermieten oder Bier anbieten, das ihnen nicht mal gut genug ist.

»Was der freundliche Mann sagen will, Sven«, sagt die Squaw zu ihrem Macker: »Herzlich willkommen in Berlin.«

*

»Die babylonische Hure ist die römisch-katholische Kirche. 666, the number of the beast, das ist der Papst. Diese Leute lieben es, dir den Scheiß direkt unter die Nase zu reiben. Sag Bescheid, wenn ich dir auf die Nerven gehe. Ich könnte Stunden darüber reden.«

»Ich weiß«, sagt Sheriff. Er sitzt über den Schichtplan gebeugt auf dem Bürostuhl, kaut auf einem Bleistift herum und versucht, die Nachtschichten für die nächsten Wochen aufzuteilen. Daniel lehnt am Counter. Er hat sich zwei frische Halbe an der Aral geholt, der Späti seiner Herzdame hatte tatsächlich zu. Die Lady sitze im Dunkeln in ihrem Laden, einen fetten Joint in der Hand, meinte er, als er zurückkam. Hat er sich offenbar gleich zum Vorbild genommen und selbst einen durchgezogen. Er war mindestens eine halbe Stunde weg, seine Klüsen sind unter den Brillengläsern zu kleinen roten Knöpfen geschrumpft.

»Mittlerweile weiß man, dass das antike Babylon die Wiege der Zivilisation ist. Sie hatten Schulen, sanitäre Anlagen und eine Feuerwehr, haben die Botanik erfunden, die Geologie, viele der Wissenschaften, Physik, Astronomie. Die Babylonier waren Genies in Astronomie.«

Er wird je eine Nachtschicht Annette und Klara zuteilen müssen. Frauen und Nachtschicht, das war für ihn immer ein Tabu, aber wenn Sheriff nicht noch mehr Nachtschichten selbst übernehmen will, dann geht es nicht anders. Er muss morgen früh unbedingt mit Udo reden. Sie müssen schnellstens wen einstellen.

»Die Babylonier haben ihre Geschichte in Tontafeln gehauen, die Enuma Elish. Schon mal von der Enuma Elish gehört?«

Eigentlich könnte er Daniel den Job geben. Der lungert eh jede Nacht am Counter rum, er kennt sich im Hostel besser aus als so mancher Angestellter, und länger bleiben tut er auch.

»Die Enuma Elish ist die Kreationsgeschichte. Die Sieben-Tage-Geschichte hat nie Sinn ergeben, nicht für jemanden mit mehr als einem halben Gehirn.«

Sheriff steht auf und wendet sich dem jungen Mann zu, der plötzlich neben Daniel am Counter steht. Er ist noch minderjährig. Ein Pimpf.

»Kann ich dir helfen?«

»Haben Sie noch Zimmer frei?«

»Für wen, für dich?«

Der Pimpf nickt. Er hat kein Gepäck dabei.

»Heute nicht, tut mir leid.«

»Bett, meine ich. Ich brauch nur ein Bett.«

»Wir sind ausgebucht«, lügt Sheriff.

»Ich hab Geld.«

»Das ist schön für dich, aber heute geht nichts mehr. Bist du überhaupt schon 18?«

»Ist hier ab 18?«

»Natürlich ist hier ab 18.«

»Ich bin 18, ja.«

»Das mag sein, das mag aber auch nicht sein. Ich glaube, das mag eher nicht so sein. Heute wird das jedenfalls nichts, mein Lieber. Versuch's mal bei der Jugendherberge.«

»Ist das hier keine Jugendherberge?«

»Das ist ein Hostel, steht doch dran.«

»Was ist denn der Unterschied?«

»Mein Gott, frag doch die Auskunft!«

Der Pimpf scheint zu überlegen, was er tun, mit welcher Masche er es weiter probieren soll. Bis ihm schließlich aufgeht, dass er bei Sheriff keine Chance hat. Sheriff erkennt ihn, den Moment, in dem sie einsehen, dass sie mit ihrem Palaver und ihren Tricks bei einem wie ihm nicht durchkommen.

»Danke«, sagt Daniel, nachdem der Pimpf sich vom Acker gemacht hat.

Sheriff schiebt den Schichtplan zur Seite. »Wofür?«

»Bei uns in der 6 sind noch zwei Betten frei.«

»Denkst du, ich weiß das nicht?«

»Ja, deswegen ja: Danke. Danke, dass du den nicht eingecheckt hast.«

»Ich hätte den auch nicht eingecheckt, wenn du ganz alleine auf der 6 wärst, Daniel«, sagt Sheriff, während er versucht, die Packung der Energiesparlampen zu öffnen, die er heute Nachmittag im Baumarkt gekauft hat. »Auch nicht, wenn im ganzen Haus kein einziges Bett belegt wäre. Hast du den gesehen? Das war noch ein Kind. Ich check hier doch keine Kinder ein, da mach ich mich ja strafbar.«

Er drückt und reißt, kriegt die Packung aber nicht auf. Diese verdammten Energiesparlampen sind besser geschützt als Fort Knox. Er zieht die Lade auf und sucht nach der Schere, die er letzte Woche erst von zuhause mitgebracht hat, die große mit dem gelben Griff, gestern war sie noch da. Jetzt nicht mehr, also probiert er's mit dem Seitenschneider. Daniel hat recht. Was in diesem Sauladen alles wegkommt, es geht auf keine Kuhhaut.

»Das ist gerade ganz angenehm bei uns in der 6. Kein Dauerschnarcher, kein Stinkefuß, kein Pornoglotzer. Gab's lange nicht.«

»Nur dass Cindy manchmal vor deinem Deodorant flüchten muss«, höhnt Sheriff, während er sich mühsam mit dem Seitenschneider durch das Plastik arbeitet.

»Ach, die … Das klärt sich alles noch. Von der Mondgöttin

mal abgesehen gibt es im Moment einen ganz guten Spirit unter uns Stammis. Das gerät so schnell ins Ungleichgewicht.«

»Weiß ich doch, Daniel. Aber soll ich jedes Mal 'ne Hausrunde ins Leben rufen, bevor ich wen einchecke?«

»Nee, sag ich doch gar nicht. Aber Typen wie der gerade eben – Hast du die Augen gesehen? Der war nicht ganz richtig im Kopf.«

Sheriff lacht. »Bestimmt ein Reptilienmensch!«

»Ich wusste, dass so was kommt. Du hältst mich für 'nen Spinner. Ist okay, ist nichts Neues für mich, ich kann auch die Klappe halten.«

»Nee, alles gut, Daniel, mach dir mal kein Kopp.«

Endlich hat Sheriff die Packung geöffnet. Er legt den Seitenschneider zur Seite, tauscht die Birne der Schreibtischlampe aus, wirft die alte Birne in den Müll und öffnet den Geldschrank.

»Also, um das klarzustellen: Dieser Reptiliodenscheiß ist total gaga«, sagt Daniel. »Aber das mit den Babyloniern ist wirklich interessant. Die Babylonier haben auch das Schreiben erfunden. Die haben ihr Zeug in Steine gekratzt, vieles ist noch da. Hast du dich mal mit den Babyloniern beschäftigt?«

*

Sheriff schließt die Bürotür hinter sich und knipst das Licht an. Die Luft ist abgestanden und alt. Udo hat's nicht so mit dem Lüften. Alte Angewohnheit: Offene Fenster gleich Gefahr. Er schmeißt den beschrifteten Umschlag mit den Einnahmen der Spätschicht durch den Schlitz des Tresors und verzieht sich aufs Scheißhaus. Auf Udos Scheißhaus, seine Privatlatrine. In jeder Schicht legt Sheriff ihm hier hinten einen schönen Haufen. Außer natürlich, wenn Udo selbst da ist, aber der lässt sich hier kaum noch blicken. Einmal am Tag kommt er rein, verzieht sich in seinen Verschlag, zählt die Kohle, überprüft die Abrechnungen und macht ein paar Anrufe, und weg ist er wieder. Manchmal hat er seinen Sohn dabei, der sich dann wie selbstverständlich vorne am Kühlschrank bedient und den ganzen Bestand durcheinanderbringt. Und dann kann man sicher sein, dass Udo irgendwann ankommt und sich über ein paar fehlende Cents in der Getränkekasse beklagt.

Sheriff klappt den Deckel hoch, setzt sich hin und presst raus, was er sich den Tag über aufgespart hat. Seine Form von Protest gegen die Verkettungen von Niederlagen, Dummheiten und Pech, die ihn zu Udos Lakaien degradiert haben. Dabei waren sie mal Brüder, Udo und er. Damals hat Sheriff ihn sogar protegiert. Udo ist zwei Jahre jünger, der war noch grün hinter den Ohren, als er aufgenommen wurde. Der Lütte, ein Grünschnabel-Prospect. Hat sich dann aber schnell Respekt verschafft. Udo war zielstrebig, das muss man ihm lassen, er ist immer vorausgeritten. Oben im Norden der Stadt haben sie ganz schön auf die Kacke gehauen, zwei komplette Stadtteile kontrolliert, da haben die Wände gewackelt. Das waren die guten alten Zeiten, in der man als Member eines MCs noch auf einem Gaul sitzen können musste. Als sie Udo dann wegen der Wettbürogeschichte zu dreieinhalb Jahren verknackt haben, kurz bevor ihnen die ganze Kiste da oben sowieso um die Ohren geflogen wär, da hat er Sheriff und die anderen gedeckt. Obwohl es vor allem Sheriffs Fehler gewesen war. Das eine Mal zu oft einen über den Durst, und am Ende blieb einer am Boden liegen, kleiner Fehler mit großen Folgen. Udo aber hielt sich an den Kodex. Kein Sterbenswörtchen kam ihm vorm Gesetz über die Lippen. Zum Dank kriegte er das Hostel, das war der Deal, seine Belohnung. Als er nach zweieinhalb Jahren wegen guter Führung entlassen wurde, hatte er das Ding hier stehen und war ein gemachter Mann. Er gründete eine Familie und verlagerte nach und nach alle Geschäfte ins Legale, während sie Sheriff aus der zugemüllten Wohnung direkt in die Klinik tragen mussten, mit Löchern im Kopp und entzündetem Pannas, zerfressen von Schuld und Scham und kurz vor Pflegefall. Als Erstes hat Udo ihm die Remise besorgt und ihn zu den Abstinenzlern geschleppt. Aus dem Delirium direkt in die Prohibition,

90 Treffen in 90 Tagen, Gelassenheitsgebete im Gemeindezentrum. Das hätte ihm ein paar Jahre vorher mal jemand erzählen sollen.

Er drückt noch einmal kräftig. Langsam seilt sich einer ab, ein Kurzer, eine Schnecke. Wenn er damals nur nicht so dumm gewesen wäre. Dann könnte er jetzt noch gemütlich an alten Kleppern rumschrauben, in einer kleinen Garage, Teile verkaufen, ausreiten. Das letzte Mal hatte er den Helm im Sommer auf, als er ein Wespennest an seiner Remise entfernen musste.

Mit einem leisen Plopp wird die Schnecke versenkt. Sheriff wischt sich den Arsch ab und betätigt die Spülung. Schon was Feines, so ein privater Lokus, denkt er. Dass sogar die Stammis nie in Ruhe auf ihrem eigenen Klo scheißen können, daran macht sich für ihn das ganze Elend des Im-Hostel-Wohnens fest.

*

»Die Erde war genau dort, wo jetzt der Asteroidengürtel ist. Dann kam ein anderer Planet namens Nibiru und ist da reingekracht. Die Babylonier sagen, das waren die Anunnaki, die Götter der Unterwelt …«

Daniel und er stehen wieder vor der Tür und rauchen. Der Himmel hat sich zugezogen, der Mond ist nur noch zu erahnen.

»Bei der Kollision wurde die Erde ein Stück verschoben, das erklärt auch die Plattentektonik.«

Ob Red heute Nacht vorbeikommt? In den frühen Morgenstunden tapert er manchmal die Schlesische lang. Der Fuchs weiß, wann's hier was abzustauben gibt, und sein Besuch ist immer das Beste an der Nachtschicht.

»Oder kennst du noch einen anderen Planeten, auf dem es so etwas Absurdes wie Plattentektonik gibt und Erdbeben?«

Drinnen wird eine Zimmertür ins Schloss geschlagen. Die 14. Ich bin schon so lange hier, denkt Sheriff, ich kann die Türen am Klang unterscheiden. Das Klackern von Absätzen nähert sich, und dann kommen die beiden Österreicherinnen raus und wollen wissen, wo man jetzt hingehen kann, *tanzen*. Die Blonde trägt lange falsche Wimpern, die Dunkelhaarige ein weinrotes Cappy und große runde Ohrringe. Beide haben Kriegsbemalung aufgelegt und sich in enge Leggings und bauchfreie Tops geschossen, sie kauen Kaugummi und geben sich blasiert. In seiner Jugend war der Begriff *Poser* noch ein Schimpfwort, erinnert sich Sheriff, dann schickt er die beiden rüber ins Lobotomy, wie immer. Da gehen sie auf dem Heimweg nicht so leicht verloren, da müssen sie's nur zurück über die Straße schaffen. Was er schon an Hostelgästen ins Lobotomy gelotst hat, er sollte da mal nach einer Umsatzbeteiligung fragen. Wie hypnotisiert schaut er ihren schlingernden Ärschen hinterher.

»Was sollen *die* denn im Lobo?«, sagt Daniel.

»Tanzen«, antwortet Sheriff.

»Das waren doch so R&B-Tussen.«

»Und?«

»Im Lobo läuft kein R&B, Sheriff. Da läuft doch nur dieses Techhousegezuppel.«

»Musikexperte ist er jetzt auch noch«, grummelt Sheriff, während er den Schluffi mit dem Pferdeschwanz auf der anderen Straßenseite beobachtet, dem beim Anblick der beiden Ösiluder beinahe die Augen aus dem Schädel fallen. Glotz da nicht so hin, denkt Sheriff, das sind meine. Beim Überqueren der Straße dreht der Fatzke sich noch einmal zu den beiden um, und Sheriff denkt: Wenn du ihnen jetzt hinterherpfeifst, setzt es was. Doch der Pferdeschwanz pfeift nicht. Der Pferdeschwanz steuert genau auf das Hostel zu.

»Guten Abend, die Herren!«, ruft er noch im Gehen. »Hat einer von euch 'ne Zigarette vielleicht?«

»Kannst dir eine drehen«, sagt Daniel und hält ihm seinen Javaanse-Beutel hin.

»Hat nicht einer 'ne Aktive, die ich ihm abkaufen kann? Ich kann leider nicht drehen.«

»Abkaufen?«, sagt Sheriff.

»Ich zahl dafür, kein Ding.«

Sheriff lacht. »Klar. Kauf mir *'ne Aktive* ab.« Er hält ihm sein Etui mit den Dannemann Moods Golden Taste hin. »'nen Fünfer bitte, *kein Ding*.«

»Fünf Euro für eine … Was ist das überhaupt, sind das Zigarillos?«

»Kommen wir ins Geschäft, ja oder nein?«

»Ähm, nee danke, lass mal«, sagt der Fatzke, »vielen Dank«, und mit den Worten stolziert er wie ein beleidigter Gockel davon.

»Das wird mir zu asozial hier draußen«, sagt Sheriff. »Lass mal wieder reingehen.«

»Es gibt jede Menge neue Teleskope auf dem Planeten«, doziert Daniel beim Reingehen fröhlich weiter vor sich hin. »Jede große Universität kriegt Geld für Astrophysik vom Vatikan, und wenn sie etwas finden, geben sie ihm einen babylonischen Namen. Wie die Lücke im Ring des Saturns. Sie nennen sie Inki-Gap. Inki ist ein alter babylonischer Gott.«

Dann steht schon wieder jemand in der Tür. Es ist die Alte mit den grauen Haaren, die Pfandsammlerin, die am Wochenende öfters vorbeikommt.

»Komm rein«, sagt Sheriff. »Flaschen sind hinten, wie immer.«

Sie folgt ihm in die Küche. Ein kurzes Blinzeln in dem grellen Neonlicht, dann fällt ihr Blick auf die Colakiste neben dem Kühlschrank.

»Kann ich die alle mitnehmen?«

»Nimm mit, nimm alles mit.«

Ächzend geht sie in die Hocke und beginnt, die Flaschen in ihren Ikeabeutel zu stecken, die sich den Tag über angesammelt haben. Auch die, auf die es gar kein Pfand gibt – ein leeres Glas Cornichons, Balsamico von Gut&Günstig, Pesto Rosso von Barilla und eine Flasche Wodka Gorbatschow. Sie bedankt sich und zieht ab.

»Siehst du, das mag ich so an ihr«, sagt Sheriff zu Daniel, der am Counter lehnt und sich schon wieder eine wickelt. »Sie kriegt was von uns und erbringt dafür eine Gegenleistung, indem sie den wertlosen Müll auch noch mitnimmt und rüber zum Altglascontainer trägt. Das könnte auch dein Job sein.«

»Ich habe einen Job«, sagt Daniel.

»Ja, Bier saufen, Joints rauchen und mir einen vom Pferd erzählen.«

»Ich gehe jeden Tag ins Büro. Soll ich abends noch Flaschen sammeln, willst du mir das sagen?«

»Ich find das gar nicht so unehrbar«, sagt Sheriff. »Die Lady gerade, die schnorrt nicht nur, die leistet auch was.«

»Wo die das wohl alles hinbringt?«

»Zum Automaten, wohin sonst.«

»Jetzt, meine ich. Die Supermärkte haben alle geschlossen, und die Spätis nehmen solche Mengen doch nicht an. Die muss irgendwo ein Lager haben.«

»Ich sag ja, das ist ein ehrbarer Beruf. Wenn man das richtig macht, das erfordert Planung und Organisation. Ein System.«

Daniel nickt, dann schaut er auf. Sheriff folgt seinem Blick. Ein Mann steht in der Rezeption. Der Fatzke mit dem Pferdeschwanz und dem Trenchcoat von vorhin. Er hält eine Schachtel Lucky Strike in die Luft und legt sie auf den Counter.

»Ich lass die hier liegen, ’ne?«

Sheriff geht auf ihn zu. »Was ist los?«

»Schenk ich dir. Und vielen Dank nochmal.«

»Willst du mich verarschen?«

»Rein zufällig hab ich vor kurzem aufgehört.«

»Rein zufällig interessiert mich das einen Scheiß.«

»Am Wochenende mal zwei oder drei Zigaretten ist okay, aber ich will nicht morgen mit einer halbvollen Schachtel aufwachen, deshalb wollte ich …«

»Erzähl das deinem Therapeuten, du Fickfrosch.«

»… deshalb wollte ich dir eine abkaufen. Fünf Euro für dein heftiges Kraut waren mir allerdings zu viel. Da leg ich lieber was drauf und tu noch was Gutes.«

»Ich tu dir auch gleich was Gutes, sieh zu, dass du Land gewinnst!« Sheriff greift sich die Schachtel Luckys und holt aus. »Und nimm deine Pissstengel mit!«

Der Fatzke weicht zurück. Die Kippenschachtel trifft ihn am Hinterkopf, genau über seinem dämlichen Pferdeschwanz. Daniel und Sheriff schauen ihm hinterher. Dann macht Sheriff ein paar Schritte auf den Gehweg. Er bückt sich, hebt die Luckys auf, geht rein und legt sie am Counter in die Lade. Falls mal Not am Mann ist.

*

Allzweckreiniger, Scheuermilch, Müllsäcke. Ein Paar gelber Haushaltshandschuhe und ein frischer Microfaser-Bezug für den Wischmopp. Er nimmt eins nach dem anderen aus dem Regal und wirft es in den großen schwarzen Plastikeimer. Dann lehnt er sich an die Wand und massiert sich die Schläfen. Ihm brummt der Schädel. Seit Stunden folgt Daniel ihm jetzt auf Schritt und Tritt, unterbrochen nur von seinen gelegentlichen Ausflügen zum Bierholen und Buffen, nach denen er jedes Mal noch wirreres Zeug vom Stapel lässt. Vorhin hat er über Menschen schwadroniert, denen von Außerirdischen Implantate eingepflanzt würden, damit sie uns besser ausspionieren können. Ihre Opfer seien überwiegend Frauen, denn die seien leichter zu lenken als Männer, das sehe man ja schon an ihrem Menstruationszyklus, der bekanntlich vom Mond bestimmt würde, darüber solle Sheriff mal nachdenken. Seine Gedankensprünge werden immer wilder, doch irgendwie schafft er es, am Ende jedes Mal wieder bei den Babyloniern zu landen.

Sheriff klemmt sich Besen und Wischmopp unter den Arm, nimmt den Eimer, löscht das Licht in der Kammer und schließt die Tür. Als er in die Küche zurückkommt und das Putzzeug abstellt, steht Daniel am Kühlschrank und nuckelt gedankenverloren an seinem Sterni. Sheriff beginnt, die Spülmaschine auszuräumen.

»In Südafrika haben sie gerade erst diese alten Goldminen gefunden. 150 000 Jahre alte Goldminen. Die Anthropologie sagt, dass es dort damals keine menschlichen Wesen gab. Sie haben aber trotzdem diese Goldminen gefunden. Seltsam, oder?«

Er verteilt das Besteck in die jeweiligen Fächer der Besteckschublade und die Töpfe und Teller auf die Schränke.

»Damals gab es ein Sternenvolk, das die Arbeit nicht mehr selbst machen wollte. Also haben sie den Menschen erfunden. Sie haben den Menschen kreiert, damit er für sie nach Gold sucht.«

Auf dem Herd steht noch der Topf mit der Suppe der Nafris. Oben guckt ein halbes Hühnerbein heraus, das sie frisch hinzugegeben haben müssen.

»Wir sind die Nachkommen von Sklaven, Sheriff«, sagt Daniel und hebt seine Flasche: »Skål!« Er schließt die Augen und nimmt einen tiefen Zug. Sheriff nimmt den Topf vom Herd. Plötzlich ertönt hinter ihm eine Stimme:

»Nicht erschrecken!«

Ruckartig fährt Sheriff herum. Daniel spuckt sein Bier durch die Küche. Im Gang steht Cindy. Sie steckt in einem pinkfarbenen Schweinchenpyjama und grinst entschuldigend. An den Füßen trägt sie ihre lila Fleece-Pantoffeln.

»Mein Gott, Cindy!«, ruft Sheriff und stellt den Topf zurück auf den Herd. »Hat dir nie jemand beigebracht, dass Menschen sich erschrecken, wenn man sich ganz dicht an sie ranpirscht und *Nicht erschrecken* sagt?«

»Was soll ich denn sonst sagen?«, jammert Cindy und setzt ihren Kleinmädchenblick auf. Ihr Lippenpiercing funkelt im Licht der Deckenlampe.

»Gar nichts sollst du sagen. Du kannst dich hier frei bewegen.«

»Ich kann nicht schlafen.«

»Hat Daniel wieder zu viel Deo versprüht?« Sheriff lacht. »Nein, kann nicht sein. Daniel war die ganze Zeit hier und hat mir Nachhilfe in Sachen Menschheitsgeschichte gegeben.«

Daniel setzt sich an den Tisch. Grimmig knibbelt er am Etikett seiner Bierflasche. Cindy geht zum Küchenschrank, nimmt sich ein Glas und lässt es voll Wasser laufen. Wie anders sie aussieht ohne ihre Haare. Jünger irgendwie, gleichzeitig älter, ausgelaugter, schwerfälliger. Sie kriegt kaum die Füße vom Boden.

»Was haste denn nun gemacht mit deiner wilden Mähne, Cindy?«

Sie schaut erst ihn, dann Daniel an, dann schaut sie zu Boden. »Mir geht's nicht so gut, Sheriff.«

Ihre Augen sind blutunterlaufen. Sie sieht wirklich nicht gut aus.

»Du musst in deinem Bett bleiben, Cindy, du kannst hier nicht einfach von Zimmer zu Zimmer ziehen.«

»Weiß ich doch. Das war nur … Das war gar nicht wegen dem Deo.«

»Warum dann?«

»Daniel hat mir das Deo ins Gesicht gesprüht, voll in die Augen!«

»Mein Gott Cindy, war das jetzt wegen dem Deo oder war das nicht wegen dem Deo?«

»Er hat gesagt, dass ich –«

»Halt doch einfach das Maul, du dummes Weib!«, zischt Daniel.

Cindy erstarrt. »Ich will jetzt nicht streiten«, sagt sie, dreht sich um und haut ab Richtung Schlafräume. Sheriff lauscht ihrem Geschlurfe, bis er die knarrende Tür der 6 hört. Dann wird es still.

»Was war das denn gerade?«

»Die sollte nicht hier sein«, sagt Daniel, den Blick starr auf seine Bierflasche gerichtet.

Sheriff seufzt und kippt die Suppe in den Mülleimer. Das müssen die Spinner unter sich ausmachen, denkt er, er ist schließlich nicht ihr Sozialarbeiter. Sowieso erstaunlich, dass es nicht viel mehr knallt, bei dem Menschenmaterial, das hier aufeinanderprallt. Hühnerbeinsuppekochende Nafris und vegane Rucksackisraelis, mit ihrer Kreditkarte wedelnde Fashionweekbesucher und bis über beide Ohren verschuldete Stammibunken, dazu die ganzen Einsamen und Kaputten unterschiedlichster Herkunft, wie Udo immer sagt: Die Harmlosen, die Schamlosen und die Zahnlosen. Wenn Sheriff da an seine Jugend in OWL zurückdenkt, wo gutsituierte Hausbesitzer wegen jeder Lappalie die Tschakos gerufen oder jahrelang gegeneinander prozessiert haben, weil der Baum des einen ein Stück zu weit auf das Grundstück des anderen ragte, dann muss man doch feststellen, dass sie sich hier einigermaßen vertragen und miteinander arrangieren.

»Schon mal von den Kindern des Mondes gehört?«, fragt Daniel. Wie ein nasser Sack hängt er jetzt auf seinem Stuhl, beide Arme auf die Tischplatte aufgestützt. »Das sind die unter dem Mond Geborenen, Künstler, Gaukler, unstete Leute. Solche wie Cindy. Statt unstet könnte man auch sagen: launisch. Das kommt von lunisch, wie Luna, Mond. Und jetzt rate mal, welches Wort noch davon abstammt?« Mit trübem Blick schaut er Sheriff an, dann grinst er düster und beantwortet sich seine Frage selbst: »Genau. Lunatic, verrückt. Ich sag's ja, sie reiben dir diesen Scheiß direkt unter die Nase.«

*

Das Licht brennt, die Luft steht. Es riecht nach kaltem Rauch und verschüttetem Bier und auch noch leicht nach Kiffe. Sheriff öffnet das Kellerfenster und stellt es auf Kipp. Er lässt die Tür offen stehen, löscht das Licht, geht die Treppen hoch und verriegelt die Eingangstür.

Bei den Männern fängt er an. Er füllt das Klopapier und die Handtuchspender auf, zieht die Mülltüten aus den Eimern und leert sie in den großen blauen Müllsack auf dem Gang. Er stopft frische Tüten in die Mülleimer und räumt ein paar leere und halbvolle Duschgel- und Shampootuben aus den Duschkabinen. Auf der Heizung hängen anderthalb Paar Socken und eine steife Unterhose, in einem der Pissoirs klebt ein Pflaster. Er wickelt sich ein paar Papiertaschentücher um die Hand, kratzt das Pflaster heraus und schmeißt es mit der Plinte und den Tuben in den Müll. Eine idiotische Arbeit, doch wenn er die Wahl hätte zwischen fünf Mails beantworten oder fünf Klokabinen putzen, er würde sich immer für Letzteres entscheiden.

Als er mit dem Herren-WC und den Duschen durch ist, lehnt er sich für eine Minute an die Wand. Draußen hat es angefangen zu regnen. Der Regen klingt wie ein vorbeifahrender Zug. Sheriff wischt sich den Schweiß von der Stirn, dann geht er rüber zu den Damenklos. Pro forma klopft er an. Zu seiner Überraschung wird ihm geantwortet: »Kannst ruhig reinkommen, Sheriff.«

Cindy sitzt auf dem Vorsprung gegenüber den Waschbecken und mümmelt an einer Salzstange.

»Cindy, was machst du denn hier?«

»Ich musste spucken. Ich hab Kopfschmerzen.«

»Beides? Spucken und Kopfschmerzen?«

»Ich hab schon lange Kopfschmerzen, Sheriff.«

»Warst du mal beim Arzt?«

»Der Arzt ist ein Arschloch. Daniel ist auch ein Arschloch.«

»Alles Arschlöcher, ich weiß. Die Welt ist ungerecht.«

Cindy hebt den Kopf. »Guck mal, Sheriff. Guck mich mal an. Fällt dir nichts auf?«

»Doch. Du hast dir die Haare abgeschnitten, aber du willst ja nicht damit raus, warum.«

»Ich bin so aufgewacht, Sheriff. Als ich aufgewacht bin, war mein Zopf ab.«

»Einfach so?«

»Ja.«

»Und wo ist der Zopf jetzt?«

Sie zuckt mit den Schultern.

»Der Zopf hat sich einfach in Luft aufgelöst?«

Sie nickt traurig und senkt den Blick.

»Ist ja ’n Ding«, sagt Sheriff.

Lautlos fängt Cindy an zu weinen. Ihr ganzer massiger Oberkörper bebt. Das Schweinchen auf ihrem Pyjamaoberteil lächelt rotbäckig. *Night Night*, steht über seinem Kopf. Sheriff räuspert sich. Dann hört er, dass vorne jemand gegen die Eingangstür bollert.

»Moment, Cindy, bin gleich wieder da.«

Vor der Tür steht eine der beiden Österreicherinnen, die Dunkelhaarige.

»Oida, wir stehen hier seit fünf Minuten und es regnet, weißt du eigentlich, wie kalt es ist?« Ihre Schminke ist verlaufen, das Cappy klitschnass. Es gießt jetzt in Strömen. Neben ihr steht ein schwankender Typ. Die beiden drücken sich an Sheriff vorbei ins Warme. Die Ösibraut streckt Sheriff den Finger ins Gesicht: »Das sage ich deinem Chef!« Sie lacht. »Machst du hier auch die Putzfrau?«

Sheriff schaut an sich herunter. Er hat immer noch den Wischmopp in die Hand.

»Sorry«, lallt ihr Gspusi. »Haben die Klingel nicht gefunden.«

»Zeig mal deine Zimmerkarte.«

»Zimmerkarte?«

»Der wohnt net do«, sagt die Dunkelhaarige. »Wir wollen nur mal gschwind … wir haben was liegen lassen.«

»Du wartest hier vorne«, sagt Sheriff zu dem besoffenen Jungspund und lehnt den Wischmopp gegen die Heizung.

Die Ösibraut zieht einen Flunsch. »Echt jetzt?«

»Echt jetzt.«

»Red mal g'scheit mit deinen Gästen, was ist das überhaupt für ein Ton? Ich hab Hotelfachfrau gelernt, ich hab in einem Vier-Sterne-Hotel gearbeitet, in Linz!«

»Was ist jetzt, rein oder raus?«

»Wieso darf der denn nicht mitkommen?«

»Weil er keine Zimmerkarte hat.«

»Und was passiert, wenn ich meine Karte verliere?«

Sheriff lacht. »Dann musst du draußen pennen.«

»Echt jetzt? Merk dir meine Jacke, bitte!«

»Und wenn du die Jacke auch verlierst?«

»Ich bin bsoffen, merk dir meine Jacke, bitte!«

»Merk dir meine Jacke, bitte«, äfft Sheriff sie nach.

»Dem hams ins Hirn gschissn, gemma«, sagt die Ösibraut zu ihrem Stecher und zieht ihn hinter sich her, zurück über die Straße.

Sheriff schließt die Tür und stürzt hinter den Counter. Er greift zur Mouse und öffnet die Belegungsmaske. Stephanie Bernhard heißt das Luder. Es gibt mehrere Stephanie Bernhards bei Instagram, doch er findet die richtige sofort. Er scrollt durch ihre Fotos und findet eins, auf dem sie wie ein scheues Reh in die Kamera glotzt, während sie sich in ihren Hot Pants auf einem weißen Sofa räkelt und jede Menge Schenkel sehen lässt. Unter der Tastaturlade knöpft er seine Lederhose auf und holt seinen Schwengel raus. *Merk dir meine Jacke bitte, merk dir bitte meine Jacke*. Er spuckt sich in die Handfläche und will schon anfangen zu pumpen, *bitte Sheriff bitte bitte bitte*, da fällt ihm das Bündel Mensch auf dem Damenklo wieder ein. Verdammt.

Cindy hockt immer noch auf dem Boden, halb zusammengesackt, wie ein Häufchen Elend, das Gesicht in den Händen vergraben.

»Was ist denn los, Cindy?«

Er muss die Frage noch zweimal wiederholen, bevor sie reagiert und den Kopf hebt.

»Guck mich doch mal an, Sheriff. Fällt dir nichts auf?«

Ihre Unterlippe zuckt. Sie hat Blut am Kinn. Er sieht genauer hin. Ihr Lippenpiercing fehlt.

Cindy rollt sich auf den schmutzigen Fliesen zusammen. »Ich hab ihm doch gar nichts getan …«

»Was, wer …«

»Mit so einer Zange, Sheriff! Im Schlaf!«

»Daniel?«

»Ich bin verwanzt, hat er gesagt. Ich bin ferngesteuert und gar kein echter Mensch. Ich hab ihm doch gar nichts getan …«

Sheriff lässt den Wischmopp fallen. Er geht vor Cindy in die Hocke, hebt ihr Kinn an und schaut ihr in die Augen. »Du rührst dich nicht vom Fleck, hast du verstanden? Ich bin gleich wieder da.«

Seine Stiefelketten rasseln durch den gekachelten Gang, als er mit großen Schritten auf die 6 zugeht.

»Spinnst du? Was willst du von mir, lass mich in Ruhe!«

»Raus aus der Koje, du kommst jetzt mit.«

»Lass mich in Ruhe, Sheriff, ich will pennen!«

In den anderen drei belegten Betten von Zimmer 6 bewegen sich Körper. Auf dem leeren Bett an der Wand liegen Cindys Sachen: ein Fantasyschmöker, eine verschließbare Frischhaltetüte mit Salzstangen und ihre Jacke. Auf dem Kissen ist ein winziger Blutfleck zu sehen.

»Du kommst jetzt mit, los!«

Sheriff zieht Daniel die Decke weg. Wie ein Igel rollt Daniel sich zusammen. Er trägt nur T-Shirt und Plinte und hat beide Arme um seinen Eastpakrucksack geschlungen. Sheriff entreißt ihm den Rucksack und schleudert ihn Richtung Tür. Der Rucksack bleibt an einem Stuhl hängen, sein Inhalt verteilt sich auf dem Fußboden. Ein paar Münzen, ein Feuerzeug, Ohrstöpsel, irgendwelche Stecker und Kabel. Und ein Seitenschneider. Sheriff schaltet das Deckenlicht ein. Es ist der Seitenschneider vom Counter, mit dem er vor wenigen Stunden die Energiesparlampen aus ihrer Verpackung geschnitten hat. Dann erkennt er auch die Schere. Jene Schere mit dem gelben Griff aus der Lade, nach der er zuvor gesucht hat.

»Du beklaust mich?«, schnaubt er und packt Daniel am Arm. »Du beklaust das Hostel?«

Mit Händen und Füßen versucht Daniel, sich aus Sheriffs Griff zu befreien. Sheriff verpasst ihm eine Schelle mit der flachen Hand, worauf Daniel seinen Widerstand aufgibt. In den Betten reiben sie sich die schlaftrunkenen Augen. Papa Mundip richtet sich auf. »What's going on here, man?«

»Don't move!«, sagt Sheriff zu dem Blackie, dann zieht er Daniel mit einem Ruck aus dem Bett.

Erst als er sich bückt, um Schere und Seitenschneider aufzuheben, fällt sein Blick auf die Plastiktüte, die aus Daniels Rucksack gefallen und halb unters Bett gerutscht ist.

Aus der Tüte schaut ein schlangenartiges Knäuel hervor.

Sheriff hebt die Tüte ein Stück an und schaut hinein.

Das Knäuel ist rotblond, unterarmdick und geflochten.

Cindys Zopf.

»Jetzt geht's los, jetzt geht's los …«

Daniels Blick ist durch das große Fenster der Rezeption auf die Straße gerichtet. Schräg gegenüber, vorm Lobotomy, stehen zwei Rettungswagen und ein Streifenwagen. Das Blaulicht flackert über die nasse Straße. Sheriff hat Daniel wie eine störrische Katze am Nacken gepackt und nach vorne geschleift, Cindy ist ihnen gefolgt.

»Sheriff, mir ist kalt, ich hab solche Kopfschmerzen«, jammert sie. »Kann ich nicht bei dir bleiben?«

»Mach keinen Fehler, Sheriff«, ruft Daniel. »Die Mondgöttin Artemis hat den Beinamen Kynthia, lateinisch Cynthia, klingt verdächtig nach Cindy, findest du nicht?«

Sheriff schallert ihm noch eine, und diesmal legt er alles hinein, die ganze Wut und die Scham, die Enttäuschung über sich selbst, auf diesen gemeingefährlichen Irren hereingefallen zu sein, der ihn den ganzen Abend an der Nase herumgeführt hat, was ist nur los mit ihm, er ist hier doch verantwortlich, er ist hier doch der Sheriff, verdammt!

Daniels Unterlippe ist aufgeplatzt. Verwundert hält er sich die Hand an den Mund, die Suppe läuft ihm über die Flossen. Er wischt die Hand an seinem T-Shirt ab, dann richtet er den Blick wieder auf das Tohuwabohu draußen. »Jetzt geht's los, jetzt geht's los …«

Cindy beachtet weder Daniel noch das Treiben auf der Straße. Sie fasst Sheriff am Arm und redet auf ihn ein: »Nimm mich mit, Sheriff, ich mach mich auch ganz klein, ich schlaf auf dem Sofa, bitte Sheriff, ich kann uns auch was kochen …«

Sheriff versucht nachzudenken. *Gott, gib mir die Gelassenheit, Dinge hinzunehmen, die ich nicht ändern kann …*, gehen ihm die alten AA-Zeilen durch den Kopf, dann sieht er Udos Familienkutsche in die Straße einbiegen und auf den Parkplatz im Hof rollen. Sheriff schüttelt Cindys Hand ab. Er geht hinter den Counter, nimmt seinen Stetson vom Kühlschrank und wirft sich seine Lederjacke über. Irritiert schauen Cindy und Daniel ihm dabei zu.

»Macht doch, was ihr wollt«, sagt er und geht zur Tür.

Die Luft ist angenehm frisch. Es tropft noch aus den Bäumen, doch der Regen hat aufgehört. Auf dem Bürgersteig kommt ihm Udo entgegen, eine Tüte Brötchen in der Hand.

»Morgen Sheriff«, flötet er gutgelaunt. »Was ist denn da drüben schon wieder los, Großeinsatz oder was?«

Sheriff watet durch eine große Pfütze an seinem Boss vorbei.

Udo bleibt stehen. »Wo willst du hin?«

»Pennen«, antwortet Sheriff, ohne sich umzudrehen.

»Aber wir müssen doch noch die Übergabe machen?«

»Mach das mal alleine, Udo. Gute Nacht. Oder guten Morgen. Was weiß ich.«

RUNTER WIE EIN KOMET

Sie haben gerade das Land der Frühaufsteher erreicht, als seinem Fahrgast der Kopf auf die Brust sackt. Bederitzky streckt den Hals übers Lenkrad und schaut nach oben. Ein Himmel wie verschütteter Zucker. Hinter ihm, über Berlin, hat es sich zugezogen, da ist Regen im Anmarsch. Vor ihm und über ihm dagegen alles wolkenlos und klar. Er dreht die Heizung auf, dann holt er sein Handy raus. *Der Teilnehmer ist vorübergehend nicht erreichbar.* Er versucht es auf ihrer Festnetznummer. Es nimmt niemand ab. Dann probiert er es auch noch auf dem Festnetz vom Laden. Besetzt.

Wieso ist im Laden um diese Uhrzeit besetzt?

Das war zu viel, er dreht die Heizung wieder runter. Das ist es nämlich, justieren, man muss immer alles genau justieren im Leben, das ist es, was einen so mürbe macht, was einen so aufreibt und keine Ruhe finden lässt. Er ist bestimmt kein Komet, er wäre immer gerne einer gewesen, doch man hat ihn nicht gelassen, vielleicht war er auch einfach zu schwach. Wo andere aufgestiegen sind, konnte er sich bestenfalls über Wasser halten. Aber ist das nicht auch schon was? Das ist doch nicht nichts, das muss man doch auch mal anerkennen, und wäre er ein Komet, dann käme er jetzt runter, runter nach Hallesaale und zwar im Sauseschritt, man begegnet sich immer zweimal!

Kommen Kometen auch wieder runter?

Bei Dessau-Ost beginnt der Parfümierte leise zu schnarchen. Bederitzky probiert es nochmal auf allen drei Nummern. Nüscht nüscht nüscht. Er stellt das Radio wieder an, legt die Pink Floyd CD ein und skippt vor zu Track 5, dem Titelstück. Das Suchen einer Frequenz auf einem analogen Radio, eine Männerstimme und dann die einer Frau, ein kurzer Auszug aus Tschaikowskys Vierter, schließlich eine zwölfsaitige in G-Dur, leise, er dreht lauter und beugt sich rüber zum Handschuhfach, holt das Kästchen heraus und klappt es auf, hält es in der rechten Hand, der Smaragd funkelt im Licht des spärlichen Gegenverkehrs, seinem grazilen grünen Schimmer wird sie nicht –, und dann wird sie sich auch über die Wohnung –, dann ist endlich Schluss mit dem haltlosen Leben im Transit, immer zwischen A und B, ohne jemals irgendwo anzukommen, das ist dann vorbei, ein für alle Mal vorbei. Die zweite Gitarre, eine sechssaitige, dreimal so laut wie die erste, sie werden ihre Kräfte bündeln, nach und nach die Konten ausgleichen und sich auch mal etwas gönnen, wenn man das gut organisiert und nicht zu viel erwartet, dann geht das, dann muss das gehen. Bei der Ausfahrt Bitterfeld-Wolfen David Gilmours Stimme, so, so you think you can tell, immerhin weiß die Anna Bescheid, sie kennt sich aus mit dem Leben und dem Alltag, heaven from hell, sie weiß, wie man mit Vermietern spricht und wann man zu welchen Vorsorgeuntersuchungen muss, sie nimmt die Dinge in die Hand, bestes Beispiel: die Sache mit dem Schlaflabor, sie zieht so was durch, lässt sich nicht abwimmeln, do you think you can tell und hier kommen die Drums, die Anna hat einen Griff ans Leben geschraubt, so dass das Leben sie nicht abschütteln kann, sie besitzt ein Spray, mit dem man Ölflecken aus Lederschuhen kriegt, sie weiß, dass die Lade unter dem Ofen dem Vorwärmen der Teller dient, sie schafft es sogar, im Karstadt an der Kasse die Bettwäsche runterzuhandeln, solche Dinge eben, Dinge, auf die Bederitzky niemals kommen würde, er lässt das Fenster runter, ganz kurz und nur ein kleines Stück, A lead role in a cage, ein bisschen Luft in den Blechkäfig, noch neun Takte instrumental, er trommelt aufs Lenkrad, das Ännchen darf auch die Wohnung einrichten, überlässt er gerne ihr, in Sachen Geschmack und Stil ist sie ihm ohnehin haushoch –, Hauptsache, er kriegt seine Musikecke, und dann endlich: How I wish, how I wish you were here, er singt mit, leise, zu gerne würde er laut, wie damals als junger Mann, Reichstag Westseite mit geschlossenen Augen, We're just two lost souls swimming in a fish bowl, er und Anna, das Ännchen und er, year after year, nie mehr Einzelkämpfer sein, running over the same old ground, und wie sie sich gefunden haben, nur warum geht sie nicht ans –, the same old fears, wish you were.

Das war's. Sie wiederholen ihn nicht, diesen Jahrhundertrefrain. Haben sie gar nicht nötig. Dafür nehmen sie sich noch alle Zeit der Welt, die Nummer in Ruhe nach Hause zu schaukeln, und am Ende bleibt nur ein Crescendo, ein Wirbelwind, und vor ihm, ganz hinten, ganz unten, taucht ein Schild auf, wird größer, bewegt sich unablässig auf ihn zu, und er weiß, was draufsteht, auf dem Schild.

UNTER DEN TREPPEN

Ingrid bückt sich und zieht eins der zerfledderten Taschenbücher aus der untersten Regalreihe. Sie klemmt das Buch zwischen Zarge und Tür und geht nach draußen. Der langhaarige Ire vom Café nebenan bringt gerade seine Aufsteller rein, beim Inder gegenüber sind bereits mehrere Tische besetzt. Eine Essensauslieferin jagt mit ihrem Rennrad über den Gehweg. Ingrid schaut ihr einen Moment nach, dann beginnt sie, die Bücher auf dem Tapeziertisch zusammenzuräumen. Halb acht. Eigentlich hat sie bis acht auf, manchmal sogar länger, aber sie saß jetzt fast eine Stunde ohne Kundschaft herum, sie hat keine Lust mehr. Im Kino läuft heute ihr Lieblingsfilm von Robert Altman, darauf freut sie sich schon den ganzen Tag.

Sie hat gerade den ersten Bananenkarton hineingetragen, als eine junge Frau in der Tür erscheint: »Machen Sie schon zu?«

»Wonach sieht's denn aus?« Ingrid stellt den Karton neben dem Regal mit den Lyrikbänden ab, dann wendet sie sich der Frau zu. »Suchen Sie was Bestimmtes?«

»Wollte nur mal so gucken, aber Sie machen ja schon zu.«

»Gucken Sie nur, ein paar Minuten brauche ich eh noch.«

Die Frau nickt und betritt den Laden, gefolgt von einem Mann mit grauem, akkurat gestutzten Bart, der schräg hinter ihr gestanden haben muss.

»Moinsen!«, grüßt der Mann dröhnend. Er ist etwas jünger als Ingrid, Ende 50, Anfang 60. Pastellgelbe Stoffhose, Segelschuhe, weißes Hemd, darüber eine grüne Steppweste. Unternehmensberater vielleicht oder Werber in Hamburg oder Kiel. Möglicherweise auch Finanzen. Oder Immobilien?

»Das ist der Laden, von dem ich dir erzählt habe«, sagt die Frau leise. »Weißt du, Daddy? Wo alles nur ein paar Euro kostet.«

»Schön, schön«, sagt der Mann mit der festen Stimme derjenigen, die es gewohnt sind, Anweisungen zu geben, ohne dabei laut werden zu müssen.

Ingrid geht raus und packt einen weiteren Karton zusammen. Eine Stunde ohne Kundschaft, das ist in letzter Zeit nicht selten. Die Neuübersetzung von *Manhattan Transfer* thront schon seit Tagen an der prominentesten Stelle auf dem Tapeziertisch. Nicht einmal geklaut wird sie. Dabei könnte man sich hier draußen die ganze Tasche vollpacken, sie würde es gar nicht mitbekommen, wenn sie drinnen sitzt und an einer Schrippe mümmelnd die Zeitung liest oder vor sich hin zeichnet. Das schreckt die Kunden immer ab. Sie fühlen sich dann, als stünden sie in ihrem Wohnzimmer. Die Leute halten ja keine Intimität mehr aus. Sie wollen das anonyme Einkaufszentrum, die Ladenkette, den Warenkorb bei Amazon. Ingrid hat nicht mal eine Website.

Die Frau kommt heraus. »Eigentlich such ich doch was Bestimmtes.«

»Was ist es denn?«, fragt Ingrid und denkt: Hesse, jede Wette. Oder Frisch. *Stiller*, *Mein Name sei Gantenbein* oder *Montauk*. *Homo Faber* hat sie schon in der Schule gelesen, und daran hat sie heute gedacht, als sie mit *Daddy* durch die Stadt gebummelt ist, der sie übers Wochenende im wilden Kreuzberg besucht, wo die Nächte ganz langsam anfangen, wie er damals grölenderweise auf seinen Studentenpartys in Norddeutschland gelernt hat, *aber dann, aber dann*, und so sind sie eben hier gelandet, denn zehn Euro will sie für den Mist nicht ausgeben, aber da gibt's doch diesen Billigbuchladen in der Reichenberger, den nur Euphemisten und Romantiker noch *Antiquariat* nennen, und wenn sie dort eine Ausgabe haben, die nicht durch Eselsohren oder handschriftliche Notizen verunstaltet ist, die also im besten Falle wie neu aussieht und nicht mehr als einen halben Cent kostet, da schlägt man doch gerne zu.

»Der Autor heißt Goetz«, sagt die junge Frau, »und der Titel ist *Rave.*«

Goetz also, sieh an!, denkt Ingrid überrascht. Rainald Goetz, und speziell dieses Buch von ihm, wird sonst ausschließlich von Männern nachgefragt, Männern zwischen 35 und 50 zumeist, Berufsjugendliche in der Midlifecrisis, die sich vom Posterboy des deutschen Feuilletons ein wenig Linderung erhoffen, stets drauf bedacht, die eigene wilde Vergangenheit zu musealisieren. Ich reg mich schon wieder auf, denkt sie, und dass sie auch einfach der Kundin zu ihrem exquisiten Geschmack gratulieren und nach dem Buch schauen könnte, das lieben sie ja so, die jungen Leute, die Dienstleistung-Natives, wie Harry sie immer genannt hat: dass man ihnen jeden Wunsch von den Lippen abliest, da fühlen sie sich dann so richtig wohl in ihrem Kiez, womit sie immer meinen: *in meinem Dorf.* Doch den Gefallen tut sie ihnen schon lange nicht mehr. Wenn ihre Kunden unbedingt schlechte Bücher kaufen wollen, dann müssen sie da durch.

»Darf ich fragen, warum ausgerechnet *Rave*?«

»Hab da neulich was drüber gelesen. Wieso?«

»Weil das ein alberner Text ist.«

»*Albern?* Da habe ich aber anderes gehört.«

»Auf Buchlänge aufgeblähte Authentizitätspoesie, im Grunde unlesbar.«

»Da habe ich aber was ganz anderes gehört.«

»Was haben Sie denn gehört?«

»Das soll so ein origineller Text sein.«

Ingrid lacht kurz auf. »Reines Distinktionsmaterial, macht sich halt ganz gut im Regal.«

Die Frau kneift die Augen zusammen. »Haben Sie das Buch jetzt da, oder nicht?«

»Könnte sein. Müsste ich mal nachschauen. Ich würde Ihnen allerdings vom Kauf abraten.«

Nun lacht die junge Frau.

»Interessieren Sie sich für das Thema, oder eher für den Autor? Wenn Letzteres, dann würde ich Ihnen als Einstieg *Irre* empfehlen oder meinetwegen auch *Johann Holtrop*. Die habe ich nur momentan beide nicht da.«

»Sie haben also nur das Buch von Rainald Goetz da, das ich gerne hätte, wollen es mir aber nicht verkaufen?«

»Ich verkaufe es Ihnen, klar«, sagt Ingrid. »Ich würde nur – «

»Warten Sie mal eben«, würgt die junge Frau sie ab und zieht ihr brummendes Handy aus der Hosentasche. Sie wirft einen kurzen Blick aufs Display, dann nimmt sie den Anruf entgegen und geht ein paar Schritte Richtung Straße: »Hey Achim, what's up …«

Und das macht Ingrid auch schon wieder so fuchsig: dass man mit den Leuten nicht mehr diskutieren kann. Dass sie nichts mehr aushalten, dass sie sich immer gleich allem entziehen müssen. Als Harry und sie den ersten Laden drüben in der Friedelstraße aufgemacht haben und auch zu den Anfangstagen hier, da kamen noch Kunden, mit denen man sich unterhalten konnte, die eine Haltung hatten oder etwas zu erzählen. Da wurde gestöbert, diskutiert und gestritten, man hat sich inspirieren und auch mal etwas empfehlen lassen. Heute rauschen sie nur noch durch mit ihren Listen im Kopf, brauchen irgendetwas für die Uni, halten ihr die Smartphones hin, alles schon zurechtgelegt im Warenkorb, als wollten sie ihr mit der Billigkonkurrenz aus dem Netz drohen. Oder ein Autor ist gestorben oder hat einen relevanten Preis bekommen, und *relevant*, das heißt: kurze Erwähnung in der Tagesschau, direkt vorm Wetter. Deren Bücher werden dann ein paar Wochen lang nachgefragt, wobei auch diese Halbwertszeit kürzer geworden ist. Oft vergehen nur noch zwei oder drei Tage, dann sind die Nachrufe verklungen und die Autoren wieder vergessen, wie überhaupt alles immer sofort vergessen ist, man kann die Säue ja kaum noch erkennen, so schnell werden sie durchs Dorf getrieben.

Bestimmte Philosophie- und Soziologiebände gehen immer, Foucault, Derrida, Deleuze, Adorno, auch Aktuelleres wie Butler oder Illouz, und in der Belletristik die Klassiker, der Kanon, die Dauerbrenner. Kann man an zwei Händen abzählen. Die

Russen, Tolstoi, Dostojewski, Tschechow. Dann die Franzosen, Balzac, Flaubert, von den Neueren de Beauvoir, Sartre, Camus. Dickens im Englischen, und bei den Deutschen Zweig, Mann, Hesse, Frisch, *Berlin Alexanderplatz* von Döblin, das war's auch schon fast. Fallada hatte mal seinen zweiten Frühling, und Kafka geht immer, klar. *Der Prozess, Der Fremde* oder *Die Brüder Karamasow*, das kann sie immer verkaufen, auch den jungen Leuten. Dann gehen halt noch die neueren Romane, Stapelware, die hier nur ein Viertel oder Fünftel des Preises kostet, für den sie drüben bei Hugendubel liegt. Aber was in den Siebzigerjahren war oder den Achtzigern, das wissen sie schon nicht mehr, und was sie nicht kennen, das fressen sie auch nicht, diese Großstadtbauern. Während Harald überwiegend als *kauzig* oder *ein bisschen eigen* wahrgenommen wurde, wenn er Kunden gegenüber seiner Meinung zu bestimmten Büchern oder Autoren Ausdruck verlieh, gilt Ingrid in solchen Fällen immer gleich als *verbittert* oder *grantig*. Als *verhärmte alte Zicke* wurde sie vor kurzem erst in einer Google-Rezension tituliert. Nicht, dass sie so etwas lesen würde, Google-Rezensionen, doch leider ist da noch Herr Ziegler, Berufsschullehrer a. D., Nachbar und leidenschaftlicher Kolporteur, der Ingrid regelmäßig die neuesten Kommentare aus dem Netz auftischt, stets mit dieser verschlagenen Betroffenheitsvisage, hinter der sich nichts anderes als Paternalismus und Häme verbergen.

Das Telefon am Ohr und den Blick auf den Boden gerichtet, geht die junge Frau auf dem Gehweg auf und ab und lacht. Ihr Vater steht drinnen vor den Romanen D–G und pfeift ostentativ vor sich hin, während er durch die Regalreihen schaut. Ingrid wuchtet die nächste Bananenkiste vom Tapeziertisch und schleppt sie in den Laden. Sie versucht, das Geflöte des Mannes zu ignorieren, und nimmt sich die Plastiktüte voller Taschenbücher vor, die ihr morgens jemand vor die Ladentür gestellt und vor der sie sich den ganzen Tag gedrückt hat. 90 Prozent Schrott, wie erwartet. Zehn Jahre alte Reiseführer, Regionalkrimis, mit Spucke geleimte Fantasyschmöker. Aber Bücher wegwerfen, das *können* die Leute ja nicht, wie sie ihr und sich selbst bei jeder Gelegenheit versichern müssen, weil sie glauben, diese vermeintlich edle Tugend verleihe ihnen irgendeine Form von Kultiviertheit oder bürgerlichem Anstand.

Mitten in seiner improvisierten Melodie verstummt der Mann. Er zieht ein Buch aus dem Regal, blättert ein wenig darin herum, schiebt es zurück und legt die Hände auf den Rücken. Die jähe Stille hat etwas ebenso Dominantes wie das vorherige Gepfeife.

»Doch, doch …«, murmelt er schließlich, »wirklich, ein schöner Laden.«

»Ja, vielen Dank.«

Der Mann fährt herum und tut überrascht, als wäre er bei einem gedankenverlorenen Selbstgespräch belauscht worden. Diese ganzen schlechten Schauspieler.

»Nein, wirklich«, sagt er, »ein sehr schöner Laden. Aber das mit dem Buch da«, er deutet auf das zerfledderte alte Taschenbuch, das unten in der Tür klemmt, »das ist ja doch sehr … unorthodox, würde ich sagen. So geht man mit Literatur doch eigentlich nicht um, oder? Da kann man's ja gleich wegschmeißen.«

Ingrid bückt sich und zieht das Buch aus der Tür. »Heinz G. Konsalik, *Wer stirbt schon gerne unter Palmen*«, liest sie vor, dann stopft sie den wertlosen Schinken wieder zwischen Zarge und Tür.

Mit strenger Miene schaut der Mann sie an, dann setzt er noch einen drauf: »Oder verbrennen.«

»Ach ja, die Kultur, die Kultur!«, deklamiert Ingrid, die sich diesen in jeder Hinsicht unpassenden Vergleich nun wahrlich nicht zum ersten Mal anhören muss. »Was genau finden Sie denn schön hier, wenn ich fragen darf?«

Vages Deuten auf die Regalreihen: »Ja, das hier.«

»Sie meinen die hübschen Billyregale? Die bunten Buchrücken? Oder die schön hohen Decken vielleicht?«

»Ich meine den Laden an sich. Diese ganzen alten Bücher. Die vielen Gedanken und Ideen, die hier versammelt sind. Dass es so etwas noch gibt. Dass da jemand mit so viel Leidenschaft bei der Sache ist.«

»Mit Verlaub, wie kommen Sie darauf, dass hier jemand mit Leidenschaft bei der Sache ist?«, kontert Ingrid das vergiftete Lob.

»Etwa nicht?«

»Leidenschaft wofür denn? Vollgestopfte Regale? Kartons schleppen? Münzgeld und Rückenschmerzen?«

»Ja, nein. Für die Literatur meine ich.«

»Ich bin Händlerin. Ich kaufe und verkaufe Bücher. Manche sind gut, die meisten nicht. Was ich nicht loswerde, kommt ins Altpapier, oder ich stopfe es in die Tür. Ich kann da keine große Leidenschaft erkennen.«

»Nun ja, aber …«, sagt der Mann, und Ingrid, jetzt zunehmend ungehalten:

»Aber was.«

»Aber … Das ist doch was anderes, als wenn Sie … ich weiß nicht, Klobürsten verkaufen würden!«

»Wenn man damit mehr Geld machen könnte, ich würde sofort umsatteln«, sagt sie und denkt: Klobürsten? Wie kommt der denn auf Klobürsten? »Allerdings dürfte die Nachfrage nach gebrauchten Klobürsten noch kleiner sein als die nach gebrauchten Büchern. Wie das online aussieht, kann ich allerdings nicht sagen.«

»Online?«

»Ebay, Amazon und Co., haben Sie vielleicht schon mal gehört. Da kaufen Sie wahrscheinlich sonst Ihre Bücher, oder Ihre Weingläser und das Katzenstreu. Klobürsten gibt's da bestimmt auch.«

»Aber kann man denn davon leben?«, versucht es der Mann noch einmal anders. »Von gebrauchten Büchern, meine ich? Ein bisschen Leidenschaft und Idealismus muss da doch schon im Spiel sein.«

»Ich atme noch. Ob man das *Leben* nennen kann, ist eine andere Frage«, sagt Ingrid und boxt eine leicht hervorstehende gebundene Ausgabe von *Nachtgeschwister* zurück in Reih und Glied, die hier ebenfalls zu den Schwervermittelbaren zählt. »Ich lese die Bücher von der Straße auf oder klaube sie aus den Wohnungen frisch Verstorbener, kriege sie hinterhergeworfen von überforderten Angehörigen, die nicht wissen, wohin mit alldem Schund. Kostet nichts. Ist auch fast nichts wert. Eigentlich Müll, Makulatur. Könnte man wegwerfen. Oder *verbrennen*, wie Sie sagen. Nebenbei handele ich mit Drogen. Das ist schonender für die Bandscheibe, und die Kilomargen sind auch besser.«

Ingrid macht eine Kunstpause, dann lacht sie schallend los. Mit ein bisschen Verzögerung fällt auch ihr Gegenüber ein, erleichtert, dass das alles nur ein schlechter Scherz war – *Dieses verrückte Kreuzberg!* Bis Ingrid mit einem Mal verstummt, sich räuspert und auf den Gehweg schaut, wo immer noch die Tochter steht und telefoniert, das linke Bein mittlerweile auf der Ladefläche von Ingrids Lastenfahrrad ausgestreckt, als wäre der Gehweg ihr Fitnessstudio.

»Wenn Sie eine Lektüreempfehlung brauchen«, sagt Ingrid mit tonloser Stimme, »hinten steht noch ein halber Meter Martin Suter, greifen Sie zu, billiger kriegen Sie's nirgends. Wenn Sie aber nur hier sind, um mich mit Ihren romantischen Ideen von Leidenschaft und Idealismus zu behelligen, dann versuchen Sie's lieber mal daheim im Rotary Club.«

»Rotary Club? Wollen Sie mich … Ich wollte doch nur … Ich weiß nicht, was ich Ihnen …«

Ingrid hebt fragend die Augenbrauen. Der Mann schüttelt ungläubig den Kopf. Er scheint noch etwas sagen zu wollen, dann aber dreht er sich um und verlässt betont aufrecht, dadurch ein bisschen steif, wie unter Schmerzen, den Laden. Er zischt seiner Tochter etwas zu und marschiert weiter. Die Frau wirft erst ihrem Vater, dann Ingrid einen fragenden Blick zu. Schließlich sagt sie etwas in ihr Handy und eilt ihrem Erzeuger hinterher Richtung Paul-Lincke-Ufer, zurück in die von Daddy finanzierte Altbauwohnung mit Stuck, zurück in diese ganze verstuckte und verkuschelte Wohlfühlexistenz.

Ingrid räumt den Tapeziertisch herein, zieht ihren Anorak über und schließt den Laden ab. War das jetzt wieder nötig?, fragt sie sich auf dem Weg zu ihrem Rad.

Nur um sich die Frage gleich selbst zu beantworten:

Ja, war es. Jedem Rausschmiss wohnt ein Zauber inne.

*

Sie ist die Erste im Saal, die Werbung fängt gerade erst an. Sie wählt einen Platz genau in der Mitte, zieht ihren Anorak aus und legt ihn auf den Platz neben sich, zusammen mit der reingeschmuggelten Packung Butterkekse, ihren Arbeitshandschuhen und ihren Taschen. Einmal hat sie die Taschen draußen am Rad gelassen, hinterher waren sie weg. Die Leute lassen ja alles mitgehen. Alles außer gebrauchten Büchern.

Sie war nur kurz zuhause, um sich umzuziehen, einen Kaffee zu trinken und ihre ASS zu nehmen. Die Wohnung kam ihr noch stiller und staubiger vor als sonst. Ging ihr heute Vormittag nach dem Aufwachen schon so. Das Datum.

Sie lockert ihre Schnürsenkel, öffnet den obersten Knopf ihrer Hose und drückt sich tiefer in den Sitz. Ingrid liebt das Kino. Sie hat es schon als Kind geliebt. Die schweren Vorhänge, der leicht chemische Geruch der Sessel und die Dunkelheit im Saal. Kino ist der einzige Luxus, den sie sich noch gönnt, ein- oder zweimal im Monat. Früher haben sie sich mehrmals die Woche einen Film angesehen, Harald und sie. Ihr Mann saß gerne ganz hinten, Ingrid lieber weiter vorne. Da hat man die anderen Kinobesucher hinter sich, statt von ihrem Gezappel und dem ständigen Aufleuchten ihrer Handys abgelenkt zu werden. Zu Anfang haben Harry und sie immer Schnick-Schnack-Schnuck gemacht, später wechselten sie sich dann ab. Bei dem einen Kinobesuch Plätze hinten, das nächste Mal weiter vorne, nörgeln war verboten.

Heute vor drei Jahren ist Harald gestorben. Heute vor drei Jahren, sechs Stunden und 38 Minuten. Es war ein Dienstag und kalt, viel kälter als heute. Er war 59 Jahre alt und wog noch 57 Kilo.

Im Jahr zuvor hatten sie erst den Buchladen renoviert, ganz neue Regale rein, das Schaufenster etwas ansprechender gestaltet und hinten im Lager ausgemistet und schließlich mit dem Kombi eines Kollegen den unverkäuflichen Ramsch zum BSR gebracht. Mit dem Auto auf die Waage, alles rein in die Papierbank und wieder auf die Waage. Sie erinnert sich noch genau an den erbeuteten Betrag, 5 Euro 38, und an Harrys saloppe Bemerkung: *Vielleicht sollten wir den Betrag spenden, dann kann man's absetzen.*

Kurz zuvor hatten sie einen Umschlag mit 1000 Euro gefunden, in einer alten Aufbau-Ausgabe von *Wer einmal aus dem Blechnapf frißt*, die ihnen mit Hunderten weiteren Klassikern bei einer Haushaltsauflösung in die Hände gefallen war. Zehn frische Hunderter, und wie glatt die waren! Der Erbe war ein windiger Medienanwalt aus Pankow, piefig, pampig und äußerst solvent, da haben sie das Geld einfach behalten. Auch wenn Harald, ihr teils bis zur kleinbürgerlichen Spießigkeit korrekter Harald, sonst immer peinlichst genau darauf achtete, private Fundstücke zurückzugeben, Briefe etwa, Notizzettel oder Fotos. Die gesamten 1000 Euro steckten sie in den Laden, obwohl damals schon alles den Bach runterging. Die an wertvollen Erstausgaben, Rarem und Signiertem interessierte Kundschaft starb ihnen nach und nach weg, die Konkurrenz aus dem Internet wurde immer stärker, und dann war der Gebrauchtbuchmarkt auch noch ins Visier dieser Sozialläden geraten, in die Ein-Euro-Jobber gesteckt werden, um dort puzzelnd und kreuzworträtsellösend ihre Zeit abzusitzen, während die als Sozialvereine deklarierten Betreiber sich die Miete vom Jobcenter bezahlen lassen und eine Aufwandsentschädigung von 500 Euro pro Mann kassieren. Die Kunden aber halten es für eine *gute Sache* und schleppen kistenweise ihre alten Bücher dahin. Wie da die Beschäftigungsverhältnisse aussehen, das wollen die gar nicht wissen, Hauptsache es steht *sozial* drauf.

Es war damals also alles schon ausgesprochen prekär, doch was für Optionen hatten sie, aufhören? Und dann?

Das wird schon, meinte Harald, das kriegen wir hin.

Er war immer der Optimistischere von uns beiden, denkt Ingrid, während sie bereits die zweite Reklame mit Berlinbezug über sich ergehen lässt, *Du bist so wunderrrbarrr, Berlin, du bist so wunderrrbarrr …*, da schwenken sie gutgelaunt ihre Bierflaschen, er war der Positivere, es wurden auch mehr Bücher verkauft, wenn er im Laden stand.

Es ging ganz schnell. Er hatte immer mal wieder über Bauchschmerzen geklagt, über Völlegefühl und Unwohlsein. Auf ihr Drängen hin ging er schließlich doch mal zum Arzt. Es wurde ein CT gemacht, dann eine Magenspiegelung, und einen Ultraschall und eine Bauchspiegelung später stand die Diagnose fest: ein Margenkarzinom, Krebs. Sein Körper war bereits voller Metastasen, Bauchfell, Leber, Knochen, sogar ins Gehirn hatte es gestreut. Die Chemotherapie laut Arzt lebensverlängernd um maximal ein paar Monate, wenn überhaupt, und das bei deutlich verringerter Lebensqualität. Ab dann alles nur noch palliativ.

Innerhalb kürzester Zeit hat er rapide abgebaut. Fisselhaare, Greisengesicht, manchmal hat sie ihn kaum noch erkannt. Trotzdem wollte er noch mit in den Laden. Wollte tatsächlich arbeiten, der verrückte Hund. Um ihn bestmöglichst pflegen zu können, öffnete Ingrid das Antiquariat damals nur noch ein paar Stunden am Tag. Fand er gar nicht gut. Er wollte immer, dass sie weitermacht. Und deswegen macht sie auch weiter. Den Laden zu schließen, das käme ihr vor, als würde sie ihrem Mann nachträglich ein Messer in den Rücken rammen.

In den letzten Monaten seines Lebens konnte er nichts mehr essen, der Tumor füllte den gesamten Magen aus. Künstliche Ernährung und Höchstdosen Morphium, um ihn irgendwie durch den Tag zu bringen. Schmerzstarre Augen, epileptische Anfälle, Wesensveränderungen. Wie er sie manchmal angeschrien hat. Eines Abends wollte sie ihm im Bad aus der Kleidung helfen und stellte sich dabei offenbar etwas ungeschickt an, worauf Harald, sonst mit der Geduld eines Felsens gesegnet, die Beherrschung verlor und ihr ins Gesicht schrie, sie sei *dumm wie Schlüterbrot*, ein Zitat eines seiner Lieblingsautoren, Brinkmann, oder Fichte? Über solche Formulierungen haben sie sonst immer gelacht. Diesmal nicht. Da war keine Ironie in seiner Stimme, nur dieser schneidende Hass.

Wenn man sich's schön macht, auch wenn's hässlich ist – Berlin, Berlin, Berlin … singen sie jetzt auf der Leinwand. Ingrid schaut auf ihre Armbanduhr. Warum hat sie sich so beeilt? Wie viel Geld sie jetzt schon hätte machen können, da draußen ist gerade Prime Time. Sie öffnet die Packung Butterkekse und wirft einen Blick durch den Saal. Viele Leute sind nicht gekommen, um *Gosford Park* zu sehen.

Ende Februar sind sie auf seinen Wunsch noch einmal für eine Woche an die Ostsee gefahren. Nur Ingrid und er und seine Tochter aus erster Ehe. Harald hat den Bungalow kaum verlassen, und wenn, dann musste er im Rollstuhl geschoben werden. Die meiste Zeit lag er auf dem Sofa und schlief, ausgezehrt, geschrumpft und verblasst, nur noch Haut und Knochen. Zurück in Berlin bestand er darauf, noch einmal seine berühmten Königsberger Klopse zu kochen, unter Aufbietung allerletzter Kraftreserven und mit tatkräftiger Unterstützung seiner Tochter. Zu dritt saßen sie am Tisch, Harald mit einem Schlauch im Ärmel seines mehrere Nummern zu groß wirkenden Sakkos, der über einen Katheter die Flüssignahrung in seinen ausgemergelten Körper pumpte. Dickköpfig wie er war, wollte er unbedingt eine Gabel probieren, *nur eine Gabel*, doch es ging nicht, er konnte nicht schlucken. Dass du es nie gut sein lassen kannst, entfuhr es Ingrid, als sie ihm das Kinn mit einer Serviette abwischte, und manchmal kommt es ihr vor, als wären es die letzten Worte gewesen, die sie zu ihrem Mann gesagt hat.

Zwei Wochen hielt er noch durch.

Die Werbung ist vorbei. An ihren Butterkeksen kauend lässt Ingrid eine Armada von Trailern über sich ergehen, nach denen man immer das Gefühl hat, bereits den ganzen Film gesehen zu haben, dann wird es endlich dunkel.

Regen, Donner. Eine Pfütze, ein Rolls Royce, eine Villa auf dem Land im herbstlichen England der frühen Neunzehndreißiger.

Sie streift die Schuhe ab und legt die Kekspackung zur Seite. Nach seinem Tod hat sie das Kino lange gemieden. Sie befürchtete, es würde sie zu sehr an ihn erinnern. Aber was erinnert sie denn nicht an ihn.

Die Kammerzofe, der Fahrer: *Steh nicht so herum, hilf mir mit dem Verdeck.*

Ein Butler mit Schirm, und schließlich die herrlich unfähige und larmoyante Gräfin Lady Trentham, auf dem Weg zur Jagdgesellschaft auf dem Landsitz von Sir MacSchießmichtot.

*

Matt schimmert das Kopfsteinpflaster im Schein der Straßenlaternen. Silhouetten im Gegenlicht der Autoscheinwerfer. Ein Pärchen sucht einen Hauseingang, ihr Bauch eine Kugel, er hält eine als Geschenk verpackte Flasche in der Hand, *Ich habe gedacht, du hättest …* Das Klappern hochhackiger Schuhe, *Oh my god, exactly, I was like …* Ein Mann im Stechschritt, führt Selbstgespräche, *Die mit Abstand schönsten Frauen gibt's im Baltikum …*, ach nee doch nicht, hat Kopfhörer im Ohr, telefoniert. Aus einer der Nebenstraßen die Alarmanlage eines Autos, das sein klagendes und schier endloses SOS in die Nacht sendet.

Sie steigt vom Rad und holt die Taschenlampe raus. Schwach zuckt der Lichtkegel von links nach rechts über den staubigen Weg, ins Gebüsch, zu den Bänken, unter die Mülltonnen. Auf dem Kanal treiben langsam zwei Schwäne vorbei. Drüben am Weg pinkelt ein Jugendlicher an eine Litfaßsäule. Er drückt den Rücken durch und versucht, den Mund einer Popsängerin zu erreichen, schafft es nicht ganz, seine Freunde schmeißen sich weg, *komplett sick, Alter!*

An einer Mauer blitzt etwas auf. Sie stellt das Rad ab, geht darauf zu.

Nur ein paar wertlose Einwegflaschen, die lässt sie liegen.

Dann aber: Beute.

Bei den Bänken an den Boulefeldern, im Gras am Ufer, in den Mülltonnen und darunter: überall Beute. Weiße Flaschen, braune, grüne. Hier muss mindestens eine Stunde lang niemand langgekommen sein.

Auf einer Bank ein Liebespaar, zwei leere Bierflaschen vor sich.

»Die nehme ich Ihnen gerne ab.«

»Sorry?«

»Oder brauchen Sie die noch?«

»Oh no, no, you can have them.«

Sie schüttet den Rest Flüssigkeit in den Sand und legt die Flaschen in die Tasche. »Danke.«

»You're welcome. Are you hungry?« Ein Lächeln, eine in die Luft gehaltene Pizzaschachtel. »Prosciutto, pretty good actually.«

Ingrid wirft dem Mann einen scharfen Blick zu. Dann dreht sie sich um und geht wortlos weiter.

Hinter sich hört sie die Frau kichern: »Dennis …«

Und Dennis: »What! I was just tryin' to be nice!«

An der Glogauer ist die erste Ikeatasche voll. Sie verstaut sie auf der Ladefläche ihres Lastenfahrrads und überschlägt die Beute. Etwa vier Euro, vielleicht etwas mehr.

Aufs Rad, links ab, geradeaus auf den Park zu.

Taschenlampe und Adlerblick links rechts, aber nichts. Durststrecke. Durststrecke ist immer da, wo niemand Durst hatte.

Im Naherholungsgebiet Görlitzer Park haben sie immer Durst. Da wachsen die Pfandgebinde an guten Tagen aus dem Boden.

Gleich vorne an dem öffentlichen Toilettenhäuschen fünf PET-Flaschen, das sind die besten, leicht und wertvoll, fünf Viertel Euro auf einen Schlag. Radfahren erlaubt, Fußgänger haben Vorrang, die Fassaden der Häuser auf der anderen Seite des Parks verschwinden hinter den erleuchteten Fenstern. Auf dem Weg die Umrisse dunkler Gestalten, *Hallo Hallo alles klar, Pssst, need something, Marihuana, Hasch, Cocaine?* Müllberge neben den Bänken und auf den Wiesen, der Geruch von Holzkohle und Grillfleisch, und trotz der Kälte noch vereinzelte Gruppen von Menschen. Doch die Konkurrenz muss schon hier gewesen sein, im Park ist alles abgegrast, und als sie das Rad Richtung Krater schiebt, hört sie sie auch.

Es ist das ältere Ehepaar mit dem Einkaufswagen. Sie schieben ihr klapperndes Ungetüm runter Richtung Harnröhre, dem ehemaligen Fußgängertunnel. Die beiden sind straff organisiert und betreiben Arbeitsteilung. Er bleibt immer beim Einkaufswagen und kümmert sich um die Abfalleimer und Bänke, während die Frau nach links und rechts ausschert und die Wiesen und Büsche durchkämmt. Hat keinen Zweck, dieselbe Richtung einzuschlagen, zumal die beiden ausgesprochen ungemütlich werden können, wenn man ihnen ins Gehege kommt. Der Park also gestrichen.

Am Ausgang eine weitere Armada afrikanischer Dealer. Heute scheinen es noch mehr zu sein als sonst. Ihr zischen sie schon lange nicht mehr zu. Als potenzielle Kundin fällt sie durchs Raster. Einige scheinen sogar auf sie herabzusehen: *Wir handeln wenigstens mit Drogen, aber seht euch diese alte Schachtel an, die handelt nur mit Müll.*

Eine Frau mit violett schimmerndem Haar kommt ihr entgegen, eine Getränkedose in der Hand. Sie wirkt gehetzt, läuft Spalier und ignoriert das Gekober von links und rechts, bleibt dann aber unvermittelt vor einem der Verkäufer stehen, der sich rein optisch deutlich von den anderen unterscheidet. Mit seiner dunklen Hornbrille und der Wollmütze könnte man ihn sich auch als Schriftsteller oder Black-Panther-Aktivisten im Chicago oder Oakland der frühen Siebziger vorstellen. Die beiden wechseln ein paar Worte, dann überreicht die Frau ihm einen

Schein, den er mit einer eleganten Bewegung in seiner Faust verschwinden lässt. Ein paar Handzeichen, und schon taucht ein Dritter auf, ein Kleinerer mit wässrig-gelben Augen, und drückt der Frau etwas in die Hand. Ein Schnalzen mit der Zunge, schon ist er wieder verschwunden, die Transaktion ist beendet, da saß jeder Handgriff.

Die Frau steht unschlüssig auf dem Weg, als wüsste sie nicht, wohin. Ingrid adressiert sie mit einem fragenden Blick und nickt in Richtung der Dose in ihrer Hand, Jim-Beam-Cola, 25 Cent. Überfordert erwidert die Frau ihren Blick. Sie scheint völlig durch den Wind, aber wer hier denn nicht, wer denn nicht.

Ingrid hebt die Augenbrauen und versucht sich an einem Lächeln, und endlich versteht die Frau. Sie kippt die Dose aus, mitten auf dem Weg, es pladdert auf den Beton, hört gar nicht mehr auf, die Dose muss noch mindestens halbvoll gewesen sein. Sie macht zwei Schritte nach vorne und legt das Pfandgebinde in eine der Taschen auf der Ladefläche des Fahrrads. Ohne ein Wort zu sagen, geht sie weiter, nur um nach ein paar Metern stehen zu bleiben und, als hätte sie irgendetwas vergessen oder sich plötzlich umentschieden, seltsam eckig in die Richtung zurückzugehen, aus der sie gekommen ist.

Auch Ingrid verlässt den Park, leuchtet die Ecken und Bänke ab, aber nichts, keine Beute. Vor einem Späti ein halbes Dutzend Bierflaschen, braunes Gold, grünes, aber der Trinker daneben auf Draht: »Nix zu machen, gute Frau, drei zwei eins, meins!«, spirituöser Atem und eine rasselnde Lache, wie Nägel in einem Metalleimer.

Wieder Durststrecke, wieder Wüste.

Ein Akkordeonspieler mit Buckel, davor eine Gruppe Männer in den Trikots eines englischen Fußballvereins, die lachen und tanzen und ihre Bierflaschen schwenken wie Pokale. Indische Kellner in schwarzen Schürzen, das Klappern von Geschirr. Ein Geigenspieler, ein Rosenverkäufer. Das neue Lumpenproletariat auf der Suche nach den Brotkrumen, die vom Tisch fallen,

Randfiguren aus dem letzten Jahrtausend, solche wie sie. Der Rosenverkäufer schaut herüber, nur für den Bruchteil einer Sekunde, dann wandert sein Blick weiter. Durchs Raster, immer und überall durchs Raster.

An einem Hausgerüst an der Ecke endlich wieder Beute. Fünfmal Bier, zweimal Mate. Sie packt alles ein und stellt die Tasche auf die Ladefläche. Die Kinokarte bis zur Schlesischen, das wäre schön. Hat sie sich so angewöhnt, in Kinokarten rechnen, es gibt ihr Struktur, Struktur und Halt.

*

Geschützte Grünanlage. Benutzung der Grünanlage auf eigene Gefahr. Hunde sind an der Leine zu führen. Mit steifen Gliedern lässt sie sich auf die Parkbank sinken. Sie lehnt sich zurück und streckt die Beine aus, den Blick westwärts gerichtet. Sie betrachtet die Szenerie wie einen Kunstdruck im Wartezimmer beim Arzt.

Der Großteil der Ausgehmeile ist geschafft. Bei Joe Buck im Hostel war heute nicht viel zu holen, aber die Clubs haben sich gelohnt, die Clubs lohnen sich meistens, besonders der eine mit dem freundlichen Türsteher, der sammelt immer schon mal vor.

Auch ein seltsamer Beruf, Türsteher. Wie eine Figur aus einem russischen Roman des 19. Jahrhunderts. Der treue Diener, der die Schwelle bewacht.

Ingrid mag die Nacht. Nachts sind alle so sehr mit sich selbst beschäftigt, mit ihrem Rausch und ihrer Balz und ihrer Selbstverwirklichung, dass eine Person mehr am Rand nicht weiter auffällt. Alle wollen sie ins Licht, auf die Bühne, in den Mittelpunkt.

Ingrid nicht.

Sie bleibt an der Peripherie. Im Schatten.

Dabei sein, ohne mitmachen zu müssen.

Teilhabe, ohne teilzunehmen.

Niemand spricht sie an, kaum jemand schaut ihr überhaupt mal ins Gesicht.

Ein einziges Mal wurde sie von Jugendlichen verarscht, die im Park mit ihren leeren Flaschen wedelten und sie dann, als Ingrid sich näherte, feixend ins Gebüsch schleuderten. Ganz am Anfang war das, ein paar Wochen nach seiner Beerdigung, als die unaufhörlich auf sie einkrachenden Wände Ingrid abends immer öfter aus der Wohnung trieben. Aber so etwas machen sie im Laden auch. Bleiben draußen stehen, nehmen wahllos Bücher vom Tapeziertisch und werfen sie durch die Gegend, der ganz normale Stahlbadfun, so alt wie die Erfindung des Teenagers.

Die Flaschen verbinden sie mit der Stadt. Hier draußen muss sie nichts darstellen, nichts beweisen und nichts verkaufen. Jede Flasche hat ihren exakten Wert. Es gibt die für 8, die für 15 und die für 25 Cent. Eine klare Sache, kein bisschen abstrakt, da weiß man, was man hat. Automaten feilschen nicht. Es klopft kein Finanzamt an die Tür, um sich seinen Teil abzuzwacken. Was sie hier macht, ist dem Staat völlig egal. Man lässt sie in Ruhe. Es ist gut, unsichtbar zu sein.

Morgen Vormittag, wenn sie ihre Beute aus dem Laden geholt, einen Teil der Flaschen auf verschiedene Bioläden und Spätis verteilt hat und zu guter Letzt mit dem Löwenanteil den Automaten beim Rewe blockiert, da wird wieder gestöhnt und mit den Augen gerollt, weil da eine den Betrieb aufhält. Eine, die sich bereichert, die nichts *schafft*, sondern nur *rafft*. Dabei arbeitet sie ja nicht nur für sich. Sie arbeitet auch für die Bürger dieser Stadt. Sie ist der Geier, der das Aas wegschafft und den Müll wegräumt. Privater Aufräumdienst, Einsatzgebiet Kreuzberg 36. Sie erfüllt eine gesellschaftliche Funktion.

Nicht, dass sie das jemals angestrebt hätte.

Ingrid weiß, dass auch sie die Ideologie der Arbeits- und Leistungsgesellschaft verinnerlicht hat. Sie weiß, was mit *protestantischer Ethik* gemeint ist, sie hat ihren Max Weber gelesen, Anfang der Achtziger an der FU, in einem wunderbar ziellosen Bummelstudium, bevor sie einsehen musste, dass die Dinge, die sie interessierten, sie niemals ernähren würden. Und welche

Optionen hatte man schon als arbeitslose Soziologin? – Taxifahren oder gebrauchte Bücher, und Ingrid hatte keinen Führerschein.

Sie zählt durch. Locker anderthalb Kinokarten jetzt. Eigentlich könnte sie aufhören. Andererseits ist auf ihrer Ladefläche noch Platz, und was soll sie auch zuhause, wo sie alles nur an ihn erinnert. Sie hat nach seinem Tod nichts in der Wohnung geändert. Wird sie in diesem Leben auch nicht mehr tun.

Zwei Kinokarten heute, und zwar Überlänge, zur Feier des Tages. Das wäre Rekord.

Mach es, gute Frau.

Sie schließt die Augen und saugt die Luft ein.

Nur noch einmal kurz durchatmen, dann macht sie weiter.

*

Die Rapper machen weiter, die Carsharingindustrie macht weiter, die Gewerbetreibenden und Dienstleister machen weiter, das Stadtmarketing macht weiter, die DJs machen weiter, die Preise steigen weiter, die Sterne sinken weiter, die Füchse und Linden machen weiter, die Tagträume und die Nachtmahre machen weiter, der Mond geht auf und ab und immer wieder unter, Lichter werden gedimmt, Augen gewöhnen sich ans Dunkel, Luken gehen auf, versteckte Eingänge, nur Eingeweihten bekannt, Elfenbeintürme im Souterrain, schummrig beleuchtete halbe Treppe hinter unscheinbaren Mauern, die Kulissen machen weiter, die Sprühdosen machen weiter, die Häuserwände flüstern unerhört vor sich hin, man sendet und empfängt, eine wortlose Grammatik, flinke Daumen huschen über Displays, man macht Zeichen, Zeichen an den Wänden, Zeichen auf der Straße, Zeichen in den Maschinen, die bewegt werden, Bewegungen in den Zimmern, durch eine Wohnung, wenn vorsichtig hinausgeschaut und gebangt wird, wie lange man noch bleiben darf, Wind weht alte Servietten über den großen grauen Laufsteg, wilde Gebüsche und Gras wachsen in den letzten Brachen der Stadt, wo schon die Bagger und die Kräne warten, ein Bauzaun ist bunt gestrichen, an dem bunten Bauzaun wellen sich Plakate, zu einem Klumpen gebackene Makulatur, der Bauzaun ächzt unter seiner Ladung, die Plakate, Bauzäune und Klumpen machen weiter, die Einkaufswagen machen weiter, die Scheinwerfer machen weiter, Überwachungskameras für alle, 15 Minuten Fame, das war einmal, jetzt ist 24/7 rund um die Uhr, die Häuserwände machen weiter, die Kieze machen weiter mit denen, die über das nötige ökonomische, soziale oder kulturelle Kapital verfügen. Es ist Freitagnacht, oder Samstagmorgen, eine Frage der Einstellung, sie erinnert sich an sich selbst und an die lange Strecke, die sie zurückgelegt hat auf den Asphaltstraßen dieser Welt, einer Welt, in der bereits gesprochen wurde, als sie ankam, auch die Bücher waren schon da, trotzig machen sie weiter, wie auch alle Fragen und Antworten weitermachen, sich zu Gebilden türmen, nur noch von Spezialisten zu decodieren, die jeweiligen Zugehörigkeiten werden per Ausschlussverfahren ermittelt und festgelegt. Der Ekel macht weiter, die Metastasen machen weiter und das Wachstum, himmelwärts und nicht vergessen, worin unsere Stärke besteht. Der öffentliche Raum macht weiter, sich zu parzellieren und zu verzwergen, die unsichtbare Hand rülpst satt und zufrieden, wischt sich den Mund ab und sagt: the sky is the limit, bitte machen Sie weiter.

Sie macht die Augen auf und sieht auf eine fettverschmierte Pommesschale.

Ein Tropfen ist auf ihrer Hose gelandet.

Dann ein zweiter, und einer ins Gesicht.

Wie lange war sie weg?

Platzregen, Wolkenbruch.

Sie rappelt sich auf. Sie schaut sich um. Dann geht sie zu ihrem Fahrrad, zieht sich die letzte leere Ikeatasche über den Kopf und läuft los, so schnell sie kann, über den Gehweg, über den Radweg und über die Straße, auf die blau leuchtende Tankstelle zu. Sie stellt das Rad an der Durchfahrt zur Waschanlage ab und rettet sich unter das schützende Vordach. Sie ist klatschnass. An den Gullis haben sich bereits große Pfützen gebildet.

Sie nimmt die Tasche vom Kopf und faltet sie zusammen. Dann erst bemerkt sie, dass sie Gesellschaft hat. Ein junger Mann, er steht neben der Zapfsäule und raucht eine Zigarette.

»Schönen guten Abend«, sagt sie.

Keine Reaktion.

Der Junge ist höchstens 16 und hat getrocknetes Blut am Kiefer. Über seinem Kapuzenpullover trägt er nur ein dünnes Hemd. Das Hemd ist dunkel vor Nässe, seine Turnschuhe sind schlammverschmiert. Er bibbert. Er sieht aus, als wäre auch er gerade erst vom Regen geweckt worden.

Ingrid lehnt sich gegen die Zapfsäule. »Treffen sich zwei Beamte auf dem Gang. Sagt der eine zu dem anderen, na, kannste auch nicht pennen?«

Argwöhnisch mustert der Junge sie, mit feindseligem Blick, in den sich ein Anflug von Spott mischt. Ingrid kennt diesen Blick. Sie weiß, dass man über sie lacht, wenn sie mit dem Lastenfahrrad voller wertlosem Schund an ihnen vorbeistrampelt, sich einen abkeucht, gebückt und gekrümmt, mehr Möbelpackerin als feingeistige Bücherfrau. Aber wie sagten sie doch gleich bei der britischen Jagdgesellschaft in Gosford Park – *Nicht jeder hat das Zeug zum Soldaten.*

Der Junge wendet sich ab und starrt geradeaus in den Regen. Die Lichter schwimmen auf der Straße. Schäumende kleine Seen vor den Bordsteinen. Mit jaulendem Martinshorn kommt ein Rettungswagen aus Richtung Schlesisches Tor die Straße hochgeschossen. Ingrid reckt den Hals.

»Was ist denn da los?«

»Peck mich nicht voll, ja.« Der Junge spuckt auf den Boden. Die Spucke landet direkt vor Ingrids Füßen. Betreten schaut er sie an, dann senkt er den Blick: »War keine Absicht.«

»Schon in Ordnung, nichts passiert.«

Der Rettungswagen stoppt direkt vor dem Eingang des Clubs mit dem freundlichen Türsteher. Das Blaulicht zittert über die

Straße. Zwei Sanitäter springen heraus, ein Mann und eine Frau. Der Regen stürzt jetzt fast senkrecht vom Himmel. Schwärme silbriger Fische sausen vor den Autoscheinwerfern durch die Nacht.

»Zigarette?«, fragt der Junge und hält Ingrid sein Päckchen Marlboro Lights hin. Das Päckchen ist noch fast voll.

»Danke, hab aufgehört«, sagt Ingrid.

Der Junge nickt und steckt das Päckchen wieder ein.

»Vor 25 Jahren«, fügt Ingrid hinzu.

Für einen Moment herrscht Stille, dann fängt der Junge an zu lachen. Ganz vorsichtig und leise, als kämpfe er dagegen an. Vergebens. Er lacht immer lauter und dermaßen ansteckend, dass auch Ingrid anfängt zu kichern. Der Junge verschluckt sich am Rauch und beginnt zu husten. Er tritt die Zigarette auf dem Boden aus und zieht sich die Ärmel seines Pullovers über die Fäuste.

»Scheißwetter, was?«

Der Junge scheint darüber nachzudenken. »Todesscheißwetter«, sagt er schließlich.

»Todesscheißwetter«, wiederholt Ingrid und nickt. »Kann man wohl sagen. Hast du's weit nach Hause?«

»Geht. Eigentlich nicht. Aber irgendwie schon.«

»Hm. Kenne ich. Verletzt?«

Der Junge antwortet nicht. Er zieht eine neue Zigarette aus dem Päckchen. Umständlich schirmt er sie gegen den Wind ab und versucht, sie anzuzünden. Dann fährt er vor Schreck zusammen.

Auf der Einfahrt zur Tankstelle ist ein Wagen voll in die Eisen gegangen. Ein Mercedes. Ein Kombi. Ein Taxi. Der Fahrer hätte beinahe einen Mann übergemangelt.

Der Mann ist ein Riese, wohl an die zwei Meter groß. Er trägt leuchtendweiße Turnschuhe und einen Trainingsanzug mit der amerikanischen Flagge. Er stützt sich mit beiden Händen auf der Motorhaube ab. Für den Bruchteil einer Sekunde schauen er und der Fahrer sich in die Augen, verwirrt und mit fragenden

Blicken, als würden sie sich irgendwoher kennen. Dann rennt der Riese weiter, gefolgt von einer jungen blonden Frau im Parka.

»HALT! STEHENBLEIBEN! POLIZEI!«, ruft die Blonde.

Auf Höhe von Ingrid und dem Jungen greift der Flüchtende sich an die Gesäßtasche und schleudert etwas Richtung Abfalleimer. Es prallt an Ingrids Fahrrad ab und landet genau vor ihren Füßen. Ein Portemonnaie. Grünes Leder, länglich, groß und prallgefüllt. Eigentlich ein Damen-Portemonnaie, Harald hat ihr mal ein ähnliches zum Geburtstag geschenkt.

Die Frau im Parka dreht sich zu einem weiteren Mann um, der soeben mit einem Kaffeebecher und einer Tüte Gummibärchen aus der Tankstelle kommt.

»VERDÄCHTIGER HAT WAS WEGGEWORFEN!«, ruft sie, während der Junge sich blitzschnell bückt und das Portemonnaie aufhebt. Er drückt sich hinter die Zapfsäule und versucht vergeblich, sich das Portemonnaie in den Hosenbund zu schieben. Ingrid reißt es ihm aus der Hand und wirft es in Richtung ihres Fahrrads, wo es mit einem kurzen Pling zwischen ein paar Bierflaschen in einer der Ikeataschen auf der Ladefläche verschwindet. Empört schaut der Junge sie an. Er öffnet den Mund und will etwas sagen, doch da ist schon die Polizistin bei ihnen. Sie hält eine Dienstmarke in die Luft.

»Der Verdächtige ist in die Diskothek gerannt«, sagt der Mann, offenbar ihr Kollege, »und da ist auch irgendetwas los.«

»Ja«, antwortet die Blonde, »Feuerwehr braucht Unterstützung, kam über Funk.«

»Was machen wir dann hier?«

»Ich sag doch, der Lange hat etwas weggeworfen, und der Kurze hier hat's aufgehoben.«

»Ich bin nicht kurz, ja«, sagt der Junge ganz ruhig. Er wirft einen Blick auf das Holster, das unter dem Parka der Polizistin hervorschaut: »Ist das 'ne P6? Solltet ihr nicht längst mit neuen Pusten ausgestattet werden?«

»Taste ihn mal ab bitte, Schüngel«, sagt die Polizistin zu ihrem Kollegen.

Der Junge schaut Ingrid an: »Kein Sicherungshebel, sofort schussbereit, musst du massivst aufpassen.«

Er lacht, als Einziger. Der Lümmel gefällt ihr immer besser.

»Pass auf, Großer«, sagt der Polizist zu dem Jungen. »Ich ziehe mir jetzt Handschuhe über und durchsuche dich, okay? Dreh dich bitte einmal um, Hände gegen die Zapfsäule und Beine auseinander. Bleib ganz locker.« Er wirft seiner jungen Kollegin einen Blick zu: »Transparenz, wichtig.«

»Jaja«, antwortet die und beginnt, mit ihrer Taschenlampe den Boden abzuleuchten. Dabei spricht sie in ein Funkgerät, das unter ihrer Jacke klemmt: »Unterstützung POL, Schlesische Straße, Flüchtige Person …«

Der Polizist zieht ein paar kleine Scheine und Münzen aus der Hosentasche des Jungen und schiebt sie gleich wieder zurück. Dann wendet er sich an Ingrid. »Sie müssten wir dann auch einmal kurz abtasten. Meine Kollegin übernimmt das.«

Ingrid nickt und dreht sich um. Sie zwinkert dem Jungen zu, führt ihre rechte Hand zum Mund und legt den Zeigefinger über die Lippen, als würde sie sich an der Nase kratzen. Der Junge versteht und nickt. Aus Richtung des Clubs ertönt Geschrei. Ingrid breitet die Arme aus. Vorsichtig wird sie abgeklopft.

»Habt ihr etwa auch noch diese übertrieben alten Handys?«, stichelt der Junge weiter, als Ingrid und er sich wieder umdrehen dürfen. »Diese Siemensdinger mit den Tasten?«

Statt darauf zu antworten, sagt die Polizistin zu Ingrid: »Sie können gehen.« Dann wendet sie sich dem Jungen zu. »Was hast du denn da im Gesicht?«

»Nichts, wieso.«

»Gestern Abend im Späti gewesen?«

»Im Späti?«

»Eins mit dem Münzfach abbekommen?«

»Womit?« Fragend schaut er die Polizistin an, dann wirft er Ingrid einen amüsierten Blick zu: »Mit dem Münzfach! Todestsych!«

»Lust auf eine kleine Gegenüberstellung später?«

Der Junge zuckt mit den Schultern. »Wenn ihr nichts Besseres zu tun habt.« Es scheint ihm wirklich völlig egal zu sein.

»Christina, jetzt verrenn dich hier mal nich«, sagt der Polizist.

»Wollte ich auch gerade vorschlagen«, sagt Ingrid.

Die Polizistin wirft ihr einen bösen Blick zu: »Sind Sie immer noch da?«

Sie sieht wirklich sehr müde aus. Aber wer hier denn nicht, denkt Ingrid, und geht die vier Schritte zu ihrem Fahrrad.

»Mach's gut«, sagt sie zu dem Jungen. »War schön, mit dir zu reden.«

Er nickt. Ingrid klappt den Ständer zurück und schiebt ihr Rad über die Straße, an dem Spektakel vor dem Club vorbei und ohne sich noch einmal umzudrehen. So unvermittelt, wie der Regen angefangen hat, hört er auch wieder auf. Es dämmert, bald wird die Sonne aufgehen. Die Nacht löst sich auf wie die Brausetablette in einem Glas.

Im Schatten eines parkenden Transporters am Heckmannufer fischt sie das Portemonnaie aus der Ikeatasche. Sie zieht den goldfarbenen Reißverschluss auf und wirft einen Blick hinein. Dann schließt sie das Portemonnaie wieder und verstaut es in der Innentasche ihres Anoraks. Mit einem Lächeln setzt sie sich aufs Rad und rollt langsam los, hinter ihr das vertraute und beruhigende Klirren ihrer Flaschen.

An der nächsten Straßenecke sieht sie zwei 8-Cent-Flaschen Sternburg aufblitzen. Sie hält an. Sie steigt ab. Sie bückt sich und sammelt die Flaschen ein. Solange die Pfandgebinde weitermachen, macht auch sie weiter.

HALLESAALE

»Erstmal der Bundesstraße folgen«, ertönt die verschlafene Stimme des Parfümierten von der Rückbank. Er richtet sich auf und gähnt in seine Faust. Bederitzky hat die Autobahn an der Ausfahrt 13 verlassen, ausgerechnet die 13, sagt ja mal wieder alles, und fährt nun auf der B100 Richtung Westen. Die Landschaft ist so reizlos und flach, wie er sie in Erinnerung hat. Esso, Möbel Kraft, die kreuzende A14, dann das Ortseingangsschild.

»Gleich links halten und auf die Paracelsus.«

»Sie können mir auch Ihre Adresse sagen, dann gebe ich sie ins Navi ein.«

»Navi brauchen wir nicht.«

Bederitzky nickt. Sein Fahrgast scheint noch immer verstimmt zu sein. Kann er jetzt auch nichts machen, ist halt so. Sie fahren die Paracelsus runter, an den Trambahnlinien entlang und auf den Wasserturm zu. Den konnte er aus seiner damaligen WG-Küche sehen, wenn er zum Rauchen auf dem Fensterbrett saß. Wo man schon mal da ist, müsste man sich das Haus in der Lessingstraße ja eigentlich kurz anschauen, denkt Bederitzky, gar nicht groß anhalten oder aussteigen, nur einmal kurz durch die Straße. Aber später, erstmal den Parfümierten absetzen. Sie lassen den Wasserturm links liegen und fahren weiter auf die Volkmann und am hellerleuchteten Bahnhofsgelände entlang. War das damals schon so groß?

»Jetzt hier rechts und dann links halten, Richtung B 80.«

Vor ihnen tauchen der Bahnhof auf und der Riebeckplatz und das große Maritimgebäude. Allerdings fehlen die blauen Buchstaben auf dem Dach.

»Was ist denn mit dem Hotel passiert?«, fragt Bederitzky.

»Hat dichtgemacht«, sagt der Parfümierte.

»Ach so«, sagt Bederitzky, der schon damals nicht verstanden hat, warum es in dieser miesen Ausgeburt einer Stadt Fremdenbetten gab und Besucher, die diese in Anspruch nahmen. »Aber das Gebäude? Steht das leer?«

»Keine Ahnung. Jetzt rechts ab auf die Magistrale.«

Sie fahren auf die Hochstraße, die die Innenstadt in zwei Hälften teilt. Kurz taucht rechterhand das gläserne Ufo des MDR auf, und Bederitzky kommt der Gedanke, der maulige Lokalpatriot hinter ihm wolle den Pauschalfahrpreis nutzen, um ihm noch ungefragt so etwas wie eine nächtliche Stadtführung aufzudrängen. Aber er muss zugeben, es fühlt sich gar nicht schlecht an, nach Jahrzehnten mal wieder durch diese Straßen zu fahren, jetzt, wo er einen Auftrag hat und weiß, dass er danach sofort wieder verduften kann. Vor ihnen strecken sich die ersten Platten in den dunklen Himmel, zwanziggeschossige Monolithen, die wie grimmige Türsteher den Eingang zur Neustadt bewachen, dieser in den späten Sechzigern für die Arbeiter der Buna-Leuna-Werke in die Heide geschissenen Retortenstadt. Sie überqueren die Saale, fahren an der Pferderennbahn und den kastenförmigen Punkthochhäusern vorbei.

»Sie sagen Bescheid, wenn ich irgendwo ab muss?«

»Nächste links, dann gleich wieder rechts.«

Eine finstere Straße Richtung Südpark, links und rechts Wohnkomplexe, elfstöckig, vierzehnstöckig, tiefstes Ghetto. Komische Gegend für diesen Fahrgast, den Bederitzky mit seinem Mantel und dem Aktenkoffer eher in Giebichenstein verortet hätte, Paulusviertel oder so, ganz sicher aber nicht in Ha-Neu. Der Parfümierte arbeitet sich umständlich in seinen Mantel und dirigiert Bederitzky weiter durch die Straßenschluchten, beim Netto links ab und gleich wieder links, an einer verwaisten Elan-Tankstelle und ein paar zwei- oder dreistöckigen Häusern mit Spitzdächern vorbei, bis er ihn schließlich in eine nach Johann Sebastian Bach benannte Sackgasse lotst, die so trist und verlassen wirkt, dass die Knef mit ihrem Bahnhofsvorplatz in Berlin dagegen einen richtig guten Fang gemacht hat.

»Vorne an der Ecke können Sie mich rauslassen.«

»Hier? Mitten in Ha-Neu?«

»Ich geh das letzte Stück zu Fuß, muss mir noch kurz die Beine vertreten.«

»Wie Sie meinen.«

An einem zugemüllten Grünstreifen zwischen dem Kauflandcenter und einer halbverfallenen Platte kommt der Mercedes zum Stehen. Eine einsame Laterne am Ende der Straße verbreitet trübgelbes Licht. Bederitzky greift zum Kartenlesegerät.

»Gut, das macht dann wie gesagt …«, kann er noch sagen, da hat der Parfümierte schon die Tür aufgerissen und ist losgerannt.

Nein. Das kann nicht wahr sein.

Das meint der nicht ernst!

Bis Bederitzky sich abgeschnallt und aus dem Sitz gekämpft hat, ist der andere schon auf dem Gehweg zwischen zwei Wohnblöcken verschwunden. Bederitzky hinterher. Der Schweinepriester ist ihm gut 30 Meter voraus. Mit wehendem Mantel und dem Aktenkoffer über der rechten Schulter schlägt er sich nach rechts, über eine Wiese und einen kleinen Hügel hoch. Bederitzky nimmt die Abkürzung querfeldein. Er hat den Abstand bereits auf gut 15 Meter verkürzt, als er hinter einem struppigen Gebüsch zu Fall kommt. Er überschlägt sich und knallt mit der Schulter gegen das Gitter eines gepflasterten Platzes. Eingezäunte Mülltonnen, dahinter ein Kinderspielplatz. Er ist über einen Einkaufswagen gestolpert. Der Einkaufswagen liegt auf der Seite im Gebüsch und ist komplett verkohlt. Bederitzky steht auf und schaut sich um. Links von ihm zwei Sechsgeschosser, mit Metallplatten und Brettern verrammelt und vernagelt. Gegenüber ein weiterer Block, der sich 50 Meter lang Richtung Rabeninsel zieht. Die wenigen erleuchteten Fenster wirken wie Schießscharten im Dunkeln.

Der Parfümierte ist wie vom Erdboden verschluckt. Weit

kann er nicht sein. Wahrscheinlich beobachtet er Bederitzky. Man müsste ihn eigentlich riechen können.

»KOMM RAUS, DU HUNDESOHN! WO BIST DU?«

Bederitzky legt die Hände auf die Knie und horcht.

Nichts. Nur sein eigenes Keuchen.

Er dreht sich mehrmals um die eigene Achse, dann läuft er weiter, um das Haus herum auf die Rückseite. Satellitenschüsseln und Balkone, eine Bushaltestelle, HFC-Graffiti. Auf dem Parkplatz nur wenige Autos, in der Ferne eine Polizeisirene. Bederitzky läuft den verwaisten Block entlang, zurück auf die Vorderseite, tiefer rein ins Labyrinth. Ein fieser Wind peitscht durch die Schluchten der Hochhäuser. Immer wieder dreht er sich im Kreis und spitzt die Ohren, hört aber nichts außer den dumpfen Technorhythmen, die aus irgendeinem Fenster wummern und zwischen den Hausfassaden hin und her geworfen werden.

Er schlägt sich mehrmals mit der flachen Hand ins Gesicht. Zu dumm zum Laufen! Zu dumm zum Kassieren! Als hättest du nichts gelernt in diesem Haifischbecken namens Leben!

Plötzlich ein Klappern. Er fährt herum. An einem der Blocks geht eine Tür auf. Ein Mann kommt heraus. Der Mann ist alt und krumm und hat einen kleinen Hund an der Leine. Bederitzky rennt hinüber und schiebt seinen Fuß in die Tür, bevor sie ins Schloss fallen kann. An der Wand mindestens 100 Klingeln, die Hälfte davon ohne Namensschild. Im Hausflur ein Stapel Prospekte und ein Rollator, in dem Müll und Bierflaschen liegen. Der Alte zieht die Kapuze seines Anoraks über den Kopf und lässt sich von dem Hund Richtung Rabeninsel ziehen. Bederitzky geht ins Treppenhaus und horcht.

»Hallo? Ist da jemand?«

Keine Antwort. Kein Geräusch. Nichts. Warum auch? Warum ausgerechnet hier?

Die Drecksau könnte jetzt überall sein.

Wieder draußen erfasst ihn ein kleiner Schwindel. Er hockt sich auf die Stufen vorm Haus und tastet die Taschen seiner Lederjacke nach der Drehmaschine ab.

Plötzlich erstarrt er.
Er hat das Fahrzeug gar nicht abgeschlossen.
Die Schlüssel stecken noch.
Scheiße. Der Ring.

HIGH LIFE VON HINTEN

Schon von weitem sieht es aus, als ginge der Junge direkt aufs Lobo zu. Zielstrebig überquert er die Straße, den Blick starr auf die Eingangstür gerichtet.

Aber nein. Der will hier nicht rein. Der kommt hier nicht rein, und das weiß der auch.

Ich zünde mir eine Zigarette an, nehme zwei Züge und ziehe den Ascher aus dem untersten Fach des rollbaren Tisches. Als ich wieder aufschaue, ist der Junge nur noch ein paar Meter entfernt. Bei den Arabs liege ich altersmäßig auch mal daneben, aber volljährig ist der noch nicht, und ein Lobo-Gast schon gar nicht, in dieser Schnellfickerhose und dem … – was ist das, ein Jeanshemd über einem Kapuzenpullover?

Als wäre ich Luft, geht er an mir vorbei und greift zum Türknauf.

»Moment, Moment, Moment. Wir haben noch gar nicht geöffnet.«

Der Hoodboy dreht sich um und schaut mich an. Er hat eine Wunde am linken Kiefer, getrocknetes Blut, sieht einigermaßen frisch aus. Sein Blick wirkt gehetzt, er wippt nervös auf den Fußballen und drückt abwechselnd die Knie durch, als würde er sich fürs Training aufwärmen.

»Da ist noch gar nichts los, wir öffnen erst um zwölf«, sage ich.

»Ja gut, dann komm ich gleich wieder. Oder ich warte so lange.«

»Du weißt, dass das Eintritt kostet?«

»Wie viel?«

»Zehner.«

»Zehner?«

»Ja, zehn Euro. Sind vier DJs heute. Weißt du überhaupt, was das für ein Laden ist?«

Der Junge schaut nach oben und sagt: »Lobotomy.« Er spricht es Deutsch aus, mit der Betonung auf der vierten Silbe.

»Das hast du jetzt schön abgelesen«, sage ich. »Weißt du, was hier heute los ist? Was hier für Musik läuft?«

»Nein. Was für Musik läuft denn?«

»Das will ich von *dir* wissen.«

»Warum willst du das von mir wissen, du arbeitest doch hier.«

»Pass mal auf, ich hab dich hier noch nie gesehen.«

»Ich bin Pannaspieler.«

»Du bist was?«

»Ich will nur'n Bier trinken.«

»Das wird heut leider nichts«, sage ich, denn plötzlich wird mir klar, dass dieser seltsame Knilch sonst wirklich wiederkommt, und dann könnte es schwierig werden – ihn dann anstehen zu lassen und erneut abzuweisen, das geht nicht, da ist Ärger vorprogrammiert. Wo bleiben eigentlich Patrick und Louise oder wer auch immer heute Kasse macht, es ist gleich Mitternacht, was steh ich hier alleine rum?

»Du hast Vorurteile«, sagt der Hoodboy.

»Natürlich habe ich Vorurteile«, sage ich. »Auf Vorurteilen basiert mein Job.«

»Du willst mich nicht reinlassen, weil ich Araber bin«, sagt der Hoodboy, und er sagt es ganz nüchtern, wie eine Feststellung, das Ergebnis einer einfachen Rechenaufgabe.

»Na klar«, antworte ich. »Hast du dich nicht informiert? Wir sind 'ne Nazi-Tür!«

»Bist du Araber?«

»Sehe ich so aus?«

»Bist du Muslim?«

»Es geht dich zwar nichts an, aber nein, auch das nicht.«

»Du siehst aus wie der Bimbo vom Golden Unicorn. Habt ihr Pißwasser Pils? Ich hab übertrieben Durst!«

»Ich hab keine Ahnung, wovon du redest, aber du machst besser mal ganz schnell die Biege.«

»Die haben dich hier hingestellt, um die anderen Kanaken fernzuhalten. So machen die Almans das. Setzen sich einen Quotenneger vor den Laden, der die Kanaken fernhält. Original Kartoffelstyle, normal.«

»So, jetzt hör mir mal gut zu«, sage ich ganz ruhig, während ich mir die Kippe in den Mundwinkel schiebe und die Handschuhe überziehe. »Du drehst dich jetzt um und gehst nach Hause und denkst darüber nach, was du gerade gesagt hast, okay?«

»Und wenn nicht?«

Armdrag to Single-Leg to Sweep to Knee-on-Belly, ich sehe das Programm schon vor mir ablaufen, doch bevor ich den Welpen packen kann, hat er zwei Schritte zurück gemacht. Langsam und mit dem Rücken zur Straße überquert er den Gehweg, ohne mich aus den Augen zu lassen. Sein Blick kommt mir jetzt nicht mehr gehetzt vor, eher gequält und von tiefem Schmerz durchzogen, kurz: brandgefährlich. Er spuckt auf den Boden. Dann dreht er sich um und rennt im Zickzack, flink und elegant, fast tänzelnd, über die Straße.

Ich nehme die Zigarette aus dem Mund. Ich habe mir ins rechte Auge geraucht. Ist mir ’ne Weile nicht passiert, kannst du mir glauben. Ich schnippe die Kippe auf den Bürgersteig, ziehe die Handschuhe aus und reibe mir mit dem Handrücken über das Auge. Dann sehe ich Louise auf mich zukommen, eine ganz in Schwarz gekleidete Kante neben sich, beide eine Bierflasche in der Hand.

»Sorry, sind ein bisschen spät dran, ich weiß.« Louise umarmt mich. Sie deutet auf ihren Begleiter. Blonder Seitenscheitel, ausrasierter Nacken und wirklich, so ein Kreuz. »Das ist Sven, der Neue. Sven, das hier ist Ten, unser Türchef.«

»Ten?«, sagt die Kante, »geiler Name.«

»Sven und ich haben uns in der Bahn getroffen und noch ein Bier an der Tanke geholt.«

»Was ist denn mit Patrick?«, frage ich.

»Patrick hat sich doch verletzt, beim Wing Tsun. Hat der sich nicht bei dir gemeldet?«

»Nee.«

»Lars auch nicht, oder Carol?«

»Nein.«

»Dir hat keiner Bescheid gesagt?«

»Nein, Louise, mir hat keiner Bescheid gesagt.«

»Patrick fällt wohl ein paar Wochen aus. Fuß verstaucht.«

»Scheiße«, sage ich. Ich hab mich auf die Nacht mit Patrick gefreut. Ich sehe meine Freunde nur noch bei der Arbeit. Ich sehe außerhalb der Arbeit überhaupt niemanden mehr, ich kriege nicht einmal mit, wenn sie sich verletzt haben. »Und du bist also Sven«, wende ich mich dem Neuen zu.

»Yo. Erste Schicht heute«, antwortet der und hält mir seine tischtennisschlägergroße Pranke hin. Die Linke. In seiner Rechten klemmt eine 0,3er Knolle Berliner Kindl. Von der Flasche ist nur noch der kurze Hals zu sehen, es sieht aus wie eine an die Hand genähte Trinköffnung. »Aber keine Sorge, hab schon ein paar Jahre an der Tür hinter mir.«

Widerwillig schüttle ich seine Hand. Ich mag es nicht, mit Neuen zu arbeiten. Ich mag keine Typen, die mich mit *Yo* begrüßen und mir mit links die Hand geben. Mit seiner HJ-Frisur und den Stiefeln erinnert Sven mich an die national gesinnten Kameraden, die damals in Eberswalde ehemalige Vertragsarbeiter und ihre Kinder durch die Straßen gejagt haben.

»Gut«, sage ich und lasse seine Hand los. »Dann hilf mir mal mit dem Vorzelt, Sven. Soll heut Nacht noch regnen.«

»Alles klar.«

Er kramt ein Paar Handschuhe aus den Taschen seiner Jacke, zieht sie über und nimmt die Eisenstange, die ich ihm hinhalte.

»Sind das Quarz-Handschuhe?«

»Nee, ganz normale Fahrradhandschuhe.« Sven grinst. »Doch, das sind Quarz-Handschuhe.«

»Damit kannst du jemanden schön das Gesicht zu Klump hauen.«

»Ich weiß. Ich benutz die nur zum Leute Anfassen, nicht zum Hauen. Ich schlag damit keinen.«

»Aber wenn es jetzt plötzlich abgeht, dann ziehst du die ja nicht erst aus und schlägst erst dann zu.«

»Doch«, sagt Sven. »Na ja, ich hab einen Kumpel, der ist Jurist, weißt du? Ist dann Notwehr. Ich weiß ja nicht, wie die Policy hier so ist.«

»Die Policy hier ist ganz einfach: Wir wollen keine Gewalt.«

»Na logo, ist klar. Icke doch ooch nich, wa!« Sven lacht. Ich werfe ihm einen finsteren Blick zu. »Hey, ich bin ein friedlicher Mensch. Ich rede mit den Leuten. Ich schlag keinen.«

Wir verkanten die Eisenstangen miteinander und befestigen die Plastikplane an den Streben.

»Wie ist es denn hier mit Drogen?«, will er wissen, während wir die Schnüre festzurren.

»Drogen bitte immer bei mir abgeben«, ruft Louise von hinten.

»Gebongt«, sagt Sven, und dann zu mir und etwas leiser: »Ich meine, gibt's irgendwelche Stammdealer oder so, die ich kennen sollte?«

»Nicht wirklich.«

»Und was ist mit den Spezis, die hier so rumrennen?«

»Welche Spezis?«

»Na, diese Straßendealer und so.« Sven windet sich. »Du weißt schon. Die Brüder da auf der Brücke zum Beispiel.«

»Die *Brüder*«, sage ich, »kommen hier gar nicht rein. Wissen sie aber auch.«

Sven nickt.

Louise ist reingegangen, um bei Carol die Kasse zu holen. Carol macht heute die Abendleitung. Eigentlich ist sie Mädchen für alles, sie hilft auch mal dem Runner und dreht drinnen ihre Runden. Weil der Chef zu geizig ist, einen dritten Türsteher einzustellen. Weil der Chef immer am falschen Ende spart, wie alle

Chefs. Lars und ich, wir kennen uns noch von meinem Sprayerzeiten in den Neunzigern. Zur eigentlichen Crew hat er nie gehört, Lars war eher die klassische Antifazecke, doch es gab da Überschneidungen. Mittlerweile ist er Clubchef und stramm antideutsch, was ihm erlaubt, rechts zu denken und sich links zu fühlen. Ein gemütlicher Ausweg für viele Weggefährten von damals, die das Interesse an der sozialen Frage verloren oder es immer nur vorgetäuscht haben. Um den Burgfrieden mit den Verhältnissen vor sich selbst und anderen zu rechtfertigen, inszenieren Typen wie Lars sich als radikalindividualistische Vertreter einer hedonistischen Subkultur. Und schmeißen auch den lieben langen Tag mit solchen Begriffen um sich. Kann man sich etwas Deutscheres vorstellen als einen Deutschen, der sich selbst als antideutsch bezeichnet? Mit dem Lobotomy verkauft er Neunzigerjahreabziehfolien von Berlin an Zuspätgeborene und Touristen. Eigentlich interessiert er sich nur noch für die Weinbar, die er letztes Jahr drüben im Kungerkiez eröffnet hat, knisternde Jazzplatten, Polaroids an der Wand, diese Schiene. Als Nächstes soll angeblich ein vegetarisches Restaurant folgen, so richtig fancy mit Sternekoch und allem Pipapo. Das Lobo hat Lars heute für eine Fremdveranstaltung vermietet. Laut Carol bauen sie da drinnen schon seit drei Stunden ihre Deko auf, Leinwände und Beamer und Pflanzen, das Thema ist irgendwas mit Dschungel. Kommt öfter vor in letzter Zeit, das mit den Fremdveranstaltungen. Für den Chef ja auch ganz praktisch. Da kann er die ganze Nacht in seiner Dandyklitsche abhängen und mit seinen Künstlerfreunden Grauburgunder schlabbern, ein paar Nasen ziehen und große Reden schwingen, subversive Conaisseure, die sie alle sind, Entrepreneure des Nachtlebens.

»Also echt, keine Panik«, sagt Sven, als wir mit dem Zelt fertig sind und die Absperrgitter aufstellen. »Ich bin der friedlichste Mensch der Welt. Ich brauche einfach Handschuhe. Leute anfassen, das kann saueklig sein, findest du nicht? Mir fällt das mit Handschuhen leichter. Und wenn ich mir eh schon welche kaufe, dann kann ich mir auch gleich richtige zulegen. Aber scheint ja ein ganz peaciger Laden zu sein. Gehst du hier auch mal privat hin?«

»Scheißt du, wo du isst?«, sage ich und schiebe den Gasheizstrahler in die Ecke. Schweigend schaut Sven mir dabei zu. Er kratzt sich am Kinn, dann beginnt er, mich über seine berufliche Laufbahn in Kenntnis zu setzen. Sven kommt aus einem Kaff in der Wetterau und hat Bühnenbauer gelernt. Jetzt fällt mir auch sein Dialekt auf, dieses häsische Ebbelwoigebabbel, du weißt schon. Über den Umweg Umzüge und Zeitarbeitskram ist Sven bei einer Sicherheitsfirma und schließlich an der Tür gelandet. Hauptsächlich stand er vor verschiedenen Frankfurter Yuppiebars, *Schnöselläden*, wie er sie nennt. Der Honk redet ohne Punkt und Komma, aber das mit den Schnöselläden interessiert mich. Sie hätten da im Anzug gestanden, sagt er.

»Im Anzug? An der Tür?«

»Ja. Drinnen hattest du vor allem Businesstypen. Banker, Anwälte und so. Bisschen Unterwelt auch, und dann die ganzen Drinknutten. Keine klassischen Prostituierten, aber de facto schon. Alle gesichtsoperiert und kaum was an, und alle auf der Suche nach ihrem Sugar Daddy für die Nacht. Konnte lustig sein, aber insgesamt ist's hier in Berlin entspannter, glaube ich. Hier ist nicht so Schicki.«

»Und musstet ihr da auch mal zulangen? Im Anzug?«

»Auch, ja. Aber selten. Weißt du, die Leute, die wollen da rein in die Läden. Und die wollen da auch beim nächsten Mal noch rein. Wenn du da nicht reinkommst, dann hast du ein Problem, weil, da werden auch Geschäfte gemacht. Und wenn dann mal Rabatz ist, dann gleich so richtig, dann ist es auch egal, ob du Anzug trägst oder volle Kampfmontur. Ich stand da mal vorm Dekker's, auch so'n Schnöselladen. Ich und zwei Kollegen draußen und noch zwei oder drei drinnen. Das war noch keine zwölf, als eine ganze Brigade Rot-Weiß angeknattert kam, alle auf ihren Harleys, wie im Film. Okay, sagen die, wir übernehmen mal kurz, ihr habt jetzt Feierabend, könnt morgen wiederkommen.« Sven stockt. »Also ich weiß jetzt nicht, ob du, also ob ihr …«

»Ob ich was?«

»Ja, nichts, egal.«

Sven schaut zu Boden und klopft seine Hosentaschen ab. Übersprungshandlung. Er hat sich verplappert. Über Organisierte Kriminalität redet man nicht im Nachtleben, schon gar nicht, wenn man den anderen gar nicht kennt. Ich werfe ihm einen wissenden Blick zu, ziehe die Handschuhe an und lasse ihn noch ein wenig zappeln. Einmal schön das Herz in die Hose, Schocktherapie, hat noch keinem geschadet. Ganz langsam schraube ich den Grill an der Flasche fest und drehe das Gas auf.

»Sven, mal eine Frage.«

»Ja?«

»Guck mich mal an.«

»Tu ich.«

»Und dann sag mir: Seh ich so aus?«

»Wie jetzt?«

»Du weißt schon.«

»Ach so. Nee. Oder was meinst du?« Überfordert hebt Sven die Schultern. Es sieht aus, als versuche sein massiger Körper, den im Verhältnis dazu viel zu kleinen Kopf einzusaugen. »Sorry, ich steh gerade auf dem Schlauch.«

»Seh ich so aus, als hätte ich was mit Rot-Weiß zu tun?«

»Ach so, ja, nee, was weiß ich. Vielleicht kennst du ja Leute, ich wollte jedenfalls nicht …«

»Sven, jetzt schau mich doch mal an: Was siehst du? Ist dir meine Hautfarbe schon aufgefallen?«

»'türlich.«

»Hältst du die für Hell's-Angels-kompatibel?«

»Ja, was weiß denn ich!« Ein schrilles Lachen, *ahahahaha*. »Da bin ich raus, Mann! Gibt doch auch so Türkencharter hier, in Gießen hatten wir auch eins, was weiß ich, dit is doch allet nich mehr wie früher, wa!«

Mit dem heute nicht in eine Situation. Mit dem am besten nie in eine Situation. Der labert, der berlinert, der hat Quarz-Handschuhe und Angst. Mit dem in eine Situation, das kann ganz leicht eskalieren.

»Na ja, egal«, sagt Sven. »Ich muss sagen, ich mach das ganz gerne.«

»An der Tür stehen?«

»Ja, aber auch scheißen, wo man isst, wie du es nennst. Ist doch ein netter Laden hier, und die Puppen kennen einen irgendwann ja auch, oder nicht?«

So, nun sollte ich mich vielleicht mal vorstellen. Mein Name ist Ten, und ich arbeite an der Tür, weißt du ja beides schon. Eigentlich heiße ich Manuel, aber so nennen mich nur meine Eltern, das Finanzamt und die Bullen. Ten ist mein alter Straßenname. Es gab schon einen Manuel in der Crew, außerdem brauchte ich einen guten Oneliner als Tag. Ich bin in Eberswalde geboren und in Eberswalde und Marzahn zur Schule gegangen. Ich habe schon immer nachts gearbeitet. Mein erster Job nach der Schule: ein Automatencasino am Helene-Weigel-Platz. Mein Vater wurde in Mosambik geboren, meine Mutter in Lichtenberg. Mit Anfang 20 ist sie nach Eberswalde, wegen der Liebe. Kurz nach der sogenannten Wende ist sie mit meinem kleinen Bruder und mir zurück nach Berlin, Hellersdorf, Platte, achter Stock. Ich hab den Realschulabschluss gemacht und eine Lehre als Maler und Lackierer angefangen, aber nie beendet. Ende der Neunziger war ich fast jede Nacht mit meiner Crew unterwegs. Von ein paar Vietnamesenfamilien abgesehen war Marzahn damals ja noch dermaßen biodeutsch, dass wir schon als Kanakengang galten, weil wir mich und Karate-Adam dabeihatten. Karate-Adam war Pole, Hardcore-Borderliner und Nazischreck, der hatte vor gar nichts Angst. Hat sich Mitte der Nuller aus dem Leben geknallt, im Suff, Autounfall. Die Gang hatte sich da schon längst zerschlagen. Wir waren gebusted worden, mitten im Yard bei einem Wholetrain, oben in Wartenberg, die ganze Crew, fast alle eingefahren. War ein großer Fang für die Bullen, da waren sie ganz stolz. Als ich morgens aus der Zelle kam, habe ich erstmal im

Betrieb angerufen und mich krankgemeldet. Da war ich aber dummerweise schon längst auf der Titelseite der B. Z., mit Foto. Die Ausgabe habe ich noch. *Manuel B., Lackierer aus Marzahn, beim Sprühen erwischt.* Bei der Hausdurchsuchung hatten sie ein Fotoalbum mit Hunderten von Trains unter meinem Bett gefunden, also galt ich als *Anführer*, auch wenn nur ein ganz kleiner Teil davon meine Pieces waren. Hat sich wohl auch einfach zu gut gemacht – Sprühdose, Graffiti und ein erhöhter Melaningehalt in der Haut, das versteht auch der dümmste B. Z.-Leser. Ich bekam eine saftige Geldstrafe, wurde im Betrieb gefeuert und hab die Lehre dann gleich ganz abgebrochen. Saß dann erstmal zwei oder drei Jahre in verschiedenen Spielos, bis das mit dem Plakatieren losging. Erst waren es nur ein paar Poster für die HipHop-Partys von 'nem Kumpel. Dann kam eins zum anderen, und auf einmal hatte ich diese Ein-Mann-Klitsche am Laufen. Ich wurde so gut gebucht, ich konnte gar nicht alles annehmen. Neben den bezahlten Jobs hab ich immer auch Politkram gemacht, Demoaufrufe, Antira und Antifa, alles unentgeltlich. Parallel habe ich mit dem Kampfsport angefangen und ab und zu an der Tür gestanden, ausschließlich vor Zeckenläden, HipHop-Jams, Punkkonzerte, Raves, und fast immer mit Freunden und Bekannten. Dann habe ich den 34a-Schein gemacht und das Plakatieren zurückgefahren. Hat einfach nicht mehr gebockt. Die ständigen Zickereien mit der Konkurrenz, der Stress mit dem Ordnungsamt und den Bullen und all die Freaks auf der Straße, die einen vollquasseln wollen. Mehr als anderthalb Jahrzente stehe ich jetzt an der Tür. Hab mich hochgearbeitet, kann mir die Läden aussuchen. Eine Weile habe ich mit einer Karriere als Kampfsportlehrer geliebäugelt. Judo hatte ich als Schüler schon mal gemacht, mir dann Karate angeguckt und Kung-Fu, bin wegen des Selbstverteidigungsaspekts aber beim Krav Maga gelandet und schließlich beim Brazilian Jiu-Jitsu. Gesundheitlich habe ich vom BJJ immens profitiert, und für die Arbeit an der Tür war es auch gut. Der Sport hat meine Konzentration geschärft und mir die Grundspannung gegeben, die man für diesen Job braucht. Umgekehrt habe ich durch die Arbeit an der Tür viel für den Sport mitgenommen. Wie man in seine Ängste reingeht, wie man die potenzielle Reaktion des Gegenübers mit in seine Kommunikation einbaut. In meinen intensiven Phasen war ich jeden Tag auf der Matte, sieben Tage die Woche. Dann kam Holly, und ich hab's immer mehr schleifenlassen.

Die Tür geht auf, Louise kommt raus. Sie setzt sich auf den Barhocker an der Kasse und sortiert das Wechselgeld. Ich drehe die Gasflasche auf und schalte den Heizstrahler ein. Auf dem Gehweg hat sich bereits eine kleine Schlange gebildet.

»Na dann mal los«, sage ich. »Louise, alles klar?«

»Absolut«, sagt Louise.

»Schau einfach erstmal zu«, sage ich zu Sven, »du kommst dann schon rein.«

Das Pokerface mit den gemachten Lippen und ihre Freundin im Animalprint-Jumpsuit – rein.

Die aufgekratzten Partygören, eine in dunklen Kappa-Slim-Pants und neonfarbenem Top, die andere mit Satin-Cap und Iron-Maiden-Shirt – rein.

Die auf ungeschminkt geschminkten Intellektuellenchicks in den Columbo-Trenchcoats – rein.

»ID? Yeah, sure.«

»Ich nehm das mal als Kompliment.«

»Aber nicht lachen!«

Der manisch auf seinem Kaugummi rumkauende Speedzwerg mit Septumring, ein Meter fünfzig Eskalation, seit Tagen nicht geduscht – heute nicht, Kollege.

Der große Drahtige in der nordkoreanischen Militäruniform, ein *ACAB*-Tattoo auf den Fingern – herzlich willkommen, Genosse.

»Kann ich nur mal kurz reingucken?«

»Warum darf ich mein Getränk nicht mitnehmen?«

»Wie viel kostet's denn?«

Die Gruppe Tommies, alles Männer, alle besoffen, zwei in Man-United-Trikots – sorry, mates.

Der katzengesichtige Vintage-Clochard mit der Basecap irgendeines obskuren amerikanischen Provinzvereins und dem oversized Wildlederblouson nebst Begleiterin, die haargenauso aussieht wie er – rein.

»Wir wollten eigentlich nur ein Bierchen trinken.«

»Sind genug Frauen drin?«

Die beiden schwulen Szene-Syrer, einer in Ballonseide, der andere mit orangegetönten Brillengläsern und Kunstnerzstola – rein mit euch, mehr Paradiesvögel, bitte.

Die Berliner Atzen, der eine in Yakuzaklamotten, der andere mit Camouflagehose, beide Rasierklingen unter den Armen – versucht's mal drüben im Matrix, ihr Dödel.

»Wieso den Edding abgeben, glaubt ihr, ich tagg euch hier die Wände voll, oder was?«

»Ich kenn Kolja, ich steh bei dem auf der Gästeliste … Kolja … Doch, Kolja! Der arbeitet hier!«

»Können wir noch schnell austrinken?«

Der grotesk überpflegte Südländer mit der wie aufs Gesicht gemalten Bartfrisur und diesem ekelhaften Matrosenduft von Gaultier, ein Bilderbuchmacho, der es aber schafft, zu lächeln und mir seine weiche Seite zu zeigen – rein.

Die drei Jungs aus dem Maghreb, Ticker oder Taschendiebe – sorry guys, wussten sie schon, man kann es ja mal probieren.

Das Hipsterpaar, er mit Dreimonatebart und Lederjacke, sie mit rotem Lippenstift, roten Fingernägeln und einer Gürteltasche über dem weiten weißen Shirt, fast durchgewinkt, dann nochmal genauer hingeschaut und erst seine Erik&Sons-Gürtelschnalle und die New Balance an seinen Füßen, dann den Identitärenslogan *Our City – Our Rules* auf ihrem T-Shirt erkannt – unsanftes Zurstraßegeleiten und das Versprechen, dass ich ihnen eigenhändig ein Lambda in ihre ethnopluralistischen Fressen tätowieren werde, sollte ich sie noch einmal hier antreffen.

»Krieg ich das Bier nachher wieder?«
»Krieg ich den Edding nachher wieder?«
»Krieg ich das Pfefferspray nachher wieder?«

»Ich hab das vermisst«, sagt Sven. »Leute auschecken, mit Mädels quatschen, das hat mir gefehlt. Wie intensiv man die Gäste angucken darf, das geht ja im normalen Leben gar nicht, da kommst du ja sofort in den Knast.«

Die erste Stunde habe ich selektiert. Ziemlich buntes Volk heute, wenig Stammgäste, Fremdveranstaltung halt. Nach und nach hat Sven übernommen, mittlerweile wechseln wir uns ab. Gerade winkt er zwei hypernervöse Raver mit tellergroßen Pupillen durch, die ich vielleicht etwas genauer unter die Lupe genommen hätte, und dann fallen ihm fast die Augen raus, als die Frau vor mir sich bückt, um ihre mitgebrachte Bierflasche in die Leergutkiste neben den Heizlüfter gleiten zu lassen. Sie ist aber auch eine Erscheinung. Hochtoupiertes blondiertes Haar, schwarzes Netzhemd, dunkler Lippenstift und ein Kruzifix als Ohrring. Sie sieht aus wie einem Madonna-Videoclip entsprungen. Einem von 1984. Ihr Freund hingegen wirkt schon in sich sonderbar unschlüssig: ausgewaschenes Powell-Peralta-Shirt, weite Cordhose, frisch gewaschene Siebzigerjahrematte, Lederslipper. An irgendwen erinnert er mich, doch bevor ich darauf komme, kriegen die beiden bei Louise ihren Stempel, und weil Sven immer noch damit beschäftigt ist, der Frau hinterherzuglotzen, wende ich mich den Nächsten in der Schlange zu.

»Seid ihr eine Gruppe?«, frage ich die Jungs, und als keiner reagiert: »Are you one group?«

»Yes«, sagt der ganz vorne, ein schmales Hemd mit Föhnfrisur, »aber wir sprechen Deutsch.«

»Sag das doch.«

»Du hast uns ja nicht gefragt.«

»Sorry, heute nicht, Jungs.«

»Wie jetzt?«

»Heute nicht«, sage ich. »Respektiert das bitte.«

»Wieso das denn? Wir kommen von hier, wir sind Berliner ey.«

»Ist schon zu voll«, mischt Sven sich ein.

Fehler Nummer eins. Nicht dazwischengrätschen. Lässt den Kollegen hilfsbedürftig erscheinen und vermittelt somit keine Autorität, sondern Schwäche.

»Zu viele Männer«, schiebt er hinterher.

Fehler Nummer zwei: Nichts begründen, nichts erklären. Führt nur zu einer Verlängerung der Situation. Wenn man sich auf sie einlässt, beißen sie sich fest.

»Glaube ich nicht«, fühlt sich die Föhnfrisur dann auch gleich herausgefordert.

»Das ist schade«, sagt Sven und grinst: »Musst du jetzt aber wohl.«

»Wieso muss ich das?«

»Du kannst ja nicht nachgucken. Weil wir dich ja nicht reinlassen.«

Fehler Nummer drei. Den Gast nicht demütigen. Ihn mit geradem Rücken rausgehen lassen, sich nicht über ihn lustig machen. Bei Milchgesichtern wie denen hier mag das Provo-Getue ja funktionieren. Aber sollte Sven versuchen, mit einer Gruppe kampferprobter Russenprolls so zu reden, dann gute Nacht.

»Unsere Freundinnen sind schon drin«, probiert es ein anderer aus der Gruppe.

»Ah, wie sehen die denn aus?«, fragt Sven.

»Gut«, antwortet der andere und merkt dann seinem Gesichtsausdruck zufolge selbst, dass das nicht die allerschlauste Antwort war. Er trägt ein Scooter-Shirt, ob ernstgemeint oder ironisch, schwer zu sagen.

»Was ist denn jetzt?«, lässt die Föhnfrisur nicht locker.

»Nichts ist«, sage ich und baue mich vor ihm auf. »Und jetzt macht bitte Platz und haltet den Betrieb nicht auf.«

Er reckt das Kinn. »Ja, geiler Laden.«

»Muss wohl«, spottet Sven von hinten. »Man weiß es nicht,

müsste mal wer überprüfen, ihr aber heute nicht, schönen Abend noch.«

Die Jungs schütteln die Köpfe und verziehen sich schimpfend. Ich bleibe vorne stehen, winke zwei Italiener durch, dann auch ein amerikanisches oder kanadisches Pärchen, erst dann lasse ich Sven wieder ran und werfe einen Blick auf den Gehweg. Die Schlange ist auf ein paar Meter geschrumpft, der erste Andrang ist geschafft. Wenn jetzt kein großer Ansturm mehr kommt, dann ist hier für ein paar Stunden einfache Partyverwaltung. Ich ziehe meine Camels aus der Jackentasche, schüttle eine heraus und halte die Schachtel Louise und Sven hin. Louise nimmt eine. Sven ist Nichtraucher. Er schaut mich an.

»Sag mal, die Jungs vorhin? Ich hätte die eigentlich reingelassen.«

»Wen, Föhni, Scooter und Co.?«

»Ja, genau. Was war denn mit denen?«

Ich lasse mir von Louise Feuer geben. »Die haben genervt.«

»Ist nur aus Interesse«, sagt Sven. »Die passten doch eigentlich gut hier rein, oder nicht?«

Will der Honk mich verarschen?

»Du kannst das bestimmt besser beurteilen, aber ich hatte den Eindruck, die hätten eigentlich ganz gut reingepasst«, sagt Sven, und als hätte sie nur auf das Stichwort gewartet, kommt plötzlich Carol raus und fängt an rumzumeckern, der Laden sei noch zu leer für die Uhrzeit, der Veranstalter habe sich beschwert, wir würden zu hart selektieren.

»Was ist denn mit dem Veranstalter los, dass er uns das nicht selbst sagen kann?«, frage ich. »Wer soll das überhaupt sein, bei mir hat sich keiner vorgestellt.«

»Antonino«, sagt Carol, als müsste mir das etwas sagen. »Der da vorhin die Deko aufgebaut hat.«

»Dann richte deinem Superdekorateur bitte aus, dass er sich gerne eine halbe Stunde dazustellen oder beim nächsten Mal seine eigenen Leute mitbringen kann.«

»Jetzt mach nicht so ’ne Welle, Ten.«

»Hast du eine Ahnung, was da drin los ist, wenn wir hier jeden Asi durchwinken? In spätestens ein oder zwei Stunden fliegt uns das um die Ohren!«

»Na komm, so wild ist es nun auch nicht. Macht einfach eure Arbeit wie immer, nur ein bisschen flotter und nicht ganz so genau vielleicht.«

»*Ein bisschen flotter*, Carol? *Nicht ganz so genau?* Ich hatte hier heute schon 'nen Sechzehnjährigen stehen und vorhin ein Faschopärchen! Soll ich auch die reinlassen? Scheiß Fremdveranstalter. Jedes Mal diese Nervscheiße.«

Carols Gesichtsausdruck verhärtet sich. Nur für eine Sekunde, dann schlägt er plötzlich ins komplette Gegenteil um. Sie streicht mir über den Arm, legt ihr Duckface auf und probiert es noch einmal auf die joviale Tour.

»Komm mir da ein bisschen entgegen, Ten, okay? Bei der nächsten Personalversammlung spreche ich das mit den Fremdveranstaltungen mal an.«

Ich bin nicht gut drauf heute, weiß ich selbst. Der Abend hat nicht gut angefangen. Der ganze Tag hat schlecht angefangen. Ich hätte die Müdigkeit abschütteln müssen, bevor ich hierhergekommen bin. Dass ich mich erst so spät aus dem Bett gekratzt und mir dann zum Frühstück direkt 'ne wagenradgroße Pizza und einen Liter Cola reingestellt habe, statt zum Training zu gehen, das rächt sich jetzt. Das hat sich bereits gerächt, als dieser lebensmüde Hoodboy vor mir stand. *Bimbo*, den Begriff habe ich lange nicht gehört, und ich höre hier so einiges. Obwohl es nicht so sehr die Beleidigung war, die mich getroffen hat. Klar, dafür hätte der Knilch was auf die Mappe verdient und auch bekommen, wäre ich etwas schneller gewesen. Aber der *Quotenneger*, der war hart. Weil er damit einen Nerv getroffen hat. Weil mir klar ist, dass ich an der Tür auch wegen meiner Hautfarbe so gefragt bin. Nicht, dass ich nicht gut in meinem Job wäre. Das bin ich. Aber natürlich prallen die üblichen Nazivorwürfe an mir leichter ab als an einem Marzipanpimmel wie

Sven, und natürlich weiß eine antideutsche Flitzpiepe wie Lars das zu schätzen. Der will ja tatsächlich keine Araber drinhaben. Was ich teilweise nachvollziehen kann, nach fünfzehn Jahren an der Tür. Gibt mit der Klientel einfach häufiger Stress als mit jeder anderen homogenen Gruppe. Wobei, es hat sich verändert. Ist komplizierter geworden. Schwule Szene-Syrer, so etwas gab's früher nicht. Früher gab's nur Neukölln-Arabs und Wedding-Arabs und Kreuzbergtürken, immer in Gruppen, immer nur Männer, immer aggro und mit kurzer Lunte. Ihre Mutter, ihre Ehre, ihre Männlichkeit, ihr Prophet, irgendwo fühlen sie sich immer beleidigt, und so mancher haut dann die härtesten Faschosprüche raus, *Ungläubiger, Jude, Schwuchtel, Neger*. Der weiße Rassismus ist da viel subtiler, zumindest in einem Stadtteil wie diesem. Sauberer, politisch korrekter und ausgelagert an den Staat und seine Organe, hat sich ja unter Adolf schon so bewährt – nichts sehen, nichts hören, nichts sagen. Weiße wissen nicht, dass sie weiß sind. Sie wissen nur sehr genau, wer es nicht ist. Wer nicht dazugehört, wer abweicht, wen man besser draußen hält oder unten, auf sicherer Distanz. Wie einige Gäste *Quotenneger* denken, das kann ich sehen. Es steht ihnen auf die Stirn geschrieben, gerade jenen, denen das N-Wort nie über die Lippen kommen würde. Und jetzt, wo ich zum ersten Mal seit Schichtbeginn durchatme, fällt mir auf, wie sehr mich das abfuckt. Wie dünnhäutig ich heute bin. Hab meine Kraftreserven einfach nicht genug aufgefüllt. Die aufdringliche Sonne, die sich den ganzen Tag durch die Ritzen und Spalten in mein Schlafzimmer drückt. Mein schwachsinniger Nachbar, der seit Anfang der Woche immer pünktlich nachmittags um drei anfängt zu hämmern und zu bohren. Es gibt keine Nacht mehr für mich, keine Ruhe, keine Erholung. *Auch die Finsternis ist nicht finster vor dir, die Nacht leuchtet wie der Tag,* heißt es ja im Alten Testament, Psalm 139, habe ich mir mal auf einen Zettel geschrieben und übers Bett gehängt. Hättest du jetzt nicht mit gerechnet, ich weiß. Ich bin auch alles andere als gläubig, aber die Bibel hat mir meine Mutter vermacht, und ich blättere vorm Einschlafen gerne darin herum, entspannt mich irgendwie. Auch gut: Psalm 127, *Es ist umsonst, dass ihr früh aufsteht und euch spät erst niedersetzt, um das Brot der Mühsal zu essen; was recht ist, gibt der Herr denen, die er liebt, im Schlaf.* Würde ich mir gerne zu Herzen nehmen. Allerdings muss ich mindestens zweimal die Woche früh raus. Montags und dienstags schläft Holly bei mir und zieht meinen gesamten Tagesablauf auf links. Holly ist drei. Wenn sie ins Bett geht, stehe ich normalerweise erst auf, und es fällt mir immer schwerer, umzuschalten. Nie in meinem Leben habe ich einen Menschen mehr geliebt als sie. Trotzdem kann ich mich manchmal kaum aufraffen, das Streusel bei Marion abzuholen. Wenn sie bei mir ist, liege ich oft nur komatös auf der Couch, später tut es mir dann leid, nicht nur für sie, auch für mich. Du kannst dir nicht vorstellen, wie anders die Leute auf einen reagieren, wenn man so einen kleinen Fratz dabeihat. Die Bäckereifachverkäuferin bei mir an der Ecke zum Beispiel, wie grummelig und ätzend die früher immer zu mir war, und wie sie jetzt immer strahlt, wenn ich mit dem Streusel bei ihr aufkreuze. Heute Abend, als ich Holly beim Warten auf den Lieferdienst noch schnell telefonisch eine gute Nacht wünschen wollte, war sie ganz aufgebracht. Die Nachbarskatze sei gestorben, meinte sie. Lucky, der Kater von den Baumanns aus dem ersten OG. Mit den Baumanns bin ich immer gut ausgekommen. Holly ebenfalls. Holly liebt die Baumanns. Manchmal habe ich den Verdacht, sie verbringt mehr Zeit bei ihnen als bei Marion oder mir. Woran Lucky denn gestorben sei, habe ich gefragt, worauf Holly anfing zu weinen. Die Katze habe Hummer gegessen, meinte sie. Sie hat so herzzerreißend und doll geweint, dass ich sie kaum verstanden habe. Als sie sich endlich beruhigt und ich ihr eine gute Nacht gewünscht hatte und mir nochmal Marion geben ließ, erklärte die mir, der Kater sei an Krebs gestorben. Holly hatte die Schalentiere aus ihrem Tierbestimmungsbuch durcheinandergebracht. Sie dachte, Lucky sei gestorben, weil er ein gefährliches Tier aus dem Meer gegessen habe, und ich konnte es kaum ertragen, dass ich nicht derjenige war, der sie tröstet und ihr das erklärt. Bald wird sie vor mir stehen und nach dem Autoschlüssel fragen, ich sag's dir, der Flügelschlag eines Schmetterlings.

Der Italomacker mit der öligen Vokuhila – viel Erfolg auf der Tanzfläche, Gigolo.

Die beiden Kampflesben, Butch Cassidy and the Sundance Bitch – euch auch, euch auch.

Haufen aufgeregter Start-up-Streber, ihre Unsicherheit mit Arroganz überspielend – wie gerne würde ich euch wegschicken, aber der Veranstalter ist heiß auf eure Scheine, also rein mit euch Spackos.

»Is there an ATM somewhere close?«

»Habt ihr da drinnen Absinth?«

»Was läuft'n für Musik?«

Die aufgebretzelten Miezen mit dem österreichischen Akzent, eine blond, die andere dunkelhaarig – dann mal rein in die gute Stube.

Der Feierhonk mit der barocken Engelsfratze und der HJ-Frisur, bereits ziemlich viele HJ-Frisuren drinnen, müsste man eigentlich mal bisschen aufpassen jetzt – aber nun.

Zwei Raveprolls, komplett in Schwarz gekleidet, Muskelshirts unter Bomberjacken, am Berghain wohl abgewiesen worden, unfähig, mir in die Augen zu schauen und ganz üble Körpersprache – gut, bevor euer Abend noch weiter ruiniert wird.

»Hausverbot, ich? Du musst mich verwechseln!«

Der brandenburgische Automechaniker und die Fleischereifachverkäuferin mit den Schweinsäuglein – nicht unbedingt euer Laden, aber schaut halt mal rein.

Gruppe Lehramtsstudentinnen mit Eastpakgürteltaschen und Bettelblick, »Wir sind schlank, wir nehmen nicht viel Platz weg« – nun erniedrigt euch nicht so, immerhin seid ihr Frauen.

»Ey Tschuldigung, ich will's nur verstehen: Wieso sind die jetzt gerade reingekommen und wir vorhin nicht?«

Jemand fliegt mir entgegen, ein langer Lulatsch mit Schnäuzer, breites Grinsen, die Arme ausgebreitet wie Flügel: »Ten, alte Hütte!«

Ich brauche eine halbe Sekunde, bis ich ihn erkenne.

»Alter! Flix!«, rufe ich. »Lange nicht gesehen!«

Flix war mal so was wie unser Hausdealer. Er sieht gesünder aus, nicht ganz so anorektisch und zerschossen wie vor ein oder zwei Jahren, als ich ihn zuletzt gesehen habe, und er trägt einen interessanten Dress, das Starspangledbanner als Trainingsanzug, links Stars, rechts Stripes. Hinter ihm zwei Frauen, die eine kenne ich, Freundin von ihm – Katrin, oder Kerstin?

»Fresher Style, Flix.«

»Danke Ten, danke, du siehst auch gut aus«, lügt er.

»Wo haste gesteckt?«, frage ich. »Abgetaucht?«

»Hab mal ne kleine Auszeit genommen. Und hier, High Life in Tüten?«

»Für mich eher High Life von hinten«, sage ich mit einem Blick über die Schulter.

»Brennt die Hütte?«, fragt Flix, und fügt, ohne eine Antwort abzuwarten, hinzu: »In Mitte, da brennt heut die Hütte.«

»Schon gehört.«

»Das gute alte Soho-House. Gibt Gerüchte auf Twitter, dass da eine linke Hoolgruppe am Werk war. Du hast aber nichts damit zu tun?« Flix lacht.

»Und du? Noch im Game?«, sage ich, ohne auf den Quatsch einzugehen. *Linke Hoolgruppe*, wo nehmen die Leute solchen Schwachsinn bloß immer her?

»Ich? Privatier!«, antwortet Flix und dreht sich einmal um die eigene Achse, wie ein Model auf dem Laufsteg. Er winkelt die Arme an, wirft seine gespreizten Finger in die Luft und lacht. Er verströmt dieses flixtypische Brodeln, seine Augen flimmern wie nichts Gutes, der Kollege ist auf Sendung, der hat heute noch was vor.

»Na dann, angenehmen Flug«, sage ich. »Louise, lass die drei mal durch, sind meine Gäste.«

Flix und seine Entourage passieren die Kasse, und als Nächstes drückt sich eine zierliche Gestalt an der Schlange vorbei ins Zelt. Evi, unsere Klofrau. Ihren Kittel hat sie schon an. Sie begrüßt mich mit Küsschen links rechts und reicht mir eine Packung mit italienischem Knabbergebäck.

»Für mich?«

»Für euch, meine Lieben, könnt ihr euch teilen.«

»Danke«, sage ich, wie immer aufs Neue erstaunt über die positive Ausstrahlung dieser herzlichen alten Dame, die das Renteneintrittsalter längst erreicht haben dürfte.

»Bin spät dran«, sagt sie, »die Büros haben heute was länger gedauert, die Architekten hatten wohl eine kleine Feier«, sie lacht, »daher auch der Knabberkram, aber pssst«, dann gibt sie Sven die Hand, »Eva-Maria, sehr erfreut«, und begrüßt Louise.

»Willst du direkt deine Sachen aus dem Lager holen?«, frage ich.

Evi nickt. Ich öffne ihr die Tür und wende mich an Sven, »Du kommst hier kurz alleine klar?«, dann folge ich Evi nach unten.

Ich muss ein paar Reihen gestapelter Bierkisten zur Seite schieben, um zu dem Wägelchen mit ihren Sachen zu gelangen. Ich fahre es heraus, Evi bedankt sich. Ich reiche ihr den Wischmopp und den Eimer. Sie stellt beides neben dem Waschbecken ab und nimmt den Besen an sich.

»Heißer Feger!«, ruft ein Mann ihr zu, bevor er von einer Hand in die mittlere Klokabine gezogen wird.

Evi schaut mich an und verdreht die Augen. »Hab ich ja noch nie gehört, den Spruch.«

Sie drapiert ihre mitgebrachten Utensilien auf ihrem Wägelchen. Ohrstöpsel, Kondome, Tampons, Schokoriegel und eine Untertasse fürs Trinkgeld. Hinter ihr, in der Schlange vor den Damentoiletten, klemmt sich eine der Lehramtsstudentinnen den Besen zwischen die Beine und tut so, als würde sie darauf davonfliegen, »Hex Hex, Kartoffelbrei!«, ihre Freundinnen lachen.

Evi lächelt milde, nimmt ihr den Besen ab und lehnt ihn wieder an die Wand. Der Fußboden ist total versifft, unter den Waschbecken zwischen Damen- und Herren-WC liegen Scherben. »Da komm ich ja keine Minute zu früh«, sagt sie, zieht sich ihre Handschuhe über und macht sich mit Handfeger und Kehrblech an die Arbeit.

Ich wünsche ihr frohes Schaffen und verschließe die Kammer, doch statt wieder hochzugehen, lehne ich mich für einen Moment in den dunklen Vorsprung zwischen Lager und Treppe, schließe die Augen und atme durch. Meine Kopfhaut juckt. Meine Beine brennen. Von oben ziehen durch den elektronischen Fleischwolf gedrehte balinesische Gamelanrhythmen und Tanzflächenschweiß in den Keller. Ich könnte im Stehen einschlafen.

Schniefend kommen die beiden Männer aus der Klokabine. Sie stellen sich vors Waschbecken und klatschen sich Wasser ins Gesicht. Sie können mich in meiner dunklen Ecke nicht sehen.

»Der Job ist voll wichtig, das sagt Ihnen bestimmt nie jemand«, lallt der eine, während er Evi im Spiegel fixiert, schwitzend und mit fiebrigen Augen. Es ist der mit dem Powell-Peralta-Shirt und der frisch gewaschenen Mähne, der vorhin mit dem Madonnadouble eingecheckt hat, und jetzt fällt mir auch ein, an wen er mich erinnert: an Richard Clayderman. Richard Clayderman auf dem Cover der LP, die mein Bruder und ich unserer Mutter mal zu Weihnachten geschenkt haben, *Träumereien 2*. Er wankt an mir vorbei und bleibt auf der ersten Treppenstufe stehen. Sein Drug Buddy will noch etwas bei Evi erwerben.

»Hast du Kaugummis?«, fragt er, und erst anhand der Stimme fällt mir auf, dass das ja Flix ist. Er muss ohne Umwege zu den Toiletten gegangen sein und unterwegs gleich seinen ersten Kunden aufgegabelt haben. Respekt, Flix, denke ich, und: *Privatier*, soso.

»Nur was da liegt«, sagt Evi.

»Warum denn keine Kaugummis?«

»Na hören Sie mal, junger Mann, was glauben Sie, wer den Schlamassel dann nachher aus den Pissrinnen kratzen darf?«

»Nimm doch ein Kondom«, ruft der Claydermann ihm zu. »Oder ein Tampon.«

Gackernd steigen die beiden die Treppen hoch. Ich bin kurz davor, Flix zurückzupfeifen und mir selbst eine schöne dicke Line von ihm legen zu lassen, vielleicht würde mich das durch den Abend bringen. Dann denke ich an Marion und Holly und reiße mich zusammen.

»Ich kenn ein gutes Spiel.«

»Lass hören, Louise.«

»Der König mag Kaffee, aber keinen Tee. Was mag der König? Jetzt könnt ihr Fragen stellen. Was mag er?«

Sven überlegt. »Er mag Kaffee.«

»Und was sonst noch?«

»Autos.«

»Nee, Autos mag er nicht.«

»Klima.«

»Ja, Klima mag er.«

»Kartoffeln, Erbsen, Fleisch, seine Frau?«

»Kartoffeln nicht.«

»Hanteltraining?«

»Auf keinen Fall.«

»Komischer König. Immerhin mag er seine Frau.«

»Kommt allerdings drauf an, wie sie heißt.«

»Wie, kommt drauf an, wie sie heißt?«, schalte ich mich ein.

»Der König mag Kaffee, aber keinen Tee«, sagt Louise und grinst. Wir lassen die Grissini von Evi rumgehen und trinken unsere Getränke. Den ersten Rum-Cola habe ich direkt an der Bar runtergestürzt und mir einen zweiten mit nach draußen genommen. Louise und Sven trinken Mate.

»Beatrix?«, sagt Sven.

»Nee, die nicht. Wieso denn Beatrix?«

»Ist doch ein schöner Name.«

»Louise«, sage ich.

»Louise mag er.«

»Ist der König dein Macker, oder was?«, fragt Sven.

»Das wär was«, Louise lacht.

Ich wende mich ab, weil jetzt Ingrid ins Zelt kommt. Sie trägt wie immer ihren flaschengrünen Anorak und einen ihrer Ikeabeutel unter dem Arm. Ihr Lastenfahrrad parkt an der Straße.

»Na Ingrid, alles fit?«

»Läuft, ja.«

»Wie gehen die Geschäfte?«

»Gut.«

Ich halte ihr die Leergutkiste hin, worauf Ingrid ihren Ikeabeutel öffnet und die Flaschen hineinlegt, ganz langsam, eine nach der anderen. Sven gibt ihr seine Mate-Flasche, Louise nicht, obwohl nur noch ein ganz kleiner Schluck drin ist.

»Frag doch mal weiter«, fordert sie Sven auf. »Der König mag bestimmte Sachen nicht, aus einem bestimmten Grund.«

»Mag er Club Mate?«

»Clubs ja, Mate nein.«

Die alte Frau sieht sich um und sucht mit ihrer Taschenlampe die Ecken ab.

»Das war's leider schon, Ingrid«, sage ich.

»Mag der König Koffein?«, fragt Sven.

»Ja«, sagt Louise.

»Danke«, sagt Ingrid und schlurft zurück zu ihrem Lastenfahrrad.

»Nichts zu danken«, sage ich, »hau rein.«

Sven schüttelt den Kopf. »Die arme Sau«, sagt er. »Ich mein, Pfandsammeln, wo sind wir denn hier, Dritte Welt oder was?«

»Die macht das nicht wegen der Kohle«, sagt Louise.

»Weswegen dann?«

»Die braucht einfach was zu tun, glaube ich. Die wohnt hier irgendwo um die Ecke. Tagsüber steht sie im Buchladen.«

Ich schaue sie an. »Im Buchladen?«

»Ja, oben in der Reichenberger, fast am Kotti. Ich war da heute mit meinen Vater.«

»Und der Laden gehört ihr?«

»Glaub schon. So wie die sich benommen hat? Als Angestellte würde sie in hohem Bogen rausfliegen.«

»Hat sie dich erkannt?«

»Keine Ahnung«, sagt Louise, »glaub nicht. Die ist da komplett in ihrer eigenen Welt. Ich dachte nur: Asperger. Überhaupt keine social skills.«

»Ingrid ist doch immer voll nett«, sage ich.

»Hier ja. In ihrem Laden aber nicht, da ist sie voll schizo.«

Sven verzieht den Mund. »Könnt ich nicht, in Mülleimern rumwühlen.«

»Wer derart antiseptisch unterwegs ist, dass er Quarzhandschuhe braucht, um Menschen anzufassen …«, ziehe ich ihn auf.

»Überhaupt, Zeug aufsammeln, das andere weggeworfen haben«, geht Sven nicht darauf ein. »Was sagt denn der König dazu? Mag der König Pfandsammler?«

»Pfandsammler mag er«, sagt Louise.

»Und Buchhändler?«

»Buchhändler mag er auch. Aber nicht die von Thalia.«

»Der König hat ein Herz aus Gold, was?«

»Gold mag er ebenfalls.«

»Davon geh ich aus«, sage ich und wende mich der Gruppe asiatischer Lolitapunks zu, die schon seit einer Minute vor uns stehen und mich erwartungsvoll anstrahlen.

»Is this a rave here tonight? A real Berlin-Style-Rave?«

Ihr seid zu spät, möchte ich ihnen antworten, ihr habt alles verpasst, geht weiter, hier gibt es nichts mehr zu sehen. Dann winke ich sie durch und übergebe an Sven.

Als Marion und ich uns kennengelernt haben, war sie selbst noch im Ausgehbetrieb. Kellnern, Garderobe, Bar, Runner, Kasse, sie hat alles gemacht. Da waren wir noch in sync. Sind dann auch recht schnell zusammengezogen. Zunächst lief es super. Nicht einmal an meinem Schnarchen hat sie sich gestört. Ich hatte ja zweimal die Nase gebrochen, einmal Faschos, das andere Mal ein Unfall auf der Matte. Mit Holly wurde dann von einem Tag auf den anderen alles anders. Marion und sie waren nachts im Bett, ich tagsüber. Wir lebten aneinander vorbei, die Stimmung wurde von Monat zu Monat schlechter. Als Holly in die Kita kam, nahm Marion den Job im Requisitenverleih an, 20 Stunden die Woche auf vier Vormittage verteilt, und auf einmal hieß es: *Du pennst den ganzen Tag, du ziehst dich raus, die Arbeit mit dem Kind und der Wohnung und der ganze Mental Load drumherum bleibt an mir hängen, was ist dir eigentlich wichtiger, deine Familie oder die Tür*? Ehe ich mich versah, lag diese bescheuerte Idee einer *Pause* auf dem Tisch. *Trennung auf Zeit, nur vorübergehend*, damit wir beide Zeit hätten, *in Ruhe nachzudenken. Halbes Jahr*, hat sie gesagt, und dann *mal schauen, wo wir stehen.*

»Hi, alles klar?«, fragt Sven einen Mann, der vor ihm steht.

»Ja, bei dir?«, antwortet der. Er schwitzt und hat ein Glasauge.

»Alles gut. Bist du alleine?«

»Ich bin alleine, ich bin alleine.«

Eine Weile sah es so aus, als würde die Lage auf dem Wohnungsmarkt ihren idiotischen Plan vereiteln. Vom Mietenwahnsinn gezwungen zusammenzubleiben, mir war das in dieser Situation nur recht. Ich dachte, es würde sich alles schon von selbst wieder einrenken. Dann aber fand Marion diesen Schuhkarton in der Graefestraße für mich, 28 Quadratmeter, ein Dreivierteljahr auf Zwischenmiete, zu sofort. Und da sitze ich jetzt seit fast einem halben Jahr und lebe aus Koffern und Kartons. Kann mich einfach nicht aufraffen, mich einzurichten. Ich will mich da auch gar nicht zuhause fühlen. Es käme einer Kapitulation gleich.

»Du musst schon mit einer Frau sein. Alleine um diese Uhrzeit geht nicht.«

»Wie, geht nicht?«

»Zu viele Männer, kann ich nicht machen.«

Für Marion war das Kind ein Aufbruch. Für mich markierte es eher ein Ankommen. Ich wollte einfach mal zur Ruhe kommen, vom Kopf her. Arbeiten gehen, bisschen Geld verdienen und mich meiner wunderbaren Familie und des Lebens erfreuen. Das kleine Spießerglück. Hätte ich früher nie von mir gedacht, und ich weiß auch, dass Marion das zu wenig ist. Marion macht ständig Pläne, sie hat immer was vor. Sie will essen gehen mit Freunden, ins Kino, reisen, was erleben. Ich habe immer alles mitgemacht, ihr zuliebe. War mir zwar alles nicht so wichtig wie ihr, hat mich aber auch nicht gestört. Ihr reichte das aber nicht. Ich sei *antriebslos*, behauptet Marion. Sie bringt immer das Sprühen als Beispiel oder den Sport. Jeder andere hätte sich da reingekniet, sein Talent ausgeschöpft und beruflich was draus gemacht, sagt sie. Sie versteht nicht, dass es Menschen gibt, die sich nicht stetig verbessern oder irgendwas erreichen wollen.

»Ich soll jetzt draußen eine Frau organisieren, damit ich reinkomme?«

»Das muss schon eine Frau sein, die du auch kennst. Nicht irgendeine von der Straße.«

»Ja, haha, alles gut. Was kostet der Eintritt? Zahl ich bei der Lady?«

»Nee, komm, nichts gegen dich, aber das wird heute nichts, sorry.«

Interessanterweise steht meine angebliche Antriebslosigkeit mir an der Tür überhaupt nicht im Wege. Zwar muss ich am laufenden Band Entscheidungen treffen, aber der Punkt ist, ich muss diese Entscheidungen nicht begründen. *Konfliktscheu* bin ich laut Marion übrigens auch. Und weißt du was? Ich geb ihr sogar recht. Ich hab halt keine Lust auf Stress. Na, da haste dir ja den richtigen Job ausgesucht, wirst du jetzt sagen, aber es stimmt. Vielleicht mache ich diesen Job ja gerade deswegen so gut, weil es ein Job für mich ist. Ich schauspielere. Ich ziehe da eine klare Grenze zu mir als Privatperson. Deswegen werde ich nicht so schnell emotional wie andere. Weil mich das alles nicht tangiert. Wenn ich angefotzt werde, das juckt mich nicht, das perlt so an mir ab. *Man greift nur denjenigen an, der den Ball hat*, Bruce Lee. Aber dieser Hoodboy vorhin, der Welpe, der hat das gerochen. Dass ich heute nicht gut drauf bin. Und es gleich ausgenutzt. Hatte einen guten Instinkt, die Rotzblage, kann man nicht anders sagen.

»Ey, ich komm überall rein! Ich bin hier aufgewachsen, was hast du gegen mich?«

»Ich hab nichts gegen dich, wir haben zu viele Männer drin, checkst du das nicht?«

»Ich kenn hier alle, ich bin hier aufgewachsen! Ihn da kenn ich auch, und dich hab ich hier noch nie gesehen!«

»Hey Ten, kennst du ihn?«

Immerhin war Marions Rausschmiss für mich ein Weckruf. Dass ich mich zusammenzureißen und für meine Familie da sein muss. Dass ich das nicht verkacken darf. Aber ich müsste schon den Beruf wechseln und mich ganz von der Nachtarbeit verabschieden, um Marion vollends zu überzeugen.

»Ten?«

Und was soll ich dann machen? Wieder Plakatieren gehen, tagsüber, 9 to 5? Oder mich wieder in die Spielo setzen, für den Mindestlohn?

»Ten, Alder!«

Ich schaue auf. Der Morgen graut. Es hat angefangen zu regnen. Sven und der mit Glausauge stehen vor mir wie Kinder, die sich um ein Förmchen gestritten haben.

»Okay, ist gut jetzt«, sage ich zu dem mit dem Glasauge. Ich baue mich vor ihm auf und neige meinen Kopf. »Du hast gehört, was mein Kollege gesagt hat, heute nicht.«

»Yo, das hätten wir auch schneller haben können«, giftet Sven, nachdem der Typ abgezogen ist. »Was sagt der König denn zu Glasaugen?«

»Gegen Glasaugen hat er nichts«, antwortet Louise.

»Gibt es eine Lösung?«, fragt Sven.

»Ja, es gibt eine Lösung. Der König mag Kaffee, aber keinen Tee. Er mag Magazine, aber keine Zeitungen. Er mag Bücher, aber keine Lektüre.«

»Ich kenn das irgendwoher, aber ich hab's vergessen«, sagt Sven und winkt zwei angetüterte junge Frauen durch.

»Du gehst ihr auf den Leim«, sage ich, weil ich es endlich gecheckt habe. Das Ganze ist so dumm, dass es mir peinlich ist. Es ist nicht nur dumm und peinlich, es ist auch nicht fair. Sie sagt immer *keinen Tee*, es müsste aber *kein Tee* heißen. Sie müsste das -*en* irgendwie verschlucken, und auch dann wäre es noch albern. Sie hat aber nicht mal das gemacht, sie hat deutlich *keinen Tee* gesagt, schon mehrmals jetzt, das ist doch witzlos.

»Lös das mal auf«, sage ich zu Louise.

»Ich lös das nicht auf. Er mag halt Kaffee, aber keinen Tee.«

»Du erzählst das falsch.«

»Ich erzähl das richtig. Ich erzähl gar nichts.«

»Du hast den Anfang falsch erzählt, du hast es falsch betont.«

»Was betont?«, fragt Sven.

»Wenn du die Antwort weißt, Ten, dann lös du es doch auf«, sagt Louise.

»Es ist einfach nicht witzig.«

»Der König mag ja auch keine Witze«, sagt Louise und lacht dümmlich.

»Raffst du das, Ten?«, fragt Sven. »Raffst du das wirklich?«

Ich habe die Arme auf dem rollbaren Wagen über Kreuz gelegt und meinen Kopf zwischen den Armen vergraben. Mit lautem Getöse prasselt der Regen auf das Vorzelt. Meine Nackenmuskeln sind so gespannt, dass es weh tut.

»Er mag Musik, aber keinen HipHop?«, fragt Sven, der einfach nicht aufgeben will.

»Doch, mag er beides«, antwortet Louise. »Er mag keinen Techno, habe ich gesagt. Metal mag er auch nicht. HipHop aber schon, Klassik auch.«

Die Erschöpfung sitzt im unteren Rücken, mittig, von wo aus sie auf den ganzen Körper ausstrahlt.

»Von welchem Land ist der König denn König? Absurdistan?«

Ich balle die Fäuste, blecke die Zähne und versuche, mich zu konzentrieren.

»Auf keinen Fall. Mag er nicht, Absurdistan.«

»Dann Turkmenistan?«

Mit einem Ruck richte ich mich auf. »Jetzt haltet endlich die Schnauze! Der König mag keine Dinge, in denen der Buchstabe T vorkommt! Die alte Nervtante hat das falsch erzählt, und du bist nur ein dummer hessischer Bauer, der es nicht schnallt!«

Louise öffnet den Mund. Svens Nasenlöcher zittern. Die Clubtür fliegt auf. Carol steckt den Kopf heraus: »Tür? Ich brauch mal einen von euch. Da ist ein Typ an der Garderobe, der macht Stress wegen seiner Jacke.«

»Komme schon«, sagt Sven und zieht sich seine Quarzhandschuhe über.

»Die brauchst du nicht«, sage ich.

»Lass das mal meine Sorge sein«, sagt Sven. »Wir dummen hessischen Bauern wissen schon, was wir tun.«

Er folgt Carol in den Club. Die Tür ist noch nicht ins Schloss gefallen, da wird sie wieder aufgestoßen. Flix kommt raus. Er hat sein Handy am rechten Ohr und drückt das linke mit dem Zeigefinger zu.

»Frankie, alles gut, was geht ab? … Ja klar können wir uns treffen … Aral ist perfekt, ich bin schon fast da.« Er zwinkert mir zu und geht an mir vorbei. »Okay, ich warte so lange, wollte eh noch Kaugummis holen, bis gleich«, sagt er, dann läuft er mit hochgezogenen Schultern durch den Regen Richtung Tankstelle.

Louise schaut mich böse an. »Alte Nervtante, Ten?«

Sven schiebt den Typen von der Garderobe ins Vorzelt. Einer dieser Raveprolls im Muskelshirt, bei denen ich vorhin schon so ein ungutes Gefühl hatte. Er hat seine Garderobenmarke verloren. Behauptet, er hätte nie eine bekommen.

»Natürlich hast du eine bekommen«, sagt Louise.

»Ach ja? Warst du dabei, als ich meine Jacke abgegeben hab?

Komisch, ich hab dich gar nicht gesehen, als ich meine Jacke abgegeben hab! Wirklich sehr komisch, rätselhaft!«

»Guck doch mal in deiner Hosentasche. Auch in der kleinen da.«

»Hab ich schon, da ist nichts, die haben mir keine gegeben! Ihr habt mir meine Jacke abgenommen und rückt sie nicht wieder raus, und jetzt soll ich mich hier rechtfertigen?«

»Wir versuchen nur, dir zu helfen.«

»Wer bist du eigentlich, quatsch mich nicht voll, meine Jacke ist da drin, ich will die jetzt haben!«

»Welche Marke?«

»Ich hab keine Marke bekommen, checkst du das nicht?«

»Die Marke deiner Jacke, Mann!«, schaltet Sven sich ein.

Vorm Zelt stehen zwei verstrahlte Honks und fragen, ob sie nicht schon mal reinkönnen. »Wir warten hier schon die ganze Zeit, es ist so kalt …«

»Wartet mal kurz«, sage ich, denn jetzt steht wieder Carol in der Tür. Sie hat einen halb zusammengesackten Mann am Kragen.

»Der Kerl muss raus.«

Es ist der mit der Richard-Clayderman-Gedenkmatte, den ich mit Flix aus der Klokabine habe kommen sehen. Laut Carol hat er neben der Bar seinen Schwanz rausgeholt und versucht, den Zigarettenautomaten zu vögeln. Sein Hosenstall steht noch offen, der Schweiß rennt ihm übers Gesicht. Er schielt und er röchelt, dann kippt er um, mir direkt in die Arme.

»Ich ruf den Krankenwagen«, sagt Carol und geht wieder rein.

Wir legen den Claydermann auf den Boden. Seine glatten langen Haare hängen ihm ins Gesicht. Eine dünne braune Suppe läuft ihm aus der Hose. Er hat sich eingeschissen. Ich atme tief durch.

»Was ist denn jetzt mit meiner Jacke?«, ruft der Raveproll von hinten.

»Wir können dir nicht einfach irgendeine Jacke geben«, antwortet Louise, »da musst du morgen wiederkommen.«

»Ey, können wir nicht eben schnell durchhuschen?«, bettelt einer der beiden Verstrahlten und wedelt mit einem Zwanziger. »Wir haben auch passend!«

Der Krankenwagen kommt. Ein Mann und eine Frau von den Johannitern, sie parken an der Straße, direkt vorm Eingang. Sie lassen das Blaulicht laufen und steigen aus. Sie sehen aus, wie ich mich fühle.

»Seid ihr verrückt, den auf den Rücken zu legen?«, schimpft die Frau. »Wenn der sich jetzt erbricht und das geht in die Lunge, dann war's das.«

Sie beugt sich über den Clayderman, zieht sein Kinn hoch und bewegt seinen Kopf hin und her. Ihr Kollege stellt seinen Rucksack ab. Claydermans Freundin, die Aufgetakelte aus dem Madonna-Video, kommt heraus.

»Jeff, was ist los, Jeff, Jeff, kannst du mich hören ...«

Jeff. Jetzt heißt der auch noch Jeff.

Der Sanitäter versucht, sie zu beruhigen. Er will wissen, was ihr Freund genommen hat.

»Ich weiß nicht«, sagt Madonna. »Bisschen was gezogen, und dann 'ne Pille ...«

»Wir brauchen Platz«, sagt die Sanitäterin. Sie ist um einiges jünger als ihr Kollege, hat hier aber ganz offensichtlich die Hosen an.

»EINLASSSTOPP!«, rufe ich.

Sven räumt den Heizstrahler zur Seite.

»Ich hab ihm noch gesagt, erstmal eine halbe ...«

»Ihr beraubt mich meiner Jacke, das ist Diebstahl, ich ruf die Bullen«, geifert von hinten der Jackenmann.

»Wenn du keine Marke hast, sind wir nicht verpflichtet, dir eine Jacke rauszugeben«, erklärt Louise ihm mit Engelsgeduld.

»Können wir nicht eben schnell durch?«, nerven die Verstrahlten.

»Nein«, sage ich. »Ihr seht doch, dass wir hier einen Notfall haben!«

»Aber wir stehen doch schon die ganze Zeit an …«

»Haut ab, ihr kommt heute nicht mehr rein.«

»Was? Wieso das?«

»Schikane. Ihr könnt jetzt eure Zeit verschwenden oder einfach woanders feiern gehen«, sage ich und schiebe auch den Jackenmann aus dem Zelt. »Und du kriegst deine Scheißjacke heute nicht, zieh Leine.«

Claydermans Gesicht ist aschfahl und sein Kinn voller brockigem Speichel. Der Sanitäter klemmt ihm ein rotleuchtendes Ding auf den Zeigefinger, seine Kollegin leuchtet ihm mit einer winzigen Funzel in die Augen. Der Patient fängt an herumzuzappeln. Die Sanitäterin wehrt seine Hände ab. Er versucht, sie zu würgen. Sie umfasst seine Handgelenke und drückt sie zur Seite. Der Clayderman gurgelt und sabbert und strampelt herum, dann zieht er mit einem Mal seine Arme an den Oberkörper und streckt die Beine von sich. In seinen Augen ist nur noch das Weiße zu sehen.

»Der krampft«, sagt die Sanitäterin zu ihrem Kollegen. »Gib mal Dormicum, bitte.«

Er hält Clayderman eine Art Zersteuber in die Nase, bis der zurücksinkt. In seinem Schritt breitet sich ein dunkler Fleck aus. Die beiden Verstrahlten haben sich unter dem Vorsprung der Regenrinne zusammengekauert. Fasziniert schauen sie den Sanitätern bei der Arbeit zu. Der Jackenmann ist auch noch da. Er schiebt seinen Kopf ins Vorzelt.

»Was ist das für ein Scherz hier, ich will meine Jacke! Es ist ’ne braune Jacke! Da steht Bone drauf, hier auf dem Ärmel! Auf dem Ärmel der Jacke steht Bone! Knochen, falls du das nicht weißt! Wenn mir die Jacke jetzt nicht sofort rausgebracht wird, hol ich die Bullen!«

Ich mache zwei Schritte auf ihn zu. »Wenn du noch einmal Jacke sagst, setzt es was!«

Er zieht die Nase hoch. Ein schleimiger Gelber klatscht neben mir an den Heizlüfter.

»Hausverbot«, sage ich betont ruhig, »auf Lebenszeit.«

Der Jackenmann weicht zurück in den Regen. »Ich scheiß auf euer scheiß Hausverbot! Kann ich doch nichts dafür, dass ihr so einen Scheißjob habt! Ihr steht hier für drei Euro die Stunde und markiert die starken Männer, was seid ihr eigentlich für Würstchen, guckt euch mal an! Ihr seid böse! Ihr wollt böse sein! Ihr strebt danach, Böses zu tun!«

»Er hat aufgehört zu atmen, und ich hab keinen Puls mehr«, höre ich die Sanitäterin sagen. »Gib mir den Beatmungsbeutel, Tarek. Und wo sind der Defi, der Sauerstoff und die Absauge?«

Ihr Kollege springt auf und läuft zum Rettungswagen.

»Jeff! Jeff! Jeff! …«, ruft Madonna und wird von Louise zur Seite gezogen.

»Hier kommt gerade keiner rein oder raus«, sage ich. »Sven, mach mal dicht hier vorne, und du Louise, geh rein und sag Carol Bescheid. Und bring Wasser mit!«

Die Sanifrau hat Clayderman das T-Shirt hochgezogen und mit der Herzdruckmassage begonnen. Ihr Kollege kommt mit irgendwelchen Geräten zurück. Ich mache ihm den Weg frei. Er stellt sein Zeug auf den Boden ab.

»Tanja«, sagt er.

»Was ist.«

»Wo ist der Rucksack?«

Die Sanitäterin schaut auf. »Woher soll ich das wissen?«

»Scheiße!«, ruft er. »Die Druffis haben die Medikamente!«

Tatsächlich. Die beiden Druffis haben die Medikamente. Sie haben das Durcheinander genutzt und den Notfallrucksack geklaut. Sven hat nicht aufgepasst. Ich auch nicht. Für eine halbe Sekunde stehen wir alle ganz still da und schauen rüber zur Straße. Dann knallt dem Sanitäter die Sicherung durch. Er gibt eine Art Kampfschrei von sich und rennt los.

»Scheiß auf den Rucksack!«, ruft seine Kollegin ihm hinterher, ohne die Herzdruckmassage zu unterbrechen. »Gottverdammt, Tarek! Komm sofort zurück!«

Doch er ist bereits raus aus dem Zelt. Volles Karacho jagt er durch den Regen über die Straße.

»FUCK!« Die Sanifrau schaut Sven an: »Ruf die 112. Sagt denen, ich brauch die POL und einen NEF zur Rea. Verstanden?« Dann wendet sie sich an mich: »Hast du schon mal reanimiert?«

Mein letzter und einziger Erste-Hilfe-Kurs war, als ich den Führerschein gemacht habe, vor über zwanzig Jahren.

»Macht nichts«, sagt sie, noch bevor ich den Kopf schütteln kann. »Mach einfach so wie ich. Siehst du? Die Handballen auf das Brustbein und die Ellbogen schön durchgedrückt lassen. Wie heißt du?«

»Ten«, sage ich.

»Tanja«, sagt sie, und wie sie es schafft, in dieser Situation ein Lächeln über ihr Gesicht huschen zu lassen, frag mich nicht.

Sie macht mir Platz und hockt sich über Claydermans Kopf. »Ich kleb die Patches auf, du massierst. Fang an, du schaffst das.« Ich knie mich neben ihn, lege die rechte Hand auf seine Brust und die linke Hand auf die rechte, wie ich es bei ihr gesehen habe und wie man es aus dem Fernsehen kennt. Ich beuge mich über den leblosen Körper und strecke die Arme durch.

»Und jetzt das ganze Gewicht reinlegen und drücken! Du bist sein Herz!«

Ich fange an zu drücken. Es fühlt sich nicht richtig an, jemandem den Brustkorb so tief einzudrücken. Es fühlt sich an, als würde ich den Clayderman zerquetschen. Hinter mir höre ich Sven telefonieren. Die Sanitäterin, Tanja, zieht die Folien von zwei großen weißen Klebern.

»Schneller«, sagt sie, »du bist zu langsam. Denk an *Staying alive. Ha ha ha ha, staying alive*, in diesem Rhythmus.«

Ich mache schneller, ich denke an *Staying alive*, ich spiele den Refrain im Kopf ab, singe mit, folge seinem Takt. Ich fange an zu schwitzen.

»Und nicht so zaghaft, trau dich! Du kannst nichts kaputt machen, der ist bereits tot.«

Hinter mir höre ich Madonna aufschluchzen, doch es klingt weit entfernt. Ich bin so fokussiert wie lange nicht. Es gibt nur mich und Tanjas Stimme und den bereits toten vollgeschissenen Clayderman. Ich bin sein Herz, und ich drücke und drücke. Dann knackt etwas in seiner Brust, und unter meinen Händen ist deutlich weniger Widerstand als zuvor.

»Nur ’ne Rippe«, sagt Tanja. »Egal, kommt vor, weiter.«

Ich drücke weiter. Tanja klebt die zwei weißen Dinger auf Claydermans Oberkörper, eins rechts oben und eins links über den Rippen.

»Und jetzt stopp, Hände weg! Ich muss die Analyse durchführen.«

Sie drückt auf dem Defibrillator herum. Auf dem Display ist eine grüne gezackte Linie zu sehen.

»Tatsache, der flimmert. Mach weiter, ich lade den Defi.«

Ich drücke weiter. Aus dem Gerät ertönt ein steigender Ton, dann ein Geräusch wie aus einem Spielautomaten.

»Ich muss jetzt schocken«, sagt Tanja. »Weg vom Patienten, sonst liegst du ganz schnell daneben.«

Ich lasse von ihm ab, rutsche auf meinen Knien zurück und hebe die Hände. Tanja drückt auf einen Knopf an dem Gerät, ohne den Blick von Clayderman zu lassen. Der Knopf ist rot mit einem weißen Blitz. Clayderman zuckt leicht auf, als der Strom durch seinen Körper schießt. Die Zickzacklinie auf dem Display sieht plötzlich viel regelmäßiger aus. Tanja sagt, ich soll weiter drücken.

»Dreißigmal, und zähl laut, ich will dich hören!«

Ich drücke weiter, zähle laut, dann setzt sie Clayderman die Beatmungsmaske aufs Gesicht und drückt zweimal auf den Beutel. Dann wieder Dreißigmal drücken, zweimal beatmen, drücken, beatmen, drücken. Irgendwann unterbricht sie mich und fasst Clayderman an den Hals: »Da ist er wieder.«

Sie schaut mich an. Sie schaut mir in die Augen. Unsere Köpfe berühren sich fast. Ihre Augen sind grün-braun. Sie sagt: »Ten, hör mir zu. Ich muss kurz zum RTW, ein paar Sachen holen. Du passt hier auf, okay? Bin in einer Sekunde zurück.«

Ich nicke. Tanja steht auf und geht los. Der Clayderman liegt da. Er ist bewusstlos, aber sein Herz schlägt. Ich wische mir mit dem rechten Unterarm über die Stirn. Dann sehe ich aus dem Augenwinkel etwas auf mich zukommen.

Der Aufprall reißt mich von den Füßen. Ich fliege über den Heizstrahler und gegen die Zeltstange. Ein stechender Schmerz durchfährt mich. Meine Hand. Ich habe mir die Hand am Heizstrahler verbrannt.

Ich schaue auf. Flix. Er hat mich nicht gesehen und ist mit dem Kopf gegen die Eingangstür geknallt.

»DAS IST DER TYP, VON DEM WIR … VON DEM JEFF …«, höre ich Madonna rufen.

Tanja kommt zurück. Mit einer Sauerstoffflasche und allerlei anderem Zeug unterm Arm baut sie sich schützend vor Clayderman auf. Flix versucht aufzustehen. Er hat die Türklinke schon in der Hand, als hinter ihm eine riesige Pranke auftaucht und an seiner Starspangledbanner-Kapuze zieht.

Sven.

Strampelnd befreit Flix sich aus seiner Trainingsjacke. Sven verpasst ihm einen harten Schlag gegen den Hinterkopf. Madonna springt kreischend zur Seite, Flix geht zu Boden. Sven dreht ihn auf den Rücken und donnert ihm ein paar schnelle Rechte ins Gesicht. Er trägt seine Quarzhandschuhe. Blut spritzt in die Luft. Flix gibt keinen Mucks von sich. So muss es aussehen, wenn jemand totgeschlagen wird.

Ich rapple mich auf und gehe von hinten an Sven ran. Ich greife mir seinen Nacken und ziehe ihn mit einem Rear Naked Choke wie aus dem Lehrbuch von Flix herunter. Ich führe ihn aus dem Zelt und schubse ihn auf den Gehweg. Sven schreit irgendwas, das ich nicht verstehe. Aus beiden Richtungen nähern sich Sirenen. Ich schnelle herum. Flix liegt nach wie vor am Boden. Er hat den linken Unterarm gegen die Stirn gepresst. Beide Augenbrauen sind aufgeplatzt. Die Nase ist gebrochen, mindestens. »Ich geh nicht wieder in die Kiste«, brabbelt er vor sich hin, »ich geh nicht wieder in die Kiste …«

Ich packe ihn am Kragen, stelle ihn auf die Füße und öffne die Clubtür. Vor uns steht Louise, zwei Wasserflaschen in der Hand. Sie schaut erst mich an, dann Flix, dann zerschellen die Flaschen auf den schmutzigen Fliesen.

»Bring ihn ins Backstage, schnell«, sage ich zu ihr. Ich werfe Flix seine schlamm- und blutverschmierte Trainingsjacke über den Kopf. Dann schlage ich die Tür zu und postiere mich davor. Das ist meine Tür. Ich lass hier keinen durch.

FELL & MATSCH

Die Straße ist noch dunkel vom Regen. Drüben im Osten, über dem Treptower Park, zieht der Himmel feine, violettfarbene Schlieren. Ein Blick auf die Uhr: neun Minuten nach sechs. Ihrer Wetter-App zufolge müsste jeden Moment die Sonne aufgehen.

Sie ist schon vor anderthalb Stunden aus dem Haus. Der Wecker stand auf 4:15, wie immer, doch kurz bevor das Ding losbimmeln konnte, um Punkt 4:14, stellte sie den Alarm ab und stand auf. Die Zwillinge lagen friedlich in ihren Bettchen, Ralf hatte sich mit dem Rücken zu ihr jenseits der Besucherritze unter seiner Decke zusammengerollt. Ihr Mann hat diese Woche Spätschicht, da sehen sie sich nur im Bett, einer von beiden immer im Halbschlaf.

Sie hat sich leise angezogen und ist auf Zehenspitzen ins Bad, schnelle Katzenwäsche, ein Käffchen im Stehen und dann gleich los zur Firma. Sie mag's nicht so auf den letzten Drücker, nicht in der Frühschicht. Sie hat dann auch erst beim Frühstück in der Kantine von dem Großbrand gestern Abend gehört. Ein Hotel in Mitte, Riesending, nicht viel übrig und Dutzende Verletzte. Und das Komische ist ja: Wenn man's erstmal weiß, dann riecht man das auch. So was leicht Verbranntes in der Luft. Dabei hat es vorhin noch geschüttet, und zwar in Strömen. Gab wohl die ganze Nacht die wildesten Spekulationen über die Brandursache, doch anscheinend war's nur ein Kurzschluss.

Sie war gerade oben in der Einsatzleitung, um die Fahrzeugpapiere für die kleine Kehre zu holen, da hörte der Regen mit einem Mal auf. Watt'n Timing, freute sich der alte Schröter, als sie durch die Pfützen über den Betriebshof watschelten, er und die Kollegen zu ihrem Sammelfahrzeug, sie zu ihrer Küpperweisser.

Nun tuckert sie mit entspannten 24 km/h die Schlesische Straße runter und genießt die Ruhe vor dem Sturm. Oder *nach* dem Sturm. Diesen kurzen Moment im Zwielicht, nicht mehr Nacht, noch nicht ganz Tag.

Ein paar Nachtschwärmer sind noch unterwegs. Übriggebliebene, die sich an den Bushaltestellen und U-Bahnhöfen mit den Frühaufstehern auf dem Weg zur Arbeit mischen.

Rund um den Burger King Ecke Falckenstein ist mal wieder alles zugesaut. Pappbecher, Essensverpackungen, Erbrochenes. Neben der Ampel ein Mülleimer mit aufgetretener Bodenklappe. Auch die Gehwege sind stark verschmutzt. Man sieht, dass gestern schönes Wetter war. Ein paar Meter weiter eine illegale Sperrmüllentsorgung. Koffer, Tischplatten, aufgeweichte Kartons, daneben ein Haufen Baidu-Mietfahrräder, aufgetürmt zu einer bizarren Installation, die mit Sicherheit schon wieder dutzendfach gepostet wurde, *#streetart*. Die Leute finden's witzig, oder kultig, echt Berlin eben. Klar, sie müssen den Mist ja auch nicht wegräumen. Sabrina zum Glück auch nicht. Aber an die Einsatzleitung muss sie's weitergeben, und die muss es ans Ordnungsamt weitergeben, und die müssen dann wen herschicken, der entscheidet, ob das weg kann, und wenn nicht, was dann.

Auf Höhe der ausgebrannten Bürogebäude Ecke Cuvry kommt ihr eine alte Frau auf einem roten Lastenfahrrad entgegen, ein breites Grinsen im Gesicht, als hätte sie gerade eine Erleuchtung gehabt. Langsam rollt sie den Gehweg lang und passiert einen untersetzten Kerl in Lederjacke, der vor einem verschlossenen Späti steht und mit den Fäusten gegen die Tür hämmert: Mensch, was machst du denn da drin, was soll das, jetzt öffne doch mal die Tür, ich seh dich doch …

Keule, mach mal halblang, denkt sie, du bist nicht alleine auf der Welt, auch wenn sich's vielleicht gerade so anfühlt. Sie weicht einem Taxi aus, das in zweiter Reihe auf der Straße parkt, das Gezeter entfernt sich.

Vor einem der Clubs am Kanal ist irgendwas los. Polizei, Krankenwagen, rotierendes Blaulicht. An der Verkehrsinsel fährt sie rechts ran.

Zwei Sanis rollen jemanden auf einer Trage zu einem der beiden Rettungswagen.

Ein Mann redet auf eine blonde Frau im Parka ein, die einen schwarzgekleideten Brechmann mit Handschellen auf dem Rücken zu einem der Streifenwagen führt.

An der Längsseite des Gebäudes öffnet sich eine Stahltür. Der Oberkörper eines blutverschmierten Hünen erscheint. Sein Gesicht ist nur noch FuM, wie die Kollegen die lästigen Tierkadaver am Straßenrand immer nennen, Fell und Matsch. Vorsichtig schaut er sich um, dann zischt er leicht geduckt und humpelnd ab Richtung Spree.

Ein Uniformierter kommt auf Sabrina zu. Sie will ihm schon einen Tipp geben, da bedeutet er ihr mit zackigen Armbewegungen, weiterzufahren.

Langsam umschifft sie die Bodenwelle am Ende der ersten Kanalbrücke. Hinter der zweiten Brücke macht sie einen U-Turn, direkt auf der Doppelpflastersteinreihe, die den ehemaligen Mauerverlauf und die Grenze zu Treptow markiert, kleine Angewohnheit auf dieser Tour. Sie schnallt sich ab und nimmt einen Schluck von ihrem Eistee. Die Vögel zwitschern wie verrückt. Klebrig läuft ihr das süße Zeug durch den Hals. Ihre Männer drehen sich wahrscheinlich gerade noch einmal um. Sie verstaut das Tetrapak in ihrem Rucksack.

Dann fällt ihr Blick auf den von Kopf bis Fuß in Leder gekleideten alten Rocker, der gegenüber am Schlesischen Busch steht. Westernstiefel an den Füßen, Cowboyhut auf dem Kopf und Zigarillo im Maul, ganz seltenes Exemplar. Vor ihm, keine zwei Meter entfernt neben der Parkbank, sitzt ein Fuchs. Die beiden scheinen irgendwie miteinander zu kommunizieren, bis das Tier mit einem labbrigen Döner im Maul im Gebüsch verschwindet.

Ein ganz normaler Sonnabendmorgen in Kreuzberg, würde

der alte Schröter jetzt sagen, wieder mal nur Bekloppte unterwegs.

Sabrina schaltet das Radio ein, wechselt auf 91.4 und setzt rüber auf den Gehweg. Sie reguliert den Exhaustor auf 1400 Umdrehungen, stellt das Frischwasser auf Automatik, fährt den Schacht und die Besen herunter und macht sich an die Arbeit. Kippenstummel, Kronkorken, Plastikbecher, Hundehaufen, alles verschwindet im gierigen Schlund ihrer Küpperweisser. Eine zusammengeknüllte Zigarettenschachtel, eine einzelne Socke. Sie wirft einen Blick in den Rückspiegel. Der Abgleich *Vorne dreckig, hinten sauber* verschafft ihr große Befriedigung, immer noch, nach all den Jahren.

Am Geländer der Brücke hat sich ein durchgeweichter Pizzakarton verfangen. Neben dem Pizzakarton liegt eine tote Ratte. Sie zieht ihre Handschuhe über und steigt aus, reißt den Karton in Streifen und gibt die Fetzen der Maschine zu fressen. Eine Sekunde lang denkt sie an das Prozedere mit dem Meldebogen und der Einsatzleitung und dem Veterinäramt. Dann schiebt sie die tote Ratte mit spitzem Fuß von der Brücke. Ein dumpfes Klatschen, und das Häuflein FuM verschwindet in der trüben Suppe des Kanals.